मानक हिंदी के शुद्ध प्रयोग—एक

मानक हिंदी के शुद्ध प्रयोग

एक

रमेश चंद्र महरोत्रा

राधाकृष्ण प्रकाशन

ISBN : 978-81-7119-469-8

मानक हिंदी के शुद्ध प्रयोग-एक

पहला संस्करण : 1996
तीसरा संस्करण : 2019
This book is printed on **Print on Demand** Technology : 2024

मूल्य : ₹795

प्रकाशक
राधाकृष्ण प्रकाशन प्राइवेट लिमिटेड
जी-17, जगतपुरी, दिल्ली-110 051
शाखाएँ : अशोक राजपथ, साइंस कॉलेज के सामने, पटना-800 006
पहली मंजिल, दरबारी बिल्डिंग, महात्मा गांधी मार्ग, प्रयागराज-211 001
1, अनमोल सोराबजी संतुक लेन, धोबी तलाव, मरीन लाइंस, मुम्बई-400 002
वेबसाइट : www.radhakrishnaprakashan.com
ई-मेल : info@radhakrishnaprakashan.com

MANAK HINDI KE SHUDDH PRAYOG (Vol. 1)
by Prof. Ramesh Chandra Mahrotra

भूमिका

इस पुस्तक के मूल में मानक हिंदी के वर्तनीगत, व्याकरणगत, और अर्थगत प्रयोगों को अधिकाधिक शुद्ध बनाने की उत्कंठा है। प्रयोग-निर्णय तक पहुँचने के लिए दो-दो शब्दों के जोड़ों को माध्यम बनाया गया है, लेकिन विवेचन विषय-सूची में दिए गए शब्दों तक ही सीमित नहीं है, विश्लेषण और स्पष्टीकरण के दौरान प्रायः और भी बहुत-से संबंधित शब्दों पर दृष्टि डाली गई है। जहाँ-जहाँ सिद्धांतों और नियमों की बात प्रकृत्या आ गई है, वहाँ-वहाँ प्रदत्त तथ्य मिलते-जुलते अगणित शुद्ध प्रयोगों की नींव का काम कर रहे हैं।

इस अध्ययन के प्रेरणास्रोत श्री ललित सुरजन और प्रकाशन के आधार 'देशबंधु' अवकाश-अंक (रायपुर, जबलपुर, सतना, भोपाल) के प्रति मेरे 'सौ आभार' तथा डॉ. चित्तरंजन कर, डॉ. व्यास नारायण दुबे, डॉ. केशरी लाल वर्मा, डॉ. श्रीमती शैल शर्मा, श्री साधु दास बघेल, श्री प्रदीप कुमार दुबे, श्री रामानुज शर्मा, और ढेलऊ राम यादव के प्रति उनके अपने-अपने 'अधिकार'; श्रीमती संध्या महरोत्रा, श्रीमती संज्ञा टंडन, डॉ. सतीश जैन, और डॉ. शिरीन लाखे के प्रति 'कुछ', एवं श्री महेश 'परिमल' के प्रति 'बचा-खुचा'।

डगनिया रायपुर-492013

रमेश चंद्र महरोत्रा

विषय-सूची

खण्ड-2

खंड-1

'अंतर्राष्ट्रीय' और 'अंतरराष्ट्रीय'

दोनों स्पेलिंग सही हैं, पर बिलकुल अलग-अलग शब्दों के रूप में। इन का अर्थ-भेद पकड़ने के लिए 'अंतर्' और 'अंतर' का अंतर स्पष्ट करना ज़रूरी है। 'अंतर्' का अर्थ है 'अंदर का' या 'के मध्य' या 'बीच में'। इस का प्रयोग 'अंतर्द्वंद्व', 'अंतर्भूमि', और 'अंतर्लीन' -जैसे शब्दों में देखा जा सकता है। यह 'अंतःकरण' और 'अंतःपुर'-जैसे शब्दों में 'अंतः' के रूप में प्रयुक्त होता है। 'अंतर्राष्ट्रीय' और 'अंतर्देशीय' शब्दों में 'अंतर्' व्यवहृत होने के कारण इन का अर्थ है 'राष्ट्र के अंदर का' और 'देश के अंदर का'। डाक-तार-विभाग द्वारा प्रसारित 'अंतर्देशीय पत्र कार्ड' केवल 'देश के भीतर' चलते हैं। उन पर अँगरेज़ी में छपे 'इनलैंड लॅटर कार्ड' की सार्थकता ध्यातव्य है।

उपर्युक्त शब्दों से व्यतिरेक या विरोध दिखानेवाले शब्द हैं 'अंतरराष्ट्र।। और 'अंतरदेशीय', जिन में 'अंतर्' नहीं, 'अंतर' प्रयुक्त हुआ है। 'अंतर' का अर्थ है 'दूरी' या 'बाहर का' या 'से भिन्न'। 'अंतर' का रूप बदल कर 'अंतः' कभी नहीं होता। जब एक राष्ट्र या देश का दूसरे राष्ट्र या देश से संबंध व्यक्त करना हो, तब 'अंतरराष्ट्रीय' या 'अंतरदेशीय' विशेषण का प्रयोग होगा।

अँगरेज़ी में 'इंट्रा-' (=विदिन) और 'इंटर-' (=बिटवीन) लगा कर 'इंट्रानेशनल' और 'इंटरनेशनल' शब्द बनाए जाते हैं, जिन में से पहले का समानार्थी है 'अंतर्राष्ट्रीय' और दूसरे का समानार्थी है 'अंतरराष्ट्रीय'। एक प्रदेश से दूसरे प्रदेश के संबंध 'अंतरप्रदेशीय', लेकिन 'अंतर्देशीय' होंगे। इसी प्रकार, उदाहरण के लिए, पाकिस्तान से हमारे 'अंतरराष्ट्रीय' संबंध हैं, लेकिन हमारे 'अंतर्राष्ट्रीय' मामलों से उन का कोई संबंध नहीं है।

प्रतियोगिता या प्रतिस्पर्धा 'अंतर्महाविद्यालयीन', 'अंतर्विश्वविद्यालयीन', और 'अंतर्क्षेत्रीय' भी हो सकती है तथा 'अंतरमहाविद्यालयीन', 'अंतरविश्वविद्यालयीन', और 'अंतरक्षेत्रीय' भी ; पाठक को शब्द की वर्तनी देख कर सही अर्थ निकालने में और लेखक को शब्द का अर्थ सोच कर सही वर्तनी लिखने में सावधानी बरतनी पड़ेगी।

'अधिकांश' और 'अधिकतर'

'अधिक' और 'अंश' से बना 'अधिकांश' ऐसे शब्दों के साथ नहीं प्रयुक्त होना चाहिए, जिन से व्यक्त इकाइयाँ एक-एक कर के गिनी जा सकती हों। उदाहरण के लिए, 'अधिकांश विधायक' और 'अधिकांश ट्रेनें' में 'अधिकांश' का प्रयोग ग़लत है। सही उदाहरण होंगे—'अधिकतर विधायक' और 'अधिकतर ट्रेनें'। हाँ, एक ही ट्रेन के बारे में कहा जा सकता है कि 'अधिकांश ट्रेन भरी है' या 'ट्रेन का अधिकांश भरा है'।

'अधिकांश' के अन्य ग़लत प्रयोग देखिए—अधिकांश गेहूँ, अधिकांश गाना, अधिकांश माल, अधिकांश भीड़, अधिकांश कपड़ा, अधिकांश खेत, इत्यादि। किसी एक कपड़े या खेत का 'कम या अधिक अंश' हो सकता है, पर कई कपड़ों और खेतों में से 'अधिक' की बात करने पर वे 'अधिकांश' नहीं, 'अधिकतर' होंगे, उदाहरणार्थ 'अधिकतर कपड़े' और 'अधिकतर खेत'। 'अधिकांश पेड़' का मतलब है 'पेड़ों (की संख्या) में से तुलनात्मक रूप से अधिक'।

'अधिकांश' एकवचन रहता है (इकाई का हिस्सा व्यक्त करने के लिए) तथा उस से 'गिनी न जा सकनेवाली' सीमा और मात्रा व्यक्त होती है, जैसे 'अधिकांश मैदान या अधिकांश फ़्रिज ख़ाली था' में, जब कि 'अधिकतर' प्रायः 'गिना जा सकनेवाला' बहुवचन रहता है, जैसे 'अधिकतर आदमी'। ('अधिकांश आदमी' नहीं, जब तक कि आदमी-विशेष के अपेक्षाकृत बड़े टुकड़े या अंश की बात न हो!)

'अधिकतर संदूक भर गया' ग़लत है, 'अधिकांश संदूक भर गया' सही है। उधर 'अधिकतर संदूक भर गए' सही है, और 'अधिकांश संदूक भर गए' ग़लत है। अलबत्ता 'अधिकतर संदूकों का अधिकांश भर गया' भी सही है।

'अधिकतर फ़िल्म बेकार थीं' ग़लत है, 'अधिकांश फ़िल्म बेकार थीं' सही है। 'अधिकतर भीड़ चली गई' ग़लत है, 'अधिकतर लोग चले गए' सही है। इस के विपरीत, 'अधिकांश भीड़ चली गई' सही है, 'अधिकांश लोग चले गए' ग़लत है। 'उस की बात का अधिकांश (संज्ञा) बकवास है' या 'उस की अधिकांश (विशेषण) बात बकवास है' सही है। 'उस की अधिकतर बातें बकवास हैं' भी सही है। 'उस की अधिकतर बात बकवास है' ग़लत है और 'उस की अधिकांश बातें बकवास हैं' भी ग़लत है।

यदि 'अंश' या 'भाग' के साथ 'अधिकांश' और 'अधिकतर' में से एक को लगाने की मजबूरी आ पड़े, तो 'अधिकतर' लगाया जाएगा, अर्थात् 'अधिकतर अंश' और 'अधिकतर भाग' सही हैं, 'अधिकांश भाग' ग़लत, वरना यह 'अधिकांश अंश' के बराबर हो जाएगा!

'अफवाह' और 'किंवदंती'

'अफ़वाह' हिंदी और उर्दू में एकवचन है, अरबी में बहुवचन। हिंदी में इस का अर्थ है 'उड़ती ख़बर', जब कि अरबी में इस का मूल अर्थ है 'बहुत से मुँह'। यह शब्द 'फ़ूह' का बहुवचन है। 'फ़ूह' का धातुगत अर्थ है 'बोलना' और शब्दगत अर्थ है 'मुँह' (अर्थात् 'जिस से बोला जाए')। 'उड़ती ख़बर' बहुत से मुँहों के माध्यम से फैलती है, इसलिए 'अफ़वाह' शब्द उसी अर्थ का वाचक बन गया। हिंदी में इस के बहुवचन-रूप 'अफ़वाहें' और 'अफ़वाहों' बनते हैं (क्योंकि वहाँ न तो 'फ़ूह' का अता-पता है और न 'अफ़वाह' के भीतर की बहुवचनात्मकता का)।

'उड़ती ख़बर' यानी 'अफ़वाह' सच्ची भी हो सकती है और झूठी भी, लेकिन कुछ लोग 'अफ़वाह' का अर्थ सीधे 'मिथ्या समाचार' लगाते हैं। वस्तुतः 'ख़बर' जब तक अप्रामाणिक रहती है, तब तक 'अफ़वाह' रहती है; जब उस के सही या ग़लत होने की पुष्टि हो जाती है, तब वह लुप्त हो कर क्रमशः 'तथ्य' या 'गप्प' बन जाती है।

'श्रुति' का एक अर्थ 'ख़बर' भी है, इसलिए स्थूल रूप से 'जनश्रुति' जनता में फैली हुई ख़बर हुई--सच्ची या झूठी। इसलिए इसे 'अफ़वाह' का पर्याय कहा जा सकता है। 'जनश्रुति' के समान 'किंवदंती' का भी स्थूल अर्थ तो 'अफ़वाह' भी है, पर सूक्ष्म अर्थ में वह भी 'जनश्रुति' है, अर्थात् 'ऐसी बात, जिसे लोग परंपरा से सुनते चले आए हों और जिस के बारे में यह पता न चले कि वह वस्तुतः किस के द्वारा चलाई गई होगी'। इसीलिए इस का एक अर्थ 'लोकोक्ति' तक बता दिया जाता है।

'किंवदंती' के अर्थ से मिलते-जुलते अन्य शब्द 'जनरव' और 'प्रवाद' मिलते हैं। 'किंवदंती' में प्रयुक्त 'वदंती' का संस्कृत में अर्थ 'भाषण' या 'प्रवचन' है और 'किंवदंती' के 'किम्' (कौन), 'वद्' (बोलना), और 'अंत' इस शब्द का रहस्य स्वयं खोल रहे हैं।

'अभिज्ञ' और 'अनभिज्ञ'

'भिज्ञ' कोई शब्द नहीं है। कुछ लोग समझ बैठे हैं कि 'अज्ञानी' के 'अ-' के समान 'अभिज्ञ' का भी 'अ-' नकारात्मकता के लिए है और बचा हुआ 'भिज्ञ' सकारात्मक अर्थ 'जानकार' के लिए है। इसी प्रकार, वे समझते हैं कि 'अनजान' के 'अन-' के समान 'अनभिज्ञ' का भी 'अन-' नकारात्मकता के लिए है और बचा हुआ 'भिज्ञ' फिर 'जानकार' के लिए है। (लेकिन यह पूरी गाड़ी ग़लत पटरी पर है।)

वस्तुतः 'जानकार' के लिए शब्द 'अभिज्ञ' है, जिस के खंड 'अभि' और 'ज्ञ' हैं। 'अभि' माने 'जो प्रकट हो, भली भाँति, की ओर', और 'ज्ञ' माने 'ज्ञानी, जाननेवाला, परिचित'। 'अभि' के मूल में 'भा' धातु है, जिस का अर्थ 'दीप्ति' है, और 'ज्ञ' के मूल में

'ज्ञा' धातु है, जिस का अर्थ है 'जानना, परिचित होना, सीखना'।

अब 'अनभिज्ञ' शब्द से सही-सही 'अभिज्ञ' होने के लिए आगे बढ़ा जाए। 'अनभिज्ञ' की रचना 'अभिज्ञ' के पूर्व 'न' जोड़ने से हुई। यह 'न' पलट कर 'अन्' हो गया, जिस से शब्द का रूप 'अन् + अभिज्ञ' अर्थात् 'अनभिज्ञ' हो गया है।

'ज्ञ' को जोड़ कर बनाए गए उपर्युक्त तथा कुछ अन्य शब्दों के अर्थों का रस-पान कीजिए—अज्ञ (ज्ञानरहित, अचेतन, जड़, नासमझ, मूर्ख) ; अनभिज्ञ (अनजान, अनभ्यस्त, अनाड़ी, अपरिचित, नावाक़िफ़, बुद्धिहीन, मूर्ख) ; अभिज्ञ (जानकार, जानने वाला, अनुभवशील, कुशल) ; अल्पज्ञ (कम ज्ञान रखनेवाला, नासमझ) ; तत्त्वज्ञ (आजकल 'तत्वज्ञ' भी) (तत्व जाननेवाला, दार्शनिक, ब्रह्मज्ञानी); मर्मज्ञ (रहस्य जानने वाला, तत्त्वज्ञ); रसज्ञ (कुशल, निपुण, काव्य-मर्मज्ञ); विज्ञ (कुशल, चतुर, प्रतिभावान्, प्रवीण, बुदधिमान्); शास्त्रज्ञ (शास्त्रवेत्ता); सर्वज्ञ (सर्वज्ञाता, सब-कुछ जाननेवाला, परम ज्ञानी)।

ऊपर लिखे गए सभी शब्द विशेषण हैं, पर 'सर्वज्ञ' संज्ञा के रूप में भी आगामी अर्थों का वाचक है—ईश्वर, जिनदेव, तीर्थंकर, देवता, बुद्ध, शिव।

'अवस्थित' और 'उपस्थित'

संस्कृत में 'स्था' का अर्थ है 'खड़ा होना, ठहरना', जिस से बने 'स्थित' शब्द का अर्थ निकलता है 'खड़ा हुआ, उठ कर खड़ा होनेवाला, ठहरनेवाला, विद्यमान'।

'अवस्था' और 'अवस्थित' दोनों में 'अव' जुड़ा हुआ है, जिस का काम रहता है शब्द में चिपक कर उस के अर्थ में 'नीचे, कमी, अनुचित, दूर, संकल्प, परिव्याप्ति, विशेष रूप से'-जैसे किसी अर्थ को जोड़ देना। फलतः 'अवस्था' अर्थ की दृष्टि से जोड़-तोड़ के बाद सीधा-सा 'स्थिति'-वाचक है (विशेष अर्थ में आयु का उतना भाग 'अवस्था' है, जितना कथित समय तक बीत चुका हो), जब कि 'अवस्थित' शब्द अर्थ में फैल-फाल कर 'रहा हुआ, ठहरा हुआ, टिका हुआ, सहारा लिया हुआ, किसी विशिष्ट स्थान में रुका हुआ, किसी विशिष्ट अवस्था में आया हुआ' और 'उद्देश्य गें स्थिर' या 'दृढ़' के लिए इस्तेमाल होता है।'

'उप' के अनेक अर्थों में एक अर्थ 'निकटता' है, इसलिए जब 'स्थित' माने 'विद्यमान' है, तो 'उपस्थित' माने 'पास विद्यमान' या 'निकट पहुँचा हुआ' हुआ।

जिस प्रकार 'अवस्थित-अवस्था' का जोड़ा मिलता है, उस प्रकार 'उपस्थित-उपस्था' का जोड़ा नहीं मिलता; हाँ, 'उपस्थानम्' और 'उपस्थ' जरूर मिलते हैं। 'उपस्थानम्' का अर्थ 'निकट पहुँचना' के बाद किस खूबसूरती से 'पूजा करना', 'देवालय', 'स्मरण' भी होता चला गया है, यह देख कर संस्कृत भाषा की जय बोलने को मन करता

है। दूसरी ओर, 'उपस्थ' के अर्थों के फैलाव में भी संस्कृत का कमाल देखिए—'शरीर का मध्य भाग, गोद, पेड़ू, कूल्हा, गुदा, जननेंद्रिय'।

'स्था' ऊपर उदाहृत शब्दों में तो है ही, 'संस्था, संस्थान, स्थान' आदि में भी मौजूद है। जाहिर है कि इन सब में भी 'स्थित, टिकाऊ, विद्यमान' होने का भाव विद्यमान है।

अंत में शीर्षक के दोनों शब्दों के प्रयोग का एक उदाहरण और—इस समय मैं अपने घर में 'अवस्थित' होते हुए भी आप की सेवा में 'उपस्थित' हूँ।

'आचरण' और 'चरित्र'

इन दोनों शब्दों में 'चर्' धातु है, जिस का अर्थ है 'चलना'। कोशों में जब दोनों के अर्थ 'चाल-चलन' और 'व्यवहार', तथा 'आचरण' माने 'चरित्र', और 'चरित्र' माने 'आचरण' देखने में आते हैं, तो इन का भेद पकड़ने के लिए सिर में ज़्यादा खुजली होने लगती है।

'आचरण' के मूल अर्थ 'चल कर कहीं पहुँचना' और 'कोई काम शुरू कर के आगे चलाना अर्थात् अनुष्ठान' भी हैं। दूसरी ओर, 'चरित्र' के अर्थों में 'आत्मकथा, इतिहास, जीवनचरित, वृत्तांत' भी सम्मिलित हैं। भेद शुरू हो गया।

'आचरण' में वे सभी कार्य या व्यापार आते हैं, जिन्हें व्यक्ति अपने जीवन में नीतिसम्मत सामाजिकता निभाते समय प्रथा या परिपाटी के रूप में पूरा करता है। 'आचरण' अँगरेजी में 'कॉण्डक्ट' है।

'चरित्र' में वे सब कर्तव्य, कर्म, कृत्य, और बातें आती हैं, जिन्हें व्यक्ति अपनी प्रकृति, शील, और स्वभाव के साथ समाज द्वारा अनुमोदित नैतिक नियमों का पालन करते हुए पूरा करता है। 'चरित्र' अँगरेजी में 'कैरॅक्टर' है।

आचरण में सामाजिकता का पलड़ा भारी रहता है, चरित्र में नैतिकता का। आचरण काफ़ी हद तक भौतिक है, बाहरी है; चरित्र काफ़ी हद तक मानसिक है, भीतरी है। आचरण का संबंध 'अल्प अवधि' से हो सकता है, जैसे 'कल मेरे साथ उस का आचरण ठीक नहीं था' में। इस उदाहरण में 'आचरण' की जगह 'चरित्र' डाल कर देखिए!—हो गया न वाक्य चौपट? वस्तुतः 'चरित्र' की बात इस मामले में कुछ उलटी है। उस का संबंध प्रायः 'दीर्घ अवधि' से रहता है, जैसे 'उस का चरित्र ठीक नहीं है' में।

यद्यपि 'चरित्र' शब्द के पहले आवश्यकतानुसार 'अच्छा' विशेषण भी लगाया जाता है, पर उस का तात्विक झुकाव अच्छाई की ओर ही है, जो 'चरित्रवान्' (अच्छे चरित्र वाला) शब्द से प्रमाणित है। अँगरेजी की एक बहुश्रुत कहावत का तृतीयांश है—चरित्र गया, तो सब-कुछ गया।

'चरित्र' उपन्यास के हर पात्र को भी कहा जाता है, और 'चरित्र-अभिनेता' और 'चरित्र-अभिनेत्री' विशिष्ट पात्रों को। ('आचरण' किसी पात्र को नहीं कहा जाता!)

'आदि' और 'इत्यादि'

'आदि से अंत तक' में 'आदि' संज्ञा है, जिस का अर्थ है 'आरंभ'।

'आदि कवि' (वाल्मीकि) में 'आदि' विशेषण है, जिस का अर्थ है 'आरंभ का' (यानी 'प्रथम')। 'आदिम' भी विशेषण है, जो 'आदि का' या 'पहला' या 'पुरातन' या 'मौलिक' के अर्थ में प्रयुक्त होता है।

'राम आदि' में 'आदि' अव्यय है, जिस का अर्थ है 'और इसी प्रकार अन्य' यानी 'वगैरह'। इसीं अर्थ में 'आदिक' भी चलता है।

'प्रभृति' का अर्थ 'आरंभ' भी है और 'आरंभ कर के' या 'से ले कर' भी।

'आदि' के 'वगैरह' वाले अर्थ को 'आरंभ' वाले अर्थ के साथ इस प्रकार जोड़ा जा सकता है—'राम, श्याम, आदि' माने 'राम, श्याम से आरंभ कर के इन के समान अन्य (जिन्हें यहाँ नहीं गिनाया जा रहा है)'।

'वगैरह' के अर्थ में 'आदि' और 'इत्यादि' बहुत से प्रयोक्ताओं की इस स्थूल धारणा के साथ परस्पर परिवर्तनीय हैं कि 'आदि' से 'इत्यादि' का प्रयोग अधिक साहित्यिक है (और 'इत्यादिक' का उस से भी अधिक)।

इन दो शब्दों के मध्य पहला अंतर प्रकारांतर से ऊपर स्पष्ट हो चुका है कि 'आदि' यथाप्रयोग संज्ञा या विशेषण या अव्यय है, जब कि 'इत्यादि' केवल अव्यय है। इन में दूसरा अंतर यह है कि 'इत्यादि' में 'आदि' के पूर्व 'इति' शब्द अपने विशेष अर्थ 'निदर्शन, प्रदर्शन, दृष्टांत, उदाहरण' का योग दे रहा है। इस हिसाब से 'राम, श्याम, इत्यादि' का अर्थ होगा 'राम, श्याम के उदाहरण से आरंभ कर के इन के समान अन्य...'। इस का मतलब है कि 'इत्यादि' बराबर 'उदाहरणार्थ' धन 'आदि' है।

निष्कर्षतः 'राम, श्याम, आदि (या प्रभृति) आलू, धनिया, आदि बेचते हैं' कहना सही होगा, 'राम, श्याम, इत्यादि आलू, धनिया, इत्यादि बेचते हैं' सही नहीं होगा। 'इत्यादि' का प्रयोग तभी सही होगा, जब 'उदाहरण' पेश किए जाने हों। उदाहरण के लिए, 'मैं आप से कई प्रकार की मिठाई खाऊँगा, जैसे—गुलाबजामुन, रसमाधुरी, पाकीज़ा, इत्यादि'।

'आमंत्रण' और 'निमंत्रण'

'मंत्र' क्या है?—प्रार्थनापरक वेद-सूक्त। 'मंत्रणा' क्या है?—परामर्श। इन दोनों शब्दों में 'मंत्र्' धातु है, जिस के अर्थ हैं 'गुप्त भाषण करना, सलाह लेना और देना, कहना, बुलाना'। यही धातु 'आमंत्रण' और 'निमंत्रण' में विद्यमान है।

मोटे तौर पर 'आमंत्रण' और 'निमंत्रण' दोनों का मतलब 'बुलावा' है, लेकिन

सूक्ष्मदर्शियों की प्यास इतने से नहीं बुझेगी।

'आमंत्रण' के 'आ-' का अर्थ है 'निकटता से, पार्श्व से, सब ओर से'। ('आजीवन' और 'आमरण' के 'आ-' से तुलना कीजिए।) इस आधार पर 'आमंत्रण' का मतलब 'अच्छी तरह से बुलाने की क्रिया या भाव' होगा।

'निमंत्रण' के 'नि-' का भी अर्थ 'अच्छी तरह से' है (यद्यपि 'निकाय' में इस का अर्थ 'समूह' है और 'निवृत्ति' में 'विश्राम' है), इसलिए 'निमंत्रण' का अविशेषीकृत अर्थ 'आह्वान' ही है, पर चूँकि यह शब्द किसी को अवसर-विशेष पर 'प्रायः भोजन आदि के लिए बुलाने हेतु' प्रयुक्त होता है, इसलिए इस का इस अर्थ में विशेषीकरण हो गया है। यहाँ उल्लेखनीय है कि 'न्योता' का उद्भव और विकास 'निमंत्रण' से ही हुआ है ('आमंत्रण' से नहीं)।

'निमंत्रण' में सामान्यतया यह 'कहना' (आजकल 'लिखना' ज़्यादा) होता है कि अमुक कार्य में सम्मिलित होने के लिए अमुक समय पर अमुक स्थान पर पधारें। इस के साथ 'पत्र' ख़ूब जुड़ गया है (यथा 'निमंत्रणपत्र'), पर 'आमंत्रण' के साथ वह 'नहीं के बराबर' जुड़ा है। 'निमंत्रणपत्र' भेज कर हम आप को उत्सव में आने के लिए 'निमंत्रित' करते हैं, और जब आप वहाँ पहुँच कर दर्शकों-श्रोताओं के साथ बैठ चुके होते हैं, तब कार्यक्रम आरंभ करते समय हम आप को या किसी अन्य विशिष्ट व्यक्ति को मंच पर पहुँचने के लिए 'आमंत्रित' करते हैं। माइक पर भी वक्ता को 'आमंत्रित' किया जाता है ('निमंत्रित' नहीं)।

'आमंत्रण' और 'निमंत्रण' में एक भेद यह है कि 'निमंत्रण' का अकारण पालन न करने से दोष का भागी होना पड़ता है। ठीक ही तो है। यदि आप को कहीं भोजन आदि के लिए निमंत्रित किया जाए और आप वहाँ अकारण ही न पहुँचें, तो आप के हिस्से का भोजन बेकार जाएगा और उस के लिए आप दोषी होंगे! यदि 'आमंत्रण' और 'निमंत्रण' के इस अंतर को मान कर चलनेवाला कोई व्यक्ति आप को सिर्फ़ 'आमंत्रित' करता है (उदाहरणार्थ, उपदेश या कविता सुनने के लिए अथवा कोरे विचार व्यक्त करने के लिए), तब आप उस से चाय आदि की उम्मीद मत कीजिए, लेकिन यदि वह आप को 'निमंत्रित' करता है (उदाहरणार्थ, किसी के जन्मदिन, सगाई, विवाह, आदि में सम्मिलित होने के लिए), तब आप उस के यहाँ यह सोच कर जा सकते हैं कि वह आप के लिए कम-से-कम जलपान की व्यवस्था अवश्य करेगा।

'आशीर्वाद' और 'स्पोर्ट्स'

कई लोग 'र्' (रेफ़) को ग़लत जगह पर लिख मारते हैं, जैसे 'आर्शीवाद' और 'स्पोर्ट्स' में (जब कि 'आर्य' और 'वर्क्स' के 'र्' को कोई ग़लत जगह पर नहीं लिखता, अर्थात् इन

शब्दों को कोई 'आॅय' और 'वर्क्स' लिखने की ग़लती नहीं करता)।

'ॅ' के प्रयोग के संबंध में कई छोटे-छोटे नियम हैं। यह स्वर-वर्ण पर नहीं लगाया जाता (जैसे 'अॅ, आॅ, उॅ, ऊॅ' में)। (यदि लगाया जाता, तो 'इ' और 'ई' पर 'ॅ' कैसे लगाया जाता!) 'ॅ' किसी अर्ध व्यंजन पर भी नहीं लगाया जाता (जैसे 'र्क्, र्ट्, र्द्, र्ह्' में)। यह व्यंजन-वर्ण पर लगी स्वर की मात्रा पर ही लगता है (जैसे 'र्क, र्का, र्कि, र्की' में)। ('क' को 'अ' स्वर की मात्रा से युक्त कहा जाएगा।) जिस पूर्ण व्यंजन, अर्थात् 'अ' की मात्रा से युक्त व्यंजन, और अन्य किसी स्वर की मात्रा से युक्त व्यंजन-वर्ण पर 'ॅ' लगता है, उस स्वरयुक्त वर्ण के व्यंजन-भाग का उच्चारण 'ॅ' के उच्चारण के ठीक बाद होता है (जैसे 'र्क' में 'र्' के बाद 'क्' का तथा 'र्शी' में 'र्' के बाद 'श्' का उच्चारण)। 'ॅ' का उच्चारण इस के पूर्व में लिखित स्वर के बाद किया जाता है (जैसे 'अर्क' में 'अ' के बाद और 'सूर्य' में 'ऊ' के बाद)। यदि इस के तत्काल पूर्व स्वर लिखा हुआ न हो कर शुद्ध व्यंजन हो या हों (जैसे 'वक्र्स' में 'क्' और 'वत्स्र्य' में 'त्स्'), तो भी इस का उच्चारण पूर्ववर्ती स्वर के बाद सब से पहले, उस अर्ध व्यंजन (शुद्ध व्यंजन) या अर्ध व्यंजनों के भी पहले, होता है (जैसे 'वक्र्स' में 'व' के 'अ' के बाद और 'क्' के पहले, तथा 'वत्स्र्य' में 'व' के 'अ' के बाद और 'त्स्' के पहले)।

उपर्युक्त नियमों के आधार पर 'आर्शीवाद' को 'आर्शीवाद' (नियमानुसार 'ॅ' की जगह 'र्' लिखना अशुद्ध है) पढ़ा जाएगा। ('आर्शीवाद' लिखनेवाला शायद यह समझता है कि 'ॅ' 'शी' के बाद लिखा होने के कारण उस के बाद ही उच्चरित होगा!) यदि 'शी' के 'ई' स्वर के बाद 'ॅ' का उच्चारण करना हो, तो इसे परवर्ती व्यंजन-वर्ण की स्वर-मात्रा पर लिखना होगा, यथा 'आशीर्वाद' में।

नियमतः 'स्पोर्ट्स' लिखा ही नहीं जा सकता (क्योंकि 'ट्' में स्वर की मात्रा नहीं है, वह अर्ध है, फलस्वरूप 'ॅ' का भार ग्रहण करने के लिए निर्जीव है)। इसे 'स्पोट्र्स' लिखा जाएगा। देख कर शायद अटपटा लगेगा कि इसे 'स्पोट्र्स' (!) क्यों नहीं पढ़ सकते। उत्तर यह है कि 'ॅ' का उच्चारण नियमतः स्वर के बाद ही हो सकने के कारण किसी व्यंजन के बाद (यहाँ 'ट्' के बाद) नहीं किया जा सकता (वरना 'ट्र' को 'ट्र' लिखने की बात पैदा हो जाती)। पुनः, 'ॅ' स्वर के ही बाद (यहाँ 'ओ' के बाद) पढ़ा जा सकेगा।

'स्पोर्ट' तक ठीक है (क्योंकि लिखने में 'ट' पूरा है), पर 'स्पोर्ट्' भी लिखना ग़लत होगा और 'स्पोर्ट्स' भी। इसी प्रकार, 'गार्ड्स, रॉबर्ट्स, रिचर्ड्स' ग़लत हैं। सही हैं 'गाड्र्स, रॉबट्र्स, रिचड्र्स'।

मुद्रणालय और टाइपराइटर के युग में (हाथ से आसानी से लिखे जा सकने वाले एकीकृत या संश्लिष्ट संयुक्त वर्णों के आधुनिक वियुक्तीकरण के कारण) हमें 'निर्द्वंद्व' को ('र्द्' का लेखन नियमविरुद्ध होने के कारण) 'निद्र्वंद्व' लिखना पड़ेगा।

'ईर्ष्या' और 'द्वेष'

इन दो शब्दों में आपस में काफ़ी प्रेम-भाव है ! किसी-किसी शब्दकोश में स्थूलतः इन में से पहले का अर्थ समझाने के लिए दूसरे शब्द का और दूसरे का अर्थ समझाने के लिए पहले शब्द का प्रयोग कर दिया जाता है, पर सूक्ष्म रूप से ये परस्पर परिवर्तनीय नहीं हैं। इन की जोड़ी तो है, पर एक बाएँ पैर की चीज़ है, एक दाएँ पैर की !

'ईर्ष्या' के मूल में 'ईर्ष्य्' धातु है, जिस का अर्थ है 'डाह करना, दूसरों की उन्नति देख कर असहिष्णु होना'।

'द्वेष' के मूल में 'द्विष्' धातु है, जिस का अर्थ है 'नापसंद करना, घृणा करना, विरोधी होना'।

अनुवाद के नज़रिए से पहले शब्द के लिए अँगरेज़ी में 'ऍन्वी' और 'जॅलसी' हैं और दूसरे शब्द के लिए 'इल विल' और 'मैलिस' हैं।

'ईर्ष्या' किसी की सफलता को सहन न कर पाने की वृत्ति है। ईर्ष्या करनेवाला व्यक्ति दूसरे का उत्कर्ष देख कर जलता है; वह अन्य मनुष्य की संपन्नता और उन्नति से प्रसन्न नहीं हो पाता। ईर्ष्यालु आदमी को दूसरे के वैभव और सुख से जलन होती है, वह उसे उस से वंचित करने के विचार से घिरा रहता है और उस में स्वयं उस का स्थान लेने की लालसा बनी रहती है। 'ईर्ष्या' ('ईर्षा' भी सही) का अर्थ देनेवाला हिंदी का निकटतम शब्द 'डाह' है, जिसे 'दाह' से व्युत्पन्न माना जाता है।

'द्वेष' मन को अप्रिय लगनेवाली वृत्ति है। द्वेष करनेवाला व्यक्ति दूसरे को पराया समझता है, उससे अलगाव रखता है, उस से विरोध और वैमनस्य रखता है, तथा उस के प्रति शत्रुता का भाव रखता है। द्वेष के कारण मनुष्य दूसरे का बनता हुआ काम बिगाड़ देता है; वह उसे नुक़सान पहुँचाने की कोशिश करता है। द्वेष का शिकार हुए आदमी में अनिच्छा, अरुचि, घृणा, चिढ़, जुगुप्सा, दुर्भावना, द्रोह, मात्सर्य, विरोध, वीभत्सा, वैमन्य, और वैर, आदि का वास होता है।

'विद्वेष' को 'द्वेष' का बड़ा भाई समझिए ! वह विशेष रूप से किया जानेवाला द्वेष है ('दुश्मनी' तक), जिस के लिए अँगरेज़ी में 'स्पाइट' होगा।

'उलटना' और 'पलटना'

'वाहन उलट गया' और 'वाहन पलट गया' में कोई अंतर है क्या ? होना तो चाहिए।

'उलटा' का 'सीधा' से अर्थ-संबंध है। (भले ही यह संबंध 'एक-दूसरे का मुँह न देखनेवाला' है !) इस के विपरीत, 'पलटा' बेचारा अकेला है। कई बार ये दोनों 'उलटा-पुलटा' और 'उलटते-पलटते' रूपों में एक-दूसरे का जोड़ी-नुमा साथ निभाते हैं।

'उलटना' में 'सिर नीचे और पैर ऊपर' हो जाता है, अर्थात् परिवर्तन 'पूरा' रहता है, जब कि 'पलटना' में परिवर्तन प्रायः 'आधा-पौना' रहता है। उदाहरण—उस ने मेरी बात 'उलट' दी (पूरी की पूरी)। उस ने मेरी बात 'पलट' दी (पूरी नहीं)।

'उलटना' में परिणाम 'ऊपर-नीचे का' यानी लंबवत् कहा जा सकता है, जब कि 'पलटना' में उसे 'दाएँ-बाएँ का' यानी क्षैतिज कहा जाना चाहिए। उदाहरण—सारा पानी फेंकने के लिए बरतन को 'उलटा' किया जाता है। किताब का पन्ना 'पलटा' जाता है। आदमी 'पलटी' खोपड़ी का नहीं हो सकता, 'उलटी' खोपड़ी का हो सकता है।

अन्य प्रयोग देखिए—आदमी ने 'उलट' कर (पूरा घूम कर) देखा। आदमी ने 'पलट' कर (आधा घूम कर) देखा। आदमी ने वस्तु को 'उलट-पुलट' कर (ज़्यादा-कम घुमा-फिरा कर) देखा। आदमी ने सब-कुछ 'उलटा-पुलटा' (क्रमविहीन, अंड-बंड) कर दिया।

'लौट-पौट' की जोड़ी की भी ऊपर की जोड़ियों से रिश्तेदारी मानिए, लेकिन यह अंतर नोट करते हुए कि दूध और पानी-जैसी चीज़ों को 'उलटा-पुलटा' नहीं, 'लौट-पौट' किया जाता है तथा 'पौट' स्वयं कुछ नहीं होता।

आरंभिक बात पर वापस आएँ। 'वाहन उलट गया' में पहिए 'आसमान' की ओर रहेंगे; और 'वाहन पलट गया' में वे 'अगल या बग़ल' की ओर रहेंगे।

'एकाएक' और 'एकोएक'

फ़ारसी का 'यक' और संस्कृत का 'एक' एक ही गोद में खेले हुए शिशु हैं। 'एक' संस्कृत की 'इ' धातु से संबद्ध है, जिस का अर्थ 'गति' है। 'इक' केवल पद्य में प्रयुक्त होता है (पृथक् रूप में पूरे शब्द के समान)—'इक बार मुस्कुरा दो···सौ बिजलियाँ गिरा दो।'

फ़ारसी के 'यक-ब-यक' और 'यकायक' क्रियाविशेषण के रूप में 'अकस्मात्, अचानक, अनायास, तुरंत, फ़ौरन' के वाचक है। 'यकबारगी' का भी यही हाल है। इस का अर्थ 'एकदम' है ('एक दम' नहीं—'रुकिए, ज़रा मैं एक दम मार लूँ')।

'यक-ब-यक' की मेल-मोहब्बत में 'एक-ब-एक'; 'यकायक' के वज़न पर 'एकाएक'; और 'यकबारगी' से शक्ल मिला कर 'एकबारगी' हिंदी में पुराने-नए रिश्तेदारों की रस्म निभा रहे हैं।

'एक-एक' का अर्थ 'हर एक' (विशेषण) है और दूसरा अर्थ 'एक के बाद एक' अर्थात् 'बारी-बारी से, क्रमशः, अलग-अलग' (क्रियाविशेषण) है। 'एकोएक' पहले अर्थ के निकट है—जितने भी एक-एक हों, उतने सब, अर्थात् सब के सब। 'श्रोताओं ने कवि महोदय का एकोएक दाँत तोड़ डाला। गधों ने बग़ीचे का एकोएक पौधा तहस-नहस कर दिया।'

बस 'एकाध' वाक्य और। बच्चों की पहेली ही समझिए कि अगले वाक्य में 'आधा' का अर्थ 'दो' मिलेगा। 'एकाध' या 'एक-आध' का मतलब 'एक या आधा' भी है और 'एक या दो' भी।

'कंचुकी' और 'केंचुली'

कहाँ 'कंचुकी' और कहाँ 'केंचुली'! 'चोली' और 'साँप की झिल्लीदार सूखी त्वचा' अर्थ व्यक्त करनेवाले ये दो शब्द एक-दूसरे से काफ़ी दूर के लग रहे हैं, पर इस दृष्टि से बहुत पास के हैं कि इन दोनों में एक ही धातु 'कंच्' काम कर रही है, जिस का अर्थ है 'बाँधना' (और दूसरा अर्थ है 'चमकना')।

'कंचुकी' के सहचर शब्द 'कंचुक' के प्रथम अर्थ 'कवच' और 'बकतर' मिलते हैं और अन्य अर्थ 'अँगरखा, अचकन, चोगा, जामा', 'अँगिया, चोली', 'पोशाक, वस्त्र', और 'केंचुली' मिलते हैं। ध्यान दीजिए कि क्या इन अन्य सभी अर्थों में किसी न किसी तरह के 'रक्षार्थ कवच' का भाव नहीं छिपा हुआ है ! बिलकुल छिपा हुआ है—विविध शरीरांगों की रक्षा करने का, चाहे धूल-धूप से, चाहे कीड़ों-मकौड़ों आदि से।

चूँकि 'कंचुकी' का अर्थ 'रक्षक' की अर्थ-सीमाओं तक पहुँचता है, इसलिए अंतःपुर और रनिवास के रक्षक या द्वारपाल को 'कंचुकी' कहा जाता था। दूसरी ओर, चूँकि साँप उस के पूरे शरीर की रक्षक केंचुली से युक्त होता है अर्थात् कंचुकधारी होता है, इसलिए उसे भी 'कंचुकी' कहा जाता है।

'कंचुक' से बनाए गए 'कंचुकालु' का भी मतलब साँप है, और 'कंचुक' से विकसित 'केंचुल' या 'केंचुली' चूँकि साँप के शरीर के ऊपर छिलके के समान होती है, इसलिए इस का अर्थ 'छिलका' और 'भूसी' भी है। इसी कारण ऐसे अन्न को 'कंचुकी' कहा जाता है, जिस के ऊपर छिलका रहता हो, जैसे चना, जौ, आदि।

'कंचुक' से निर्मित 'कंचुकी' के सीमित अर्थ 'चोली' के लिए दो शब्द और हैं—'कंचुलिका' और 'कंचुली'। 'कंचुली' के 'चुली' को देख कर किसी को यह शक हो सकता है कि 'चोली' शब्द का इस से रूपगत संबंध रहा होगा, पर कुछ व्युत्पत्तिकार 'चोली' को संस्कृत के 'चोलः' या 'चोडः' से जोड़ते हैं और कुछ 'चेलिका' से (इन तीनों का अर्थ भी 'चोली' है)। संतोष की बात है कि व्युत्पत्तिकारों के मतभेद से हमारा कोई नुक़सान नहीं हो सकता !

'कफ' और 'कफ़'

हिंदी में अरबी-फ़ारसी-मूल के तथा अँगरेजी-मूल के बहुत-से ऐसे शब्द इस्तेमाल हो रहे हैं, जिन में 'फ़' वर्ण है। इस वर्ण को बिंदी के ज़रिए आवश्यकतानुसार 'फ' से अलग कर के हम अपनी देवनागरी लिपि को इस आरोप से मुक्त रखते हैं कि इस में फ-फ़ में व्यतिरेकी वर्ण-भेद करने की क्षमता नहीं है। वैसे यदि कोई व्यक्ति 'फ' और 'फ़' में अंतर नहीं करता है, तब भी उस के लिए यह जानकारी रखना अनुपयोगी नहीं है कि, उदाहरणार्थ, 'फन' (संस्कृत 'फण') साँप का फन है और फ़ारसी-मूल का 'फ़न' हुनर या कौशल है। (मैं सिर्फ़ अपने फ़न में उस्ताद हूँ, जब कि आप 'हर फ़न मौला' हैं।) 'फ़' के नीचे की इस बिंदी का कुछ और खेल देखिए —

संस्कृत में 'कफ'—और फ़ारसी में 'कफ़' (फेन)--शरीर की तीन धातुओं (वात, पित्त, कफ) में से एक अर्थात् श्लेष्मा या अरबी का 'बलग़म' है। 'कफ़' अरबी में हाथ का पंजा है और अँगरेजी में आस्तीन का वह दुहरा भाग है, जिस में बटन लगते हैं। अँगरेज़ी-मूल का दूसरा 'कफ़' खाँसी के लिए प्रयुक्त होता है। (ज़रा हट कर, अरबी में 'क़फ़' सूखी हुई तरकारी या घास का वाचक है।)

बार (मर्तबा) और क़ानून की धारा के लिए 'दफा' चलता है, पर अरबी का 'दफ़ा' किसी को दूर करने या ढकेलने के लिए व्यवहृत होता है (यथा--वे कड़क कर बोलीं, "दफ़ा हो जाओ मेरी नज़रों से")।

अँगरेजी-मूल के और उर्दू के 'सफ़र' (अर्थ क्रमशः 'बर्दाश्त करना' और 'यात्रा') में भी बिंदी है और 'फ़ी' (क्रमशः 'शुल्क' और 'प्रत्येक') में भी।

अफ़सर, उफ़, फ़ाइल, फ़िल्म, मुज़फ़्फ़र (विजेता), राइफ़ल, लिफ़ाफ़ा, साफ़, स्टाफ़, आदि शब्द चाहे इँगलैंड से आए हों, चाहे अरब से, आज ये 'हिंदी-धर्म' अपना चुके हैं। इन्हें बदले में केवल बिंदी चाहिए। अँगरेज़ी के 'फ़ोटो' और 'फ़ोटोग्राफ़ी' को ही नहीं, अरबी के 'ख़फ़ीफ़' (थोड़ा) और 'मुख़फ़्फ़फ़' (कम किया हुआ) को भी हम देवनागरी में फ़िट कर सकते हैं। (लेकिन ऐसा नहीं है कि जहाँ भी 'फ' देखा, बस बिंदी मार दी। ज़रा पढ़िए—हमारे साहब के यहाँ एक से एक ऊँचे 'फ़ल-फ़ूल' के पेड़ हैं!)

'करी' और 'तरकारी'

'करी' के बारे में कुछ लोगों का मत है कि यह 'कढ़ी' से संबंधित है और कुछ का मत है कि यह 'तरकारी' से संबंधित है। यों तो तीनों शब्दों का प्रयोग हमारे पूरे देश में होता है, पर यदि हलके तौर पर 'करी' को दक्षिण भारत के साथ, 'कढ़ी' को मध्य भारत के साथ, और 'तरकारी' को उत्तर भारत के साथ अधिक निकटता से जोड़ दिया जाए, तो कोई

अपराध नहीं होना चाहिए !

'कढ़ी' बेसन आदि से बननेवाला एक प्रकार का मसालेदार झोल है तथा 'तरकारी' आग पर पकाए हुए विशेषतः कच्चे फल, कंद, मूल, डंठल, फूल, पत्ते, साग, भाजी, आदि का खाद्य रूप है। विभिन्न तरकारियों में हरेपन का इतना अधिक प्रतिशत रहता है कि 'तरकारी' का एक नाम 'सब्ज़ी' (सब्ज़ 'हरा') भी चलता है। (कुछ लोग 'हरी सब्ज़ी' की बात करते हैं, जो 'काली श्यामा' के समान है।)

कहीं-कहीं पकाई हुई मछली और मांस को भी 'तरकारी' कहा जाता है।

कुछ लोगों के अनुसार 'तरकारी' को हमेशा 'तर' अर्थात् 'गीला' होना चाहिए, पकाई गई सूखी सब्ज़ी 'भुजिया, भूजी ('भूँजना, भूनना' से)' या 'सूखी तरकारी (!)' है।

फ़ारसी में 'तर' माने 'गीला' ही नहीं, 'ताज़ा, नया, सब्ज़' भी है और 'तरः' माने सीधे 'तरकारी' है। वस्तुतः 'तरकारी' का सरनेम-जैसा उत्तरार्ध 'कारी' ही 'करी' बन गया है और अँगरेजी में हमारे देश से लिया गया है। उस में इस का अर्थ है 'शोरबा, अर्थात् मसालों के साथ पकी मांस आदि की रसीली डिश, जो साधारणतः चावल के साथ परोसी जाती है।'

इस बात में वजन हो या न हो कि 'तरकारी (तर करनेवाली !)'तबीयत तर कर देती है, पर यह एकदम सही है कि 'तरकारी' शब्द में हिंदुस्तानीपन है, जब कि 'करी' में अँगरेज़ियत है—तभी तो हम 'आलू की करी' नहीं सुनते और 'ऍग-करी' ख़ूब सुनते हैं।

'करे' और 'किए'

भाषा में नियमित रूपों के साथ अनियमित रूप भी सदा विद्यमान रहते हैं। व्यवस्था की दृष्टि से जितना रूपों की नियमितता के लिए आग्रह होता है, स्वाभाविक विकास के आधार पर उतना ही अनियमित रूपों का अस्तित्व बना रहता है। प्रयोक्ता के द्वारा सही अनुकृति न कर पाने, भाषा पर विविध बाहरी प्रभाव पड़ने, और हर शब्द की ऐतिहासिक यात्रा हर दूसरे शब्द से कहीं न कहीं भिन्न होने के कारण शब्दों का जोड़ा भी कभी-कभी अपेक्षित से पर्याप्त अलग-अलग शक्लों के सदस्यों का हो जाता है। 'तू आता है' से 'तू आया है' का नियमित रूप-संबंध है, जिस के आधार पर कोई भी हिंदी-भाषी 'तू जाता है' के सह-संबंध पर 'तू जाया है' कभी नहीं प्रयुक्त करेगा। ऐसे प्रयोग में 'जाता' से अलग शक्लवाला 'गया' हम सभी के द्वारा ग्राह्य है।

'मरना, मरा, मरे, मरी, मरीं' में धातु का रूप 'मर' नियमित है। 'लेना, लिया, लिए, ली, लीं' में धातु ने रंग बदल डाले हैं। 'करना, किया, किए, की, कीं' में अनियमितता का मिश्रण है, क्योंकि दूसरी ओर 'मरे, मरें' और 'ले, लें' के समकक्ष 'करे, करें' भी उपलब्ध

हैं। 'यदि तू मरे', 'यदि तू काम ले', और 'यदि तू काम या बात करे' सही प्रयोग हैं। इस 'करे' की झोंक में कुछ लोग बोल जाते हैं 'तू ने काम करा', 'तू ने काम करे', 'तू ने बात करी', 'तू ने बातें करीं'। 'करा' और 'करी' आदि का यह प्रयोग चाहे जितना बड़ा व्यक्ति करे, साहित्यिक हिंदी की दृष्टि से इसे अच्छा नहीं माना जाता। जो करोड़ों लोग 'तू ने काम किया', 'तू ने काम किए', 'तू ने बात की', 'तू ने बातें कीं' ही सुनने-बोलने-पढ़ने-लिखने के आदी हैं, वे जब 'तू ने बात करी' सुनते हैं, तो उन्हें लगता है कि उन के कान में 'बात' नहीं, 'करी' (रसीली डिश) घुसती जा रही है !

'कलकत्ता' और 'कलकत्तेवाली'

कुछ लोग 'कलकत्ता', 'आगरा', 'शिमला'-जैसे स्थान-नामों को 'में', 'से,' 'तक', इत्यादि शब्दों के पूर्व 'कलकत्ते', 'आगरे', 'शिमले'-जैसा लिखा करते हैं, जो ग़लत है। ऐसा लिखनेवाले 'मथुरा' का 'मथुरे', 'कनाडा' का 'कनाडे', 'आस्ट्रेलिया' का 'आस्ट्रेलिए', और 'सुदामा' का 'सुदामे' नहीं बनाया करते। ऊपर के सारे उदाहरण व्यक्तिवाचक संज्ञाओं के हैं।

नाम चाहे कोई भी हो, उस की वर्तनी में थोड़ा भी अंतर करने का हमें कोई अधिकार नहीं है। यदि नाम में किसी वर्ण की अदला-बदली हो, तो अंक-सूची किसी दूसरे छात्र की हो सकती है। वर्तनी भिन्न होने पर बैंकवाले चॅक लौटा सकते हैं। नाम में ज़रा-सा भी परिवर्तन करवाने के लिए कचहरी का शपथ-पत्र भरना होता है। आप का नाम यदि कोई बिगाड़ कर लिखेगा, तो आप को ज़रूर खलेगा।

शब्द के अंतिम 'आ' को 'ए' कर देने की यह ग़लती इस सादृश्य से होती है कि हिंदी में 'लड़का', 'ताला', 'इशारा'—जैसे अव्यक्तिवाचक संज्ञा-शब्दों को 'लड़के में', 'ताले से', 'इशारे तक', इत्यादि में एकारांत सही माना जाता है।

यदि 'मुन्ना' जातिवाचक संज्ञा है, तो 'को', 'से', आदि के पहले वह 'मुन्ने' हो जाएगा, जैसे 'उस के मुन्ने को दे दो' वाक्य में, लेकिन यदि 'मुन्ना' व्यक्तिवाचक संज्ञा है, किसी का नाम है (जैसे 'मुन्ना लाल' में), तो वह 'मुन्ना' ही रहेगा, जैसे 'वह चीज मुन्ना को दे दो' वाक्य में।

'यह गाड़ी कलकत्ता वाली है' में 'कलकत्ता' पृथक् है ('वाली' से) और व्यक्तिवाचक संज्ञा है, लेकिन 'काली कलकत्तेवाली, तेरा वचन न जाए ख़ाली' में इस का प्रयोग जातिवाचक संज्ञा बनाने के लिए किया गया है ('घरवाली' और 'लड़केवाले' के समान), इसलिए इसे एक शब्दवत् भी लिखना होता है। यही अंतर 'आगरा वाला' और 'आगरेवाला' के साथ है। 'मेरा आगरा वाला मकान अभी ख़ाली है' में 'आगरा' यों ही रहेगा, जब कि 'आगरेवाला मिठाई बेचता है' में उस में विकार आ जाएगा, क्योंकि अकेला

'आगरा' एक नाम है, व्यक्तिवाचक संज्ञा है, जब कि एक शब्दवत् 'आगरेवाला' लाखों 'आगरा वालों' में से एक है।

'कलकत्ता को' व्याकरण की बात है, 'कलकत्ता वाली' भी वाक्य-विचार की बात है, पर 'कलकत्तेवाली' शब्द-रचना की, शब्दकोश की, बात है।

'काग़ज़ात' और 'बरात'

सावधान ! 'काग़जातों' अशुद्ध है। 'मकानातों' और 'सवालातों' भी। इन शब्दों के शुद्ध रूप एक तरफ़ 'काग़ज़ात', 'मकानात,' और 'सवालात' हैं और दूसरी ओर 'काग़ज़ों', मकानों, और 'सवालों' हैं। हिंदी के 'सब कागज़' और 'सब काग़ज़ों को'-जैसे उदाहरणों में प्रयुक्त 'काग़ज़' और 'काग़ज़ों' दोनों बहुवचन-प्रयोगों के लिए उर्दू में 'काग़ज़ात' होगा, यथा 'सब काग़ज़ात' और 'सब काग़ज़ात को'। जाहिर है कि 'काग़ज़ातों'—जैसे शब्दों में पहले उर्दू के अनुसार बहुवचन 'काग़ज़ात' बनाया गया है और उस के बाद हिंदी का बहुवचन-प्रत्यय भी जोड़ दिया गया है। यह डबल बहुवचन ऐसा ही हुआ, जैसे हम 'रेट' (दर) का बहुवचन 'रेट्स' और 'रेटों' न बना कर 'रेट्सों' बनाएँ !

'काग़ज़ात', 'मकानात', और 'सवालात', आदि मूलतः अरबी भाषा के बहुवचन शब्द हैं। इसी प्रकार 'ख़यालात' ('ख़याल' से) और 'जज़्बात' ('जज़्ब' से) भी। 'ख़ैरात' (दान) 'ख़ैर' का बहुवचन है, 'हालात' 'हालत' का, 'ख़ुराफ़ात' 'ख़ुराफ़त' (बकवास) का, और 'करामात' 'करामत' (चमत्कार) का। 'हवालात' 'हवालः' का बहुवचन है। 'हवालः' (हवाला; हवाले) के अर्थ हैं 'संदर्भ; सुपुर्दगी', और 'हवालात' का अर्थ है 'मुक़दमा निर्णीत होने के पूर्व अपराधियों को रखने का स्थान'। 'वारिदात' (वारदात) 'वारिद' (आनेवाला) का बहुवचन है, जो उर्दू और हिंदी में 'घटना' के लिए एकवचन में इस्तेमाल हो रहा है।

'-आत' देखते ही शब्द को सदा बहुवचन समझ मारना धोखे का सौदा होगा। अरबी का 'मुलाक़ात' एकवचन है और तुरकी का 'सौग़ात' भी। 'औक़ात' यद्यपि अरबी के पुल्लिंग शब्द 'वक़्त' का बहुवचन है ('समयावली' अर्थ के साथ), पर 'प्रतिष्ठा, मान-मर्यादा' के अर्थ में स्त्रीलिंग है।

'बात' और 'रात' में चूँकि '-आत' कुछ नहीं है (उच्चारण में ध्वनियों के अलावा), इसलिए इन से बने 'बातों' और 'रातों' रूप सही हैं; और शायद इन्हीं के सादृश्य के चक्कर में 'काग़ज़ातों' आदि बना डाले जाते हैं। हिंदी का 'बरात' शब्द, जिसे कुछ लोग ज़बरदस्ती 'बारात' कहने-लिखने के शौक़ीन हैं, 'वरयात्रा' से बना है।

'कूटना' और 'पीटना'

'कूटना' का मतलब 'पीटना'-मात्र नहीं है, उस में टुकड़े-टुकड़े करने का भी भाव जुड़ा हुआ है। मुहावरे में कहते हैं 'कूट-कूट' कर 'भरना', जिस का अर्थ है 'किसी पात्र में कोई वस्तु अधिक मात्रा में दबा-दबा कर भरना', लेकिन मूलतः चूँकि वह वस्तु पात्र में साबुत और अधिक मात्रा में नहीं आ पाती, इसलिए उसे कूटते हुए अर्थात् छोटे-छोटे टुकड़ों में करते हुए अधिकाधिक भरना होता है।

'सिर' के साथ 'कूटना' और इस के अर्थों का काफ़ी 'सहवासी' संबंध है। देखिए—सिर कूट डालूँगा; सिर तोड़ दूँगा; सिर के टुकड़े-टुकड़े कर दूँगा।

'पीटना' बार-बार चोट पहुँचा कर चीज़ को चपटा (या चिपटा) या चौड़ा करने के अर्थ में प्रयुक्त होता है। चूना 'कूटा' जाता है, लोहा 'पीटा' जाता है। आदमी की 'पिटाई' करने में भी 'मारने' की क्रिया की बारंबारता रहती है। 'मारना-पीटना' और अधिक आवृत्तिपरक है।

'सिर' के साथ 'पीटना' का भी अर्थ-संबंध 'कूटना' के जैसा ही 'सहवासी' है। 'सिर पीटना' का सीधा-सा मतलब है 'सिर को बार-बार चोट पहुँचाना'। (उसे 'चपटा कर देना' नहीं!)

'पीटना' का एक मज़ेदार प्रयोग और है, जहाँ इस का अर्थ 'कोई वस्तु किसी न किसी प्रकार प्राप्त कर लेना' निकलता है। उदाहरण इस प्रकार है—'डॉक्टर ने एक दिन में डेढ़ हज़ार रुपए पीट लिए।' 'पीट लेना' के इस मुहावराने प्रयोग से अपरिचित व्यक्ति शायद इस का अर्थ 'पीट कर छीन लेना' लगा लेगा। (जब कि रुपए 'छीनने'-वाला व्यक्ति दूसरे को बिना पीटे ही रुपए पीट लेता है।) वैसे ऐसा पीटनेवाला व्यक्ति पिटनेवालों (बल्कि लुटनेवालों) को शारीरिक दृष्टि से नहीं, पर आर्थिक दृष्टि से तो पीट ही देता है।

'कोश' और 'कोष'

शब्दकोशों में 'कोष' शब्द के सामने लिखा मिलता है—देखिए 'कोश'। इस का मतलब यह निकलता है कि यह शब्द दोनों वर्तनियों में चलता है, जिन में से 'ष'-वाली वर्तनी की तुलना में 'श'-वाली वर्तनी अधिक मान्य है।

यद्यपि 'श' और 'ष' को एक-दूसरे की जगह लिखने की छूट सैकड़ों शब्दों में नहीं है, जैसे हम 'शेष' को न तो 'शेश' लिख सकते हैं, न 'षेष', और न 'षेश' (इसी प्रकार, 'शश' का अर्थ 'ख़रगोश' है, जब कि 'षष्' का 'छह'), तथापि इन दो वर्णों के बीच कुछ शब्दों में मुक्त परिवर्तनीयता की भी स्थिति संस्कृत-काल से ही चली आ रही है, जैसे 'कोशी' और 'कोषी' दोनों का अर्थ 'कली, चप्पल, आदि' है तथा 'शंड' और 'षंड' दोनों का

अर्थ 'नपुंसक, साँड़, आदि' है।

संस्कृत और हिंदी दोनों में 'श' के सामने 'ष' इस मामले में कमजोर है कि वह 'श' की अपेक्षा बहुत कम शब्द शुरू कर पाता है। संस्कृत के एक कोश में 'श' से 874, पर 'ष' से केवल 31 शब्द शुरू हुए हैं। इसी प्रकार, हिंदी के एक कोश में 'श' से 2226, पर 'ष' से 80 शब्द शुरू हुए हैं।

आज हिंदी में 'ष' उच्चारण की दृष्टि से समाप्ति तक पहुँच चुका है, पर लेखन में 'संस्कृतपन' के साथ चल रहा है। 'संस्कृतपन' से यहाँ आशय है 'बुजुर्गों' की इज़्ज़त और धरम-करम'।

संस्कृत में 'कोश' अथवा 'कोष' के 'अभिधान, आवरण, कली, ख़जाना, गर्भाशय, गेंद, जायफल, पात्र, पादुका, बादल, भंडारगृह, म्यान' आदि लगभग छह दरजन अर्थ थे, जिन में से हिंदी में एक दरजन भी प्रयुक्त नहीं हो रहे हैं। हाँ, एक कमाल हिंदी ने जरूर कर दिखाया है कि पुराने हिसाब से परस्पर परिवर्तनीय स्पेलिंगों में से आज एक का एक अर्थ और दूसरे का दूसरा अर्थ प्रायः निश्चित कर दिया है, जिस से ये दोनों शब्द-रूप 'कोश अथवा कोष' न रह कर 'कोश तथा कोष' बन गए हैं। 'शब्दकोश' के अर्थ में लोग 'कोश' लिख रहे हैं (जैसे 'उर्दू-हिन्दी शब्दकोश, बृहत् हिन्दी कोश, मानक हिन्दी कोश, शब्द-परिवार कोश, संस्कृत-हिन्दी-कोश, हिन्दी-अंग्रेजी कोश, हिन्दी-व्युत्पत्ति कोश', इत्यादि कोशों के नामों में) तथा 'ख़जाना' के अर्थ में 'कोष' लिखा जा रहा है (तभी तो 'कोषाध्यक्ष' लोग अपने को 'कोशाध्यक्ष' लिखवाना पसंद नहीं करते)।

'ख़ान' और 'खान'

'ख़ान' साहब को यदि कोई 'खान' साहब कह देता है, तो वे चिढ़ जाते हैं। ठीक ही तो है। कहाँ 'बहुत प्रतिष्ठित व्यक्ति, अध्यक्ष, अमीर' अर्थोंवाला शब्द 'ख़ान' (या 'ख़ाँ'), और कहाँ 'खदान' अर्थवाला शब्द 'खान'! वे कहते हैं कि यदि 'ललित' नाम बिगाड़ कर किसी को 'दलित' पुकारा जाए, तो क्या उसे बुरा नहीं लगेगा ?

'ख़्' और 'ख्' में सचमुच जमीन-आसमान का अंतर है। (जमीन 'खुदती' है, 'ख़ुदा' आसमान में रहता है ! 'ख़ुदा' परवरदिगार है, 'खुदा' 'खुदना' क्रिया का भूत काल है।) आप ख़ान साहब के सामने 'वह ख़ुद (स्वयं) जाएगा' की जगह 'वह खुद जाएगा' कभी मत बोलिए, वरना वे 'आदमी' को 'गड्ढा' समझ लेंगे। इसी तरह, 'ख़ुदाई' (ईश्वरत्व, दुनिया) को 'खुदाई' बोल-लिख कर आप ग़लतबयानी के शिकार हो जाएँगे। सुना होगा—सारी ख़ुदाई एक तरफ़, जोरू का भाई एक तरफ़। समझ लें कि ऐसे में 'खुदाई' कहने पर बात बहुत बिगड़ सकती है।

'कौन-सा खाना' का उत्तर बनता है—अमुक या अमुक, अच्छा या बुरा, सुबह का

या रात का भोजन। इस के विपरीत, 'कौन-सा ख़ाना' का उत्तर बनता है—अलमारी का या जन्म-कुंडली आदि का एक विभाजित हिस्सा। यही 'ख़ाना' 'कबूतरख़ाना, ग़ुसलख़ाना, चारख़ाना, ज़नानख़ाना, दवाख़ाना, मैख़ाना' आदि में मौजूद है। शब्द में पहले 'ख' और फिर 'ख़' के कुछ जोड़े और देखिए—खस (पोस्ता; प्रदेश-विशेष, एक जाति); ख़स (एक नम घास की सुगंधित जड़; 'ख़स' की टट्टी, 'ख़स' का पंखा)। खसरा (शरीर पर खुजलीदार दाने); ख़सरा (बही-खाता)। खार (क्षार, रेह); ख़ार (काँटा, 'गुलों से ख़ार बेहतर हैं')। खैर (कत्था); ख़ैर (ख़ैरियत, कुशल; अस्तु)।

आजकल दिन-रात बोले जानेवाले बहुत-से ऐसे शब्द हैं, जिन में मूलतः 'ख़ान साहब' वाला 'ख़' है। उदाहरण—ख़ानदान, ख़बर, अख़बार, ('ख़बर' का बहुवचन, समाचारपत्र), ख़त, ख़त्म, ख़राब, ख़ाक, ख़ास, ख़ामोश, ख़ुशबू, ख़ुशी, ख़ून, तारीख़, इत्यादि। 'अख़्ख़ाह, ख़ैरख़्वाह' आदि में दो-दो बार।

आसानी से याद रखने के हिसाब से 'ख़ुशख़बरी' यह है कि किसी भी मूल अरबी-फ़ारसी-उर्दू-धारा के शब्द में 'ख' नहीं होता, और किसी भी मूल संस्कृत-हिंदी-धारा के शब्द में 'ख़' नहीं होता। इस तथ्य के आलोक में दो शब्द देखिए—'शाख़' फ़ारसी का है और 'शाखा' संस्कृत का है।—लेकिन अरबी-फ़ारसी-शब्दों की पर्तें हटाने के बाद जो उर्दू बचती है, वह मूलतः भारतीय और पुरानी हिंदी की सहोदरा होने के कारण अपने जन्म से ही ख-युक्त है, जब कि हिंदी के ख़ज़ाने में 'ख़' की वृद्धि बाद में हुई है, जिसे देख कर ख़ान साहब ख़ूब ख़ुश हैं।

एक नियम। यदि आप का झुकाव 'ख़' से 'ख़' को अलग करने की ओर है, तो यह जरूर याद रखिए कि संदेह की स्थिति होने पर नीचे बिंदी लगाने और न लगाने में न लगाना वरेण्य है, वरना शब्द-विशेष उपहासास्पद बन सकता है, जैसे 'रख़ैल' या 'मख़ौल'।

'गिरना' और 'ढहना'

ऐसा कोई भी हिंदीभाषी नहीं मिलेगा, जो इन शब्दों का सही प्रयोग न करता हो, लेकिन फिर भी एक 'प्रिय महोदय' ने इन के बीच की दूरियों के बारे में सवाल उठा दिया। आइए, हल करें।

'गिरना' बहुरंगी है, 'ढहना' अपेक्षाकृत अल्परंगी। 'गिरना' आकाश से भी हो सकता है और किसी की नजर से भी। इसी प्रकार, वह भारी-हलकी चीज का भी हो सकता है और स्वास्थ्य का भी। "अमुक आदमी बहुत गिर गया है" वाक्य में 'गिरना' सीधे चरित्र पर हमला कर रहा है।

गिरने के बाद वस्तु मूल स्थान से प्रायः अलग हो जाती है (जैसे 'छत गिर गई' में

'छत'), जब कि ढहने के बाद वह वहीं ढेर हो जाती है (जैसे 'इमारत ढह गई' में 'इमारत')।

'गिरना' में वस्तु यथावत् बची रह सकती है (जैसे 'चाभी गिर गई' में 'चाभी'), 'ढहना' में वह हमेशा नष्ट-भ्रष्ट होने की स्थिति में रहती है, क्योंकि 'ढहना' का मूल अर्थ 'नष्ट होना' ही है (ऐतिहासिक दृष्टि से 'ढहना' को संस्कृत के 'ध्वंसन' से जोड़ा जाता है, जिस का मतलब है 'गिर कर टुकड़े-टुकड़े हो जाना या नाश आदि')।

इन दो शब्दों की दूरियाँ पकड़ने के लिए इन के प्रयोग के एक-दो उदाहरण और देखें—पतंग कट कर कृष्ण जी के घर में 'गिर' गई (डोर से 'अलग हो कर'); पतंग बिना कटे राधा जी के घर पर 'ढह' गई (डोर से 'अलग नहीं' हुई)। मीनार की ऊपरी मंज़िल 'गिर' गई (गिर कर अलग जा पड़ी); मीनार 'ढह' गई (सारी की सारी धराशायी हो गई)।

अंत में एक-दो लाइनों में यह भी देख लें कि क्या चीज़ 'गिर' नहीं सकती और क्या चीज़ 'ढह' नहीं सकती। मनसूबे सिर्फ़ ढह सकते हैं, गिर नहीं सकते; और नीयत सिर्फ़ गिर सकती है, ढह नहीं सकती। इसी प्रकार, जुल्म सिर्फ़ ढह सकते हैं, गिर नहीं सकते; और सिर के बाल सिर्फ़ गिर सकते हैं, ढह नहीं सकते। लेकिन (केवल महिलाओं के लिए) बालों का जूड़ा ढीला हो जाने पर बाईं या दाईं ओर 'ढहता' है, 'गिरता' नहीं।

'गुलाब' और 'जुलाब'

कहाँ 'गुलाब' और कहाँ 'जुलाब' ! लेकिन इन में बहुत गहरा संबंध है।

आजकल 'गुल' का अर्थ 'कोई भी फूल' है, जैसे 'गुलदस्ता, गुलशन, गुल खिलाना' में, पर फ़ारसी में इस का पुराना अर्थ वही था, जो आज 'गुलाब' का है। 'लघु हिन्दी-शब्दसागर' में 'गुल' का अर्थ 'फूल' भी दिया गया है और 'गुलाब का फूल ' भी। इसी प्रकार, 'उर्दू-हिंदी-शब्दकोश' में 'गुलाब' का अर्थ 'एक प्रसिद्ध फूल' भी दिया गया है और 'गुल' भी।

पुरानी फ़ारसी में 'गुलाब' का अर्थ था 'गुल का आब' अर्थात् आज का 'गुलाबजल' । बाद में लोग 'गुल' को ही 'गुलाब' कहने लगे, यानी 'वह फूल, जिस से पानी निकाला जाए ; या पानी से भरा हुआ फूल' । आप इस फूल के पानी की तासीर और उस के अलग-अलग इस्तेमाल जानते ही हैं। आजकल उसे 'गुलाबजल' कह लीजिए, पर यदि इस शब्द की जड़ तक जाएँगे, तो यह 'गुल-आब-जल' अर्थात् 'पुष्प-विशेष के जल का जल' हो जाएगा—'यमुना-ब्रिज के पुल' के समान।

'जुलाब' का मतलब है 'पेट साफ़ करने की कोई दस्तावर दवा' । 'गुलाब' यानी 'गुल का पानी (या अरक़)' दस्तावर दवा के रूप में भी इस्तेमाल किया जाता था (और

है)। यह 'गुलाब' शब्द अरब की यात्रा करते-करते 'जुलाब' हो गया और वहाँ इन दो शब्दों के बीच अर्थ का अलगाव गाढ़ा हो गया। अरबी का यह 'जुलाब' उर्दू-हिंदी में फ़ारसी में होता हुआ आया और 'जुल्लाब' रूप में भी ढला।

अरबी से अँगरेजी में पहुँच कर इस शब्द की शक्ल 'जूलिप' हो गई, जहाँ इस का अर्थ 'दवा-विशेष' होने के साथ 'पीपरमिंट आदि की गंध और स्वाद से युक्त स्पिरिट और शीतल जल से बनाया गया पेय' होता है।

'गृह' और 'ग्रह'

'गृह' में 'ऋ' की मात्रा है और 'ग्रह' में 'र्' की। 'गृह', जिस का अर्थ 'घर' भी है और 'मकान' भी, सामान्यतया अकेला प्रयुक्त नहीं होता। इस का प्रयोग संस्कृत के संयुक्त शब्दों में प्रचुरता के साथ होता है। कभी यह संयुक्त शब्द का पहला सदस्य रहता है, जैसे 'गृहकार्य, गृहदेवता, गृहमंत्री, गृहयुद्ध, गृहविज्ञान, गृहसंपत्ति, गृहस्वामिनी' इत्यादि में, और कभी दूसरा, जैसे 'जलपानगृह, विश्रामगृह, स्नानगृह' इत्यादि में।

'ग्रह' का संबंध नक्षत्रों से है। पृथ्वी, शुक्र, मंगल, शनि, यूरेनस, आदि विभिन्न ग्रह हैं। भाग्य के संदर्भ में कहा जाता है कि अमुक आदमी के ग्रह खराब या अच्छे चल रहे हैं।

'ग्रह' का 'उप', अर्थात् 'उपग्रह' टेलीविज़न की दुनिया में विशेष रूप से जाना-पहचाना शब्द बन गया है। वैसे इस का अर्थ लघु ग्रह (राहु, केतु, आदि) भी है।

'अनुग्रह' (संज्ञा) का अर्थ है 'कृपा, प्रसाद, उपकार, दया, अथवा पक्षपातपूर्वक किसी को प्रसन्न करने की भावना'। इस के 'र्' की मात्रा 'अनुगृहीत' (विशेषण) में 'ऋ' की मात्रा हो जाती है। यही स्थिति 'संग्रह' और 'संगृहीत' की है।

'गृह, गृहस्थ, गृहिणी, गृहीत, ग्रह, ग्रहण, अनुग्रह, अनुग्रहण, अनुगृहीत, संग्रह, संग्रहणीय, संगृहीत, ग्राह (घड़ियाल), ग्राह्य, ग्राहक, ग्राही, ग्रहीता, आदि 'सभी के मूल में 'ग्रह्' है, जिस का अर्थ 'पकड़ना' है। क्या यह कहना सही नहीं है कि 'गृह' (घर) हमें पकड़े रखता है और 'ग्रह' (नक्षत्र) भी हमें पकड़े रहते हैं !

'गेंद' और 'बल्ला'

इन दो शब्दों में जितना प्रेम आजकल है, उतना पहले नहीं था, भले ही 'गेंद' भी संस्कृतकाल में विद्यमान थी ('कंदुक' और 'गेंदुक' नाम से) और 'बल्ला' भी उन दिनों मौजूद था ('बल्ल' नाम से), लेकिन वह आजवाला 'बल्ला' नहीं था, क्योंकि उस का मतलब 'मोटा डंडा' या 'लट्ठा'-मात्र था।

हिंदी के 'बल्ला' शब्द से 'बल्ली' बना, जो मूलतः 'बल्ला' का लघुतावाची रूप है, पर मज़ाक देखिए कि आज 'बल्ली' बड़ी है (जिस का अर्थ है 'गोल मोटी लंबी लकड़ी') और 'बल्ला' छोटा है (जिस का अर्थ है 'छोटे डंडे के आकार का काठ का आगे से चपटा टुकड़ा, जिस से गेंद को मारा जाता है')। (कहनेवाले नाव खेने के चपटे डंडे या डाँड को भी 'बल्ला' कहते हैं।)

'गेंद' शब्द के पुरानी-नई भाषाओं (पाली, प्राकृत, उड़िया, और सिंधी) में मिलने वाले कुछ भाई-बंधु इस प्रकार हैं—गेंडुक, गेंडुआ, गेंडु, गेंदु, गेंदुआ, गेंदवा, खेनुरो। (इन में से 'गेंडुआ', 'गेंदुआ', और 'गेंदवा' का अर्थ 'गोल तकिया' भी चलता है।)

गुजराती और नेपाली भाषाओं में 'गेंद' के लिए 'गेंद' ही प्रयुक्त होता है।

आप जानते हैं कि 'गेंदबाज़ी' बोलिंग है और 'बल्लेबाज़ी' बैटिंग है—जिस का मतलब है कि 'गेंद' से 'बल्ला' जुड़ते ही हमारे कोशकार यदि 'गेंद-बल्ला' का शब्दार्थ 'क्रिकेट का खेल' लिखते हैं, तो ग़लती नहीं करते।

अब एक बात ख़ुशबू की और एक बदबू की हो जाए—

(1) 'गेंदा' एक गेंदनुमा फूल का नाम है। उस के बारे में कहा जाता है कि वह 'गेंद' के आकार और आधार पर ही बना है।

(2) ज़रा नाक बंद कीजिए। फ़ारसी में 'गेंद' के लिए शब्द 'गू' है।

'ग्रहण' और 'प्राप्त'

आप भोजन 'ग्रहण' करेंगे या 'प्राप्त' करेंगे? छात्र शिक्षा 'ग्रहण' कर रहा है या 'प्राप्त' कर रहा है?

इन सवालों के जवाब सोचने से लगता है कि ये दो शब्द एक-दूसरे के बेहद क़रीब आ गए हैं, लेकिन वस्तुतः ये एक-दूसरे से दूर ज़्यादा हैं, पास बहुत कम हैं। पहला शब्द संज्ञा है, दूसरा विशेषण है। (एकाकी शब्द 'ग्रहण' का अर्थ 'प्राप्त' नहीं, 'प्राप्ति' संभव है, और एकाकी शब्द 'प्राप्त' का अर्थ 'ग्रहण' नहीं, 'गृहीत' संभव है।) इन के कुछ प्रयोग-क्षेत्र एक-दूसरे का मुँह भी देखना पसंद नहीं करते। उदाहरण आगे हैं।

राहु द्वारा चंद्रमा ग्रस लिया जाने पर 'चंद्रग्रहण' होता है ('चंद्रप्राप्त' नहीं होता); इसी प्रकार, दूल्हे द्वारा दुल्हन का हाथ पकड़ लिया जाने पर 'पाणिग्रहण' होता है ('पाणिप्राप्त' नहीं होता)। इस के विपरीत, 'प्राप्त' का एक अर्थ 'सामने आया हुआ या उपस्थित' होने के कारण मृत्यु प्राप्त होती है ('ग्रहण' नहीं होती); और 'प्राप्त' का एक अन्य अर्थ 'जो अनुभूत हुआ हो' होने के कारण सुख भी 'प्राप्त' होता है ('ग्रहण' नहीं होता)।

'ग्रहण करना' पकड़ना है; 'प्राप्त करना' हासिल करना है। 'ग्रहण करना' अंगीकार

करना है, किसी बात को ठीक से समझ कर मान लेना है; 'प्राप्त करना' अर्जित करना है, प्रयत्न कर के अधिकार में लाना है। आप कार्यभार 'ग्रहण' ही करेंगे, और वेतन 'प्राप्त' ही करेंगे।

कभी-कभी ऐसी भी स्थिति निर्मित हो सकती है कि एक ही वाक्य-रूप में इन में से किसी एक शब्द की जगह दूसरे का प्रयोग कर देने से कथन का रंग एकदम दूसरा हो जाए, जैसे—'वस्त्र ग्रहण कीजिए' का अर्थ 'वस्त्र धारण कीजिए या पहनिए' निकलेगा, जब कि 'वस्त्र प्राप्त कीजिए' का अर्थ 'वस्त्र हस्तगत कीजिए' निकलेगा।

कल सुबह आप को अपना समाचारपत्र फिर 'प्राप्त' होगा; उस में छपी ख़बरों में निहित भाव आप 'ग्रहण' करेंगे। अब बताइए कि आज की यह बात आप ने 'ग्रहण' की या 'प्राप्त' की ?

'चप्पल' और 'जूता'

चप्पल और जूते में एक अंतर यह है कि किसी कार्यक्रम के दौरान चप्पल आसानी से चुराई जा सकती है, क्योंकि वह अपने पैर के नापवाली जल्दी से छाँटी जा सकती है !

इस चरणरक्षिका के नाम का जन्म एक ध्वनि-अनुकरणात्मक शब्द के रूप में 'चपचप' से माना जाता है। यह अनुकरणात्मकता 'चप्पल' की सहधर्मिणी 'चट्टी' (चट-चट) में भी देखी जा सकती है।

'चप्पल' का अर्थ एक कोश में इस प्रकार दिया गया है—'चपटी एड़ी का जूता, जिस में पंजा प्रायः खुला होता है।' अर्थ समझाने का यह तरीक़ा क्या ही शानदार है कि चपटी एड़ी का 'जूता' चप्पल है ! (और ऊँची एड़ी की चप्पल जूता है !)

'जूता' संस्कृत के 'युक्त' और प्राकृत के 'जुत्त' से बना है, जिस के लिए संस्कृत में 'पादत्राण (पदत्राण), पादत्र, पादुका' और, मजाक न समझिए, 'पादू' मिलते हैं। यदि निकटता स्थापित करें, तो इन में से 'पादुका' और 'पादू' को स्त्रीलिंग होने के नाते 'चप्पल' के अधिक निकट होना चाहिए।

'खड़ाऊँ' काष्ठपादुका का विकसित रूप है।

'पैर' के लिए यदि संस्कृत में 'पाद' है, तो फ़ारसी में 'पा' है, जिस से जूते के लिए उस में शब्द बना 'पापोश' ('मेजपोश' से मिलाइए)।

संस्कृत के एक अन्य शब्द 'उपानह' (नह् 'पहनना') का अर्थ 'चप्पल' भी लिखा मिलता है और 'जूता' भी।

चप्पल या जूते को बनाने के लिए आधार-सामग्री का कोई बँटवारा नहीं है (जो कोशों से आगे बढ़ गई है—कपड़ा, किरमिच, चमड़ा, टाट, तार, पट्ठा, प्लास्टिक, मख़मल, रबर, लकड़ी, शीशा, इत्यादि), पर स्वरूप की दृष्टि से पहली (स्त्रीलिंग) का

खुला-खुला होना और दूसरे (पुल्लिंग) का बंद-बंद होना ज़रूरी है ('सैंडिल' बीच की चीज़ है—कुछ-कुछ चप्पल के और कुछ-कुछ जूते के समान)।

'चप्पल' को 'जूती' नहीं कह सकते। 'जूती' (जनाना जूता) जूते का स्त्रीलिंग होने के साथ-साथ कुछ लोगों के अनुसार स्त्रियों के ही पहनने की चीज़ है; लेकिन स्त्रियाँ इस पर यह कह कर आपत्ति उठा सकती हैं—मियाँ की जूती, मियाँ की चाँद।

'चिट्ठा' और 'चिट'

'चिट्ठा' भले ही 'चिट्ठी' का व्याकरणिक पुल्लिंग है, पर वह 'चिट्ठी' से भिन्न ऐसा काग़ज़ है, जिस पर वर्ष भर का हिसाब जाँच कर नफ़ा-नुक़सान दिखाया जाता है। वह लेखा या खाता है।

'कच्चा चिट्ठा' ऐसा वृत्तांत है, जिस में कोई बात छिपाई गई हो; वह 'पक्का' नहीं, 'पोल खाते वाला मामला' है।

'चिट्ठी' भी काग़ज़ है, पर उपर्युक्त संकेतानुसार वह 'चिट्ठा' का ज़नाना रूप नहीं है। वह ऐसा काग़ज़ है, जिस पर कोई संदेश लिखा हो। 'चिट्ठी' के अर्थों में पत्र, निमंत्रण-पत्र, आज्ञा-पत्र, आदि सभी शामिल हैं।

'चिट्ठी' का छोटा रूप 'चिट' है, जो अँगरेज़ी में जा कर 'लिखित नोट या टिप्पणी' का वाचक बन गया है। हिंदी में इस का अर्थ काग़ज़ का टुकड़ा या पुरज़ा है। 'चिटनवीस' का मतलब है 'लेखक, मुंशी, मुहर्रिर' और आगे बढ़ कर 'कर्मचारी, कारिंदा, गुमाश्ता'।

'चिट-फ़ंड' में 'चिट' को 'चिट्ठा' और 'चिट्ठी' दोनों का लघुतम रूप समझिए, क्योंकि उस में हिसाब-किताब की बात भी रहती है और किसी के नाम संदेश भी रहता है।

'चिट मारना' क्या है, यह प्रायः सभी विद्यार्थी जानते हैं, भले ही वे चिट मारते हों या नहीं। 'चिट मारना' का अर्थ 'चिट्ठी मारना' बिलकुल नहीं है, वह है 'चिटिंग करना', जिस में विदेशी रंग है। अँगरेजी ने हम से 'चिट' लिया, हम ने उसे मूलतः अँगरेजी का समझ कर 'चिटिंग' कर दिया।

'चूडा' और 'जूड़ा'

संस्कृत का ('चूडा' हिंदी में 'चूड़ा' बना। 'चूड़ा' के अर्थों में 'बालों की चोटी या शिखा; मोर की या मुरगे की कलगी; मुकुट; पगड़ी; शिखर; अटारी; कुआँ; कलाई का आभूषण-विशेष' का समावेश है। उपर्युक्त अर्थों में से 'मुकुट; पगड़ी; शिखर; अटारी;

कुआँ की जरूरत हिंदी के 'चूड़ा' को शायद ही कभी पड़ती हो, पर बाँह में पहने जानेवाले एक अलंकार के लिए इस शब्द का प्रयोग हिंदी में अतिरिक्त रूप से होता है। 'चूड़ा' का कलाई के आभूषण-विशेष से आशय 'कंगन' या 'कड़ा' तो है ही, 'हाथीदाँत की ऊपर से लाल रंग से रँगी उन चूड़ियों के सॅट से भी है, जो सुहाग के चूड़े के नाम से अनेक नव वधुओं को पहनाया जाता है'।

'चूड़ी' अधिक कॉमन है—सोने, चाँदी, शंख, हाथीदाँत, काँच, लाख, रबर, सींग, प्लास्टिक, आदि का स्त्रियों की कलाई में पहनने का एक वृत्ताकार गहना; शीशी के ढक्कन-जैसी चीज़ों में पड़ी हुई घुमावदार धारियाँ।

पुरुष 'कड़ा' तो पहन सकता है, पर 'चूड़ी' ? उस के पुरुषपने को प्रताड़ित करने के लिए उसे चूड़ियाँ भेंट की जाती हैं !

'जूड़ा' संस्कृत में 'जूटः' है, जिस का अर्थ 'पिंडी बनाया हुआ केशों का समूह' है और जो हिंदी में 'सिर के बालों को एक साथ लपेट कर बाँधी हुई गाँठ' के लिए चलता आ रहा है। इस का एक अर्थ 'जूट या मूँज का पूला या गट्ठा' है, जिस में बालों-जैसे लंबे रेशों और उन के समूह का सादृश्य विद्यमान है। 'पटसन' के अर्थ में 'जूट' शब्द को अँगरेजी से हिंदी में आया हुआ समझना भूल है। बात उलटी है। वह 'इधर' से उधर गया है। यहीं 'जटा' शब्द को भी याद कर लीजिए, और 'जटा-जूट' को भी। कमाल यह है कि 'जटा' का भी एक अर्थ 'जूट' मिलता है। 'जटिल' के अर्थ-विकास का आनंद लीजिए—जटाधारी, उलझा हुआ, पेचीदा।

'जूट का पूला' यदि 'जूड़ा' है, तो 'जूट की पूली' 'जूड़ी' है। बालों-जैसी या लंबे रेशों-जैसी न होने पर भी सामग्री की 'जूड़ी' हो सकती है, बस उस की लंबी इकाइयों को समूह में बँधा होना चाहिए। उदाहरण हैं 'पालक की जूड़ी' और 'मूलियों की जूड़ी'। (जाड़ा दे कर आनेवाले ज्वर 'जूड़ी' को यहाँ से दूर रखिए !)

'छठा' और 'पंचम'

'छठवाँ' को विद्वानों ने ग़लत बताया है। यह शब्दरूप दरअसल 'पाँचवाँ', 'सातवाँ', 'आठवाँ', आदि के सादृश्य पर चल निकला है। '-वाँ' अंत वाले ये शब्द 'पंचम', 'सप्तम', आदि से विकसित हुए हैं, जिन के अंत में 'म' है। यह 'म' (म् + अ) बदल कर 'वाँ' (व् + आँ) हो गया है। 'म' और 'वाँ' उच्चारण में एक-दूसरे से बहुत दूर नहीं हैं; दोनों में ओष्ठ्य-प्रयोग है तथा दोनों में अनुनासिकता का भाव विद्यमान है। 'छठवाँ' में 'वाँ' होने के लिए ऐसी कोई बात नहीं है, क्योंकि 'षष्ठम' अशुद्ध है। संबंधित सही शब्द 'छठा' का विकास 'षष्ठ' से हुआ है (जिस में 'म' विद्यमान नहीं है)।

'पंचम्' अशुद्ध है। ऐसा नहीं है कि जब भी कोई संस्कृत का शब्द देखा, तब उस के

अंतिम 'म' को हलंत कर दिया ! 'सत्यम्-शिवम्-सुंदरम्' में हलंत ठीक हैं, क्योंकि इस उक्ति को 'सत्यं-शिवं-सुंदरम्' भी लिखा जा सकता है; लेकिन 'पंचम, सप्तम, अष्टम, नवम, दशम' को 'पंचं, सप्तं, अष्टं, नवं, दशं' नहीं लिखा जा सकता, क्योंकि इन शब्दों के अंत में 'म्' नहीं, लिखित 'अ' मौजूद है। यही कारण है कि, उदाहरणार्थ, 'पंचमाक्षर' (पंचम + अक्षर) और 'दशमांश' (दशम + अंश) शब्द सही हैं (संधि का नियम है 'अ + अ = आ')। संधियाँ जाननेवाला कोई भी लेखक बता देगा कि यदि इन संयुक्त शब्दों के प्रारंभिक शब्द 'पंचम्' और 'दशम्' होते, तो इन से बननेवाले संयुक्त शब्दों का स्वरूप 'पंचमक्षर' और 'दशमंश' होता।

कुछ लोग 'षष्ठम्' तक लिख मारते हैं। करेला, और नीम-चढ़ा !

'छह' और 'दुःख'

झगड़ा इस बात पर था कि '6' को 'छः' लिखा जाए या 'छह'। एक साहब ने दर्दनाक हल सुझाया कि 'छहः' लिखना ठीक रहेगा !

'छः'- वर्तनी को यह कारण देते हुए ग़लत बताया जाता है कि विसर्ग केवल तत्सम शब्दों में प्रयुक्त होता है। उदाहरण—अंतःकरण, अक्षरशः, अतः, पुनः, पूर्णतः, प्रातः, प्रायः, शनैः। (हिंदी में व्यवहृत होनेवाले विसर्गयुक्त शब्द बहुत नहीं हैं।) उपर्युक्त कारण से ही 'छिः' की भी वर्तनी सही नहीं मानी जाती।

'6' के उच्चारण में 'अक्षरशः' और 'अतः' आदि का 'अः' नहीं, 'शह' और 'सह' आदि का 'अह' है। यही 'अह' 'ग्यारह' से 'अट्ठारह' तक की गिनती में मौजूद है, जिसे 'अः' से बदल कर लिखना कोई सहन नहीं करेगा। दुर्दशा देखिए—ग्यारः, बारः, तेरः, चौदः, इत्यादि।

कभी-कभी 'छह' के 'अह' के 'ह' के लुप्त होने पर स्वर 'ऐ' हो जाता है, इसलिए कुछ लोग '6'को 'छै' भी बोल-लिख देते हैं—उसी प्रकार, जिस प्रकार 'तहख़ाना' को 'तैख़ाना' बोल-लिख दिया जाता है।

'दुःख' के विसर्ग की क्या स्थिति है ? स्थिति यह है कि या तो इस का उच्चारण 'क्' कर दिया जाता है, जैसे 'दुक्ख' में, और या इसे साफ़ कर दिया जाता है, जैसे 'दुख-दर्द', 'सुख-दुख', आदि में।

दरअसल विसर्ग (बराबर शोररहित 'ह्') और 'ह्' (बराबर शोरसहित विसर्ग) दोनों ही अपेक्षाकृत बहुत ज़्यादा साँस ख़र्च करनेवाली ध्वनियाँ हैं, इसलिए इन का प्रायः लोप हो जाना स्वाभाविक और बहुत सामान्य बात है।

फ़ैसला यह करना पड़ेगा कि यदि आप को पुरानी पीढ़ी का पक्ष लेना हो, तो 'दुःख'

लिखिए, और यदि नई पीढ़ी की तरफ़दारी करनी हो, तो 'दुख' लिखिए। पहले को 'तत्सम' कहिए, दूसरे को 'तद्भव'। पहले को 'परंपरा' से जोड़िए, दूसरे को 'विकास' से।

यदि आप का सिर 'दुख' रहा है ('दुःख' नहीं रहा), तो आप विकासशील हैं!

'जलील' और 'ज़लील'

शेरो-शायरी में रुचि रखनेवाले लोग देवनागरी लिपि में 'ज' आदि से युक्त शब्दों को बिना बिंदी लगाए लिखने-बोलनेवाले लोगों पर यह आरोप लगाते हैं कि वे शायरी की शक्ल-सूरत बिगाड़ देते हैं। इस आरोप की कड़वाहट को इज़्ज़त देते हुए आइए एक सच्ची घटना से उपजा कड़वा हास्य देखें—

एक हिंदीभाषी ग्राहक को एक उर्दूभाषी दुकानदार ने 'जलील' कहा। भाई बिगड़ उठे। सड़क पर भीड़ इकट्ठी हो गई। उर्दूभाषी सज्जन लाख समझाते-मनाते रहे कि उन्होंने 'ज़लील' (अधम, अनादृत, अपमानित, कदर्थित, कमीना, जिस की बेक़दरी की गई हो, तिरस्कृत, नीच, पामर, बेइज़्ज़त, भ्रष्ट, शर्मिंदा) नहीं कहा था, 'जलील' (अख़्तियार, जलवे, जलाल, ताक़त, तेज, महत्ता, रुतबे, और रोब-दाब से युक्त अर्थात् अज़ीम, गौरवशाली, पूज्य, प्रतिष्ठित, महान, मान्य, मोहतरम) कहा था, पर हमारे हिंदीदाँ महोदय भला क्यों माननेवाले थे कि उन्हें गाली नहीं दी गई। बहरहाल, झगड़े का कारण केवल इतना था कि हिंदीभाषी महोदय 'ज' के नीचे की बिंदी तथा 'ज' और 'ज़' के उच्चारण-भेद से परिचित नहीं थे, जब कि इन दो शब्दों के अंतर के जानकार लोग घटना की व्यर्थता में मज़ा ढूँढ रहे थे।

यों हमारी देवनागरी दुर्बल नहीं है, पर गड़बड़ तब होती है, जब हम जरूरत के समय भी कोई ख़ास चीज़ लिखने-बोलने में कंजूसी कर जाते हैं। आवश्यकता इस बात की है कि देवनागरी की शक्ति-संपन्नता का आधार ले कर हम उर्दू से हिंदी में आए हुए कम-से-कम ऐसे शब्दों को अवश्य सही-सही लिख-बोल दिया करें, जिन में, उदाहरणार्थ 'ज' के नीचे बिंदी होने और न होने के अंतर से अर्थ का अनर्थ हो सकता है। हिंदीवालों को यह जानना चाहिए कि, उदाहरण के लिए, 'गज़' (तीन फ़ुट के बराबर नाप) को 'गज' कर देने से यह 'हाथी' हो जाएगा। ऐसे ही कुछ अन्य दिलचस्प अर्थभेदी शब्द-युग्म इस प्रकार हैं—

'ज़ंग' (धातु का मैल या मोरचा) और 'जंग' (युद्ध)। 'ज़न' (स्त्री,पत्नी; 'ज़नाना' में यही है) और 'जन' (व्यक्ति)। 'ज़माना' (युग) और 'जमाना' (तरल वस्तु को ठोस बनाना)। 'ज़रा' (थोड़ा) और 'जरा' (बुढ़ापा)। 'ज़ाया' (बरबाद) और 'जाया' (पत्नी, जिस से बच्चा उत्पन्न हो चुका हो)। 'ज़िरह' (कवच) और 'जिरह' (प्रतिपक्षी वकील के

प्रश्न)। 'ज़ीना' (सीढ़ी) और 'जीना' ('मरना' का जीवन-साथी)। 'तेज़' (तीक्ष्ण) और 'तेज' (दीप्ति)। 'नाज़' (हाव-भाव) और 'नाज' (अन्न)। 'राज़' (रहस्य) और 'राज' (राज्य, 'पाट' का सीनियर पार्टनर, राजा)। 'सज़ा' (दंड) और 'सजा' (सज्जित हुआ)।

जब हम 'ड' से 'ड़' करने के लिए बिंदी का इस्तेमाल करने में नहीं सकुचाते (संस्कृत में 'ड़' नहीं था), और जब हम बिंदी की मदद से 'बद' को 'बंद' कर देते हैं, तब ज़रूरी होने की स्थिति में 'ज' को 'ज़' कर के हिंदी को 'ज़्यादा जायक़ेदार' क्यों नहीं बना सकते ? लेकिन हाँ, इतनी रईसी अच्छी नहीं कि आप ज़बरदस्ती 'जनाब' को 'ज़नाब' और 'जाहिल' को 'ज़ाहिल' बना कर बेइज़्ज़त कर दें।

'झक' और 'झख'

ब्रह्मा के चार मानस-पुत्रों में से एक का नाम 'सनक' था। संस्कृत के इस पुल्लिग-शब्द से भिन्न हिंदी के स्त्रीलिंग-शब्द 'सनक' का अर्थ 'हलके पागलपन के साथ मन की झोंक अर्थात् ख़ब्त' है। 'वह सनक गया है' का मतलब है 'उस पर झक सवार है'। 'सनकी' या 'झक्की' वह है, जो अपनी अविवेकपूर्ण धुन के सामने किसी की न सुने। जब दो झक्की अपनी-अपनी रट लगा कर एक-दूसरे की न सुन रहे हों, आपस में झगड़ रहे हों, बक-बक कर रहे हों, तो आप कहेंगे कि उन के बीच 'झकझक' हो रही है (यानी दोनों पर झक सवार है)।

'झक' विशेषण-रूप में 'उज्ज्वल, चमकीला, साफ़' का वाचक है, जो 'झकझक' में और भी स्पष्ट है। उदाहरण—उस के एकदम 'झक' कपड़े देख कर लड़की ने उसे फ़ौरन पसंद कर लिया; पुताई के बाद बिल्डिंग 'झकझक' हो रही है। 'झक' का यह अर्थ आगामी वाक्य में एक क़दम और बढ़ गया है—वह ख़बर सुन कर आप की तबियत (तबीयत) 'झक' हो जाएगी।

'झख' संस्कृत के 'झष' (मछली) से संबद्ध है। कुछ लोग इसे 'झींखना' (झींकना) से जोड़ते हैं, जिस का अर्थ है 'दुखड़ा रोना'। इस से 'झिकझिक' जोड़ा जा सकता है। 'झकझक' दुतरफ़ा है, 'झिकझिक' इकतरफ़ा। किसी को देर तक 'झींकते' देख कर आप कह उठेंगे, 'क्या झिकझिक लगा रखी है !'

चूँकि 'झींख रहा है' के लिए 'झख रहा है'- जैसे प्रयोग नहीं सुने जाते और चूँकि 'झख मारना' में 'मछली' और 'मारना' दोनों का भाव मौजूद है, इसलिए इस मुहावरे की 'मक्खी मारना' मुहावरे से तुलना कीजिए। 'झख मारना' का मतलब है 'समय बरबाद कर के असफलता प्राप्त करना, व्यर्थ का काम करना, अपनी मिट्टी ख़राब करना'। 'झख मार कर' का विकसित अर्थ है 'अनिच्छापूर्वक' और 'विवश हो कर'। देखिए—अपनी पत्नी का बनाया हुआ खाना मुझे 'झख मार कर' खाना पड़ता है !

'ठूँसना' और 'ठोस'

'ठूँसना' का मतलब है 'किसी वस्तु को किसी आधान में खूब अच्छी तरह कस कर भरना'। यह वस्तु तरल नहीं होनी चाहिए। व्यंग्य में 'ख़ूब कस कर या बुरी तरह खाना' को भी 'ठूँसना' कहा जाता है, क्योंकि उस में भी बिना ख़ाली जगह छोड़े ठसाठस भरने का भाव है। यह 'ठसाठस' क्या है ? यह है 'ठस' की पुनरुक्ति से बना शब्द। क्रम जमाइए—'ठस' और 'ठोस', फिर 'ठूस' या 'ठूँस'। 'ठोस' से 'ठूँस' का संबंध होने के कारण ही हम नहीं कह सकते कि अमुक व्यक्ति चाय 'ठूँस' रहा है !

'ठस' शब्द का अर्थापकर्ष हो चला है। प्रयोगों में देखिए—'उस का दिमाग़ ठस है', अर्थात् वह कुंद-बुद्धि है, उस का दिमाग़ गतिशील नहीं है; तथा 'उस सिक्के की आवाज ठस है', अर्थात् वह खुट्टल है, उस में चलायमान खनखनाहट नहीं है।

किसी जगह जबरदस्ती घुसने या धँसनेवाले व्यक्ति को 'ठसने या ठँसनेवाला, ठसियल, ठस्सू' कहते हैं। वह टँसने के बाद टलने का नाम ही नहीं लेता।

'ठोस' का आशय अर्थापकर्ष वाला नहीं, सम्मानजनक है। इस का सामान्य अर्थ है 'जो जरा भी खोखला न हो'। पदार्थ तो 'ठोस' होते ही हैं, कोई-कोई आदमी भी 'ठोस' होता है (ज्ञान से या पैसे से)।

बोरों में ठूँस-ठूँस कर रद्दी भरी जा रही थी। एक साहब ने देख कर पूछा, "क्या 'ठाँसाठूसी' चल रही है ?" जवाब देनेवाला व्यक्ति क्या यह शब्द-कथा जानता था कि वह किसी चीज को 'ठोस बनाने (ठोसने)' का काम कर रहा था !

'ठोकर' और 'टक्कर'

एक समाचारपत्र में निम्नलिखित समाचार पढ़ा—'एक ट्रक-चालक ने एक लूना-चालक को ठोकर मार दी।' संवाददाता का आशय था कि ट्रक और लूना में भिड़ंत हुई, जिस के लिए ट्रक-चालक जिम्मेदार था। लेकिन छपे हुए वाक्य से अर्थ कुछ इस प्रकार निकल रहा है कि ट्रक चलानेवाले व्यक्ति ने लूना चलानेवाले व्यक्ति को अपने पैर से आघात पहुँचा दिया !

'ठोकर मारना' पैर के पंजे से किए जानेवाले आघात से संबंधित है। (अलबत्ता यदि कोई व्यक्ति जूता या चप्पल पहने हुए हो, तो उस की नोक से भी ठोकर मारी जा सकती है !) इसी प्रकार, 'ठोकर लगना' भी ऐसे आघात से संबंधित है, जो चलते समय पत्थर-जैसी किसी कड़ी वस्तु से अनजाने टकरा जाने से पैर में लगे। इस दृष्टि से 'ठोकर' उपर्युक्त प्रकार से लगी चोट को कह सकते हैं। इसीलिए 'ठोकर लगना' या 'ठोकर खाना' का मुहावरे के रूप में अर्थ होता है 'ग़लती के कारण हानि होना या हानि

उठाना'।

'टक्कर' का अर्थ है 'मुठभेड़' अर्थात् 'दो वस्तुओं या जीवों के परस्पर भिड़ने से होनेवाला आघात'। दो आदमियों के बीच 'टक्कर' होगी, 'ठोकर' नहीं। रेलगाड़ी और ट्रक के बीच भी 'टक्कर' होगी, 'ठोकर' नहीं। ट्रक या बस लूना को 'ठोकर' नहीं मार सकती (क्योंकि उस के पैर नहीं होते)। कोई बच्चा मैटाडोर या रिक्शा से 'टकरा कर' गिर सकता है, वह उस की 'टक्कर से' भी गिर सकता है, पर उस की 'ठोकर से' नहीं गिर सकता (क्योंकि बस और रिक्शा 'ठोकर' मारने में असमर्थ हैं)। हाँ, 'आदमी' किसी भी चीज़ को ठोकर मार सकता है (अपने पैर से) और 'आदमी के' किसी भी चीज़ से ठोकर लग सकती है (पैर में)।

'तुल्य' और 'बाहुल्य'

'सुजनता' बराबर है 'सु' (भला), 'जन' (मनुष्य), 'ता' (पन), अर्थात् 'भलामानुसपन, भलमनसाहत, भलमनसी'। कुछ लेखक शब्दांत के 'ता' के चक्कर में फँस कर 'सौजन्य' (अर्थ 'सुजनता') को 'सौजन्यता' लिख जाते हैं, जिस का अर्थ निकलेगा 'सुजनताता'।

'तुल्य' और 'बाहुल्य' बाहर से कुछ मिलते-जुलते शब्द लग रहे हैं, पर 'तुल्य' विशेषण है और 'बाहुल्य' संज्ञा। उधर 'तुल्य' से बना हुआ 'तुल्यता' संज्ञा है, जब कि 'बाहुल्यता' बकवास है (क्योंकि 'बाहुल्य' और 'बहुलता' एक ही बात है—लिंग-भेद को छोड़ कर)।

'समता' (बराबरी) सही है, 'समानता' (एक-जैसापन) भी सही है, पर 'साम्यता' कोई शब्द नहीं है, जो शायद 'मान्यता' के वजन पर चला दिया गया हो। 'मान्य' (मानने योग्य) विशेषण है, जिस में 'ता' जोड़ कर भाववाचक संज्ञा बनाई जाती है, पर 'साम्य' स्वयं भाववाचक संज्ञा है।

'सदृश' से 'सदृशता' बनता है या 'सादृश्य'। गलत शब्द 'सादृश्यता' लिखनेवालों ने संभवतः सही शब्द 'बाध्यता' या 'सभ्यता'-जैसे किसी शब्द से धोखा खाया होगा।

जब 'सौंदर्य' (सुंदरत्व) और 'प्राचुर्य' (प्रचुरत्व) स्वयं में पूर्ण हैं और क्रमशः 'सुंदरता' और 'प्रचुरता' के वाचक हैं, तो फिर 'श्रीमान् जी लोग' जानकार लोगों के गले में अटकनेवाले 'सौंदर्यता' और 'प्राचुर्यता' (शायद 'अनिवार्यता' को याद कर के) प्रयुक्त क्यों करते हैं ?—इसलिए तो नहीं कि उन का मन 'सौंदर्य' और 'प्राचुर्य' की 'पुल्लिगता' को 'स्त्रीलिंगता' कर देने का होता है !

अभी 'आधिक्यता' देखने को नहीं मिला है। (पर नाउम्मीद मत होइए !)

'थामना' और 'पकड़ना'

रास्ता चलते एक साहब 'थमे'। उन्होंने मुझे धर 'पकड़ा'। बोले, 'थामना' और 'पकड़ना' में अंतर बताइए। मुझे जो-कुछ सूझा, उसे यहाँ पेश करने की इजाज़त दीजिए।

आप ने प्रसिद्ध पंक्ति सुनी होगी—'अब जिगर थाम के बैठो, मेरी बारी आई।' ग़ौर कीजिए कि शायर ने जिगर को 'थामने' की बात कही है, 'पकड़ने' की नहीं।

'थामना' का प्रारंभिक अर्थ है 'रोकना' (संस्कृत 'स्तंभन', प्राकृत 'थंभन')। मान लिया कि सामने से चोर भागा जा रहा है। आप उस से कहेंगे, 'थम जाओ'। अगर वह नहीं थमा (यानी आप उसे नहीं 'थाम' सके), तब आप उसे 'पकड़ने' की कोशिश करेंगे। यहाँ अलबत्ता 'गति में अवरोध डालना' अर्थ दोनों शब्दों की तह में है, पर इस 'रोकने' के लिए 'थामना' की अपेक्षा 'पकड़ना' में बल-प्रयोग अधिक है।

यदि आप से कोई व्यक्ति आगे है, तो उसे आप 'थामेंगे' नहीं, उसे बढ़ कर 'पकड़ेंगे'—उस से 'आगे बढ़ेंगे' (यह 'आगे बढ़ना' संस्कृत में 'प्रक्रमण' है, जिसे एक व्युत्पत्तिकार ने 'पकड़ना' का मूल माना है)।

किसी वस्तु को 'हाथ में लेना' इन दोनों शब्दों में होता है, पर 'थामने' की तुलना में 'पकड़ने' में 'पकड़' या गिरफ़्त तगड़ी रहती है। 'थाम' हम खुले हाथों से भी सकते हैं, पर 'पकड़ने' के लिए हमें प्रायः उँगलियों का सहारा लेना ज़रूरी रहता है। 'पकड़ना' वस्तु को हाथ में इस प्रकार लेना है कि वह मोटे तौर पर इधर-उधर न हट सके (यदि इधर-उधर हटेगी, तो आप का काम उसे 'पकड़ने-मात्र' से नहीं, 'कस कर पकड़ने' से चलेगा)।

'थामना' माने 'सँभालना' भी है; उदाहरण—बीमार आदमी को 'थामे' रहिए, कहीं गिर या लुढ़क न जाए।

'पकड़ना' माने 'ग्रसित करना' आदि भी है; उदाहरण—पेटू को रोग ने ऐसा 'पकड़ा' कि उस ने खाट पकड़ ली। अंत में 'पकड़ना' के चार-पाँच प्रयोग और देखिए ('आग, ट्रेन, चाल, ग़लती, ज़बान' के साथ)—

भूसे ने आग पकड़ ली; मुझे ट्रेन पकड़नी है; गाड़ी ने भी चाल पकड़ ली और दर्शक ने भी जादूगर की चाल पकड़ ली; जैसे ही मैं आप की ग़लती पकड़ूँगा, आप मेरी ज़बान पकड़ लेंगे।

'दसों' और 'दसियों'

'दोनों, तीनों, चारों' के समान 'दसों, पंद्रहों, बीसों' शब्द निश्चित और समूची संख्या का अर्थ देते हैं। उदाहरण के लिए, 'दसों' का मतलब है 'दस के दस, सब के सब दस, सभी दस'। ऐसे संपूर्णतावाची शब्दों में गिनती के अनिश्चित होने या 'लगभग' होने का भाव नहीं

होता तथा शब्दों का यह रूप सभी संख्याओं के लिए बनाया जा सकता है, जैसे 'पाँच' से 'पाँचों', 'तिहत्तर' से 'तिहत्तरों', 'सौ' से 'सौओं', और 'एक सौ अट्ठानवे' से 'एक सौ अट्ठानवेओं'।

'सैंकड़ों' का अर्थ 'सौओं' से बिलकुल भिन्न, अनिश्चितता के भाव के साथ, 'कई सौ' है। 'लगभग' के अर्थ को साथ ले कर चलनेवाला ऐसा शब्द सभी संख्याओं से न बन कर केवल कुछ, सामान्यतया दहाईवाचक, पूर्णांकों या समूहांकों से बनता है, जैसे 'दसियों, बीसियों, पचासियों, या पच्चीसियों'। 'दसियों' के माने हैं 'अनिश्चित संख्या में कितने ही दस' और 'पचासियों' के माने हैं 'अनिश्चित संख्या में पचास-पचास के एकाधिक समूह'।

जिस प्रकार 'सौओं' और 'सैंकड़ों' का भेद स्पष्ट है, और जिस प्रकार 'बारहों' और 'दरजनों' का भेद आसानी से समझ में आ जाता है, उसी प्रकार 'दसों' और 'दसियों' आदि का भेद बनाए रखना आवश्यक है। 'मैंने उस से बीसों बार कहा' में 'बीसों' (बीस के बीस) उपयुक्त नहीं है। उस के बदले 'बीसियों' होना चाहिए। इस के विपरीत, 'बीसियों गमले वहाँ रख दो' में 'बीसियों' अनुपयुक्त है। उस के बदले 'बीसों' (सभी बीस) होना चाहिए। 'मै ने पच्चीसों (कुल पच्चीस थे, वे सब) आम खा लिए' और 'आप ने पच्चीसियों आम खा लिए' के अर्थों में अंतर के हिसाब से आप ने मेरी तुलना में बहुत ज़्यादा आम खा डाले।

'दादा' और 'भाई'

शब्दों का एक जोड़ा 'दादा-दादी' का है और दूसरा 'दादा-दीदी' का। तीसरा 'दादा' बिना जोड़ेवाला है। जाहिर है कि दादीवाले दादा 'पितामह' होंगे और दीदीवाले दादा 'बड़े भाई' होंगे। 'दादा' के आगे सम्मानसूचक 'जी' लगा कर बोलने से यह शब्द बड़े भाई की तुलना में निन्यानवे प्रतिशत से अधिक पिता के पिता के लिए प्रयुक्त होता है। मानक हिंदी में 'पिता' के लिए 'दादा'-जैसा कोई कोशगत शब्द-रूप नहीं है, पर छत्तीसगढ़ी में पिता के अर्थ में 'ददा' रूप चलता है, जब कि 'दादा' उस में भी 'ददा के ददा' हैं या 'उन के समान कोई भी बुजुर्ग' हैं।

यद्यपि 'दादा जी' और 'दादा' का डरावना होना जरूरी नहीं है, पर उन से भय का रिश्ता इतना प्रगाढ़ है कि घबराहट या आश्चर्य में कभी-कभी हमारे मुँह से 'दादा रे !' और 'अरे दादा !' निकल पड़ता है।

दादा चाहे पिता के पिता हों, चाहे बड़े भाई, उन को बड़प्पन देते हुए संबोधित करने (और उन का कुछ-न-कुछ भय मानने) के कारण उन के समकक्ष हर व्यक्ति को क्रमशः 'दादा जी' या 'बड़े भाई, भाईसाहब, दादा' संबोधित कर दिया जाता है। 'दादा जी' की इज़्ज़त तो अपनी जगह बची हुई है, पर उन 'भाईसरीखों' में से ताक़त का नशा करने

वाला संबोधित भाईसरीखा दादा, जो ऊपर शुरू में 'बिना जोड़ेवाला दादा' बताया गया है, 'मुहल्ले का दादा' और 'छात्रनेता-रूपी दादा' के विकसित, किंतु अपकर्षात्मक, अर्थ का वाचक बन गया है। यों छोटा भाई दादा नहीं हुआ करता, पर वह बड़े भाई के महाविद्यालय का दादा बन सकता है ! कभी-कभी आप को यह मज़ेदार वाक्य भी सुनने को मिलेगा—'वह लड़की दादा बन गई है।'

'ए भाई !' और 'अरे भाई !' के अनुसार हर पुरुष भाई है, लेकिन कभी-कभी 'भाई' का अर्थ दूर-दूर तक 'भाई' नहीं होता। उदाहरण के लिए, जब प्रेमिका या पत्नी कहती है, 'नहीं भाई ! यह साड़ी अच्छी नहीं है', तब 'भाई' शब्द की क्या दुर्दशा होती है ! यहाँ एक दिलचस्प तथ्य नोट कीजिए कि यह संबोधन-मात्र वाला 'भाई' 'भई' से विकल्प में रहता है, जब कि रिश्ते वाला भाई कभी 'भई' नहीं होता। समझे भई ? आप यह कभी नहीं कहेंगे कि राजीव मेरा भई है।

'दिल' और 'मन'

ये दो शब्द कई बार एक-दूसरे के अर्थ में प्रयुक्त होते हैं, जैसे 'मेरा दिल या मन कह रहा है कि आप का दिल या मन कद्‍दू की सब्ज़ी खाने का हो रहा है' में। दोनों का ही अर्थ 'हृदय, जी, इच्छा, रुचि' आदि है।

'दिल' फ़ारसी का है, 'मन(स्)' संस्कृत का। (चालीस सेर वाला 'मन' भी फ़ारसी का है।)

उर्दू में 'दिल' के मानों की कोश में लंबी क़तार है— हृदय, मानस, क़ल्ब (अरबी में अर्थ 'दिल'; सावधान—'क' के नीचे बिंदी न लगाने से शब्द का अर्थ अरबी में 'कुत्ता' हो जाएगा); उत्साह, उमंग, हौसला; साहस, हिम्मत; वीरता, शौर्य, बहादुरी; रुचि, इच्छा, ख़्वाहिश, मर्ज़ी; दानशीलता, सखावत (अरबी में अर्थ 'उदारता')।

संस्कृत में 'मन' के मानों की भी कोश में सूची कम लंबी नहीं है— हृदय; समझ, प्रत्यक्ष ज्ञान, प्रज्ञा, चित्त; चेतना या निर्णय या विवेचन की शक्ति; सोच, विचार, उत्प्रेक्षा, कल्पना, प्रत्यय; योजना, प्रयोजन, अभिप्राय; संकल्प, कामना, इच्छा, रुचि; विचार-विमर्श; स्वभाव, प्रकृति, मिज़ाज; तेज, ओज, सत्त्व (आजकल 'सत्व' भी)।

प्रदत्त अर्थों से प्रकट है कि इन दो में अंतर भी तगड़े हैं।

'दिल के टुकड़े' आप ने सुने होंगे, 'मन के टुकड़े' नहीं। 'दिल' स्वयं शरीर का एक टुकड़ा है, अंग है; इस के विपरीत, 'मन' कोई शरीरांग नहीं है, उसे कहीं नहीं देखा जा सकता, वह अंतःकरण की एक वृत्ति-मात्र है, जो यह तय करती है कि अमुक काम करें या न करें।

'मन' को दौरा नहीं पड़ता, 'दिल' को पड़ता है। 'मन' में दर्द नहीं उठता, 'दिल' में

उठता है।

'मनगढ़ंत, मनमाना, मनमुटाव, मनमोहन' होते हैं, 'दिलगढ़ंत, दिलमाना, दिलमुटाव, दिलमोहन' नहीं होते। इसी प्रकार, 'दिलदार, दिलचस्प, दिलजला, दिलरुबा' होते हैं, 'मनदार, मनचस्प, मनजला, मनरुबा' नहीं होते।

'दिल' की प्रतीकात्मक तसवीर 'पान' है। 'मन' की क्या होगी ?

'दुर्जन' और 'सुरजन'

यह दावा सही नहीं है कि हिंदी में जैसा लिखा जाता है, सदा वैसा ही पढ़ा जाता है। शीर्षक के विवेच्य शब्दों में से पहले में आधा 'र' और दूसरे में पूरा 'र' लिखा जाने पर भी दोनों को बोला एक-सा आधा 'र' ही जाता है। (लेखन-परंपरा से बँधे होने के कारण हम 'दुर्जन' को 'दुरजन', और 'सुरजन' को 'सुर्जन' नहीं लिख सकते।)

'दुर्जन' में बुराईवाची 'दुर्-' एक शब्दांश है; 'सुरजन' में देवतावाची 'सुर' एक पूरा शब्द है। 'दुर्जन' दुष्ट जन है, बुरा आदमी है ('आप दुर्जन आदमी हैं' ग़लत है); 'सुरजन' देवजन है, भला आदमी है (इस शब्द का मतलब 'सुर' में बोलनेवाला जन' मत निकालिए)।

'सुरजन' को एक शब्दकोश में 'सुजन' के लिए पद्य में प्रयुक्त शब्द बताया गया है। 'सुजन' क्या है ? 'सुजन' है 'सज्जन' अर्थात् 'सत्पुरुष, कुलीन व्यक्ति, नेक आदमी'। उधर 'सुजन' खुद पद्य में 'स्वजन' के लिए प्रयुक्त हुआ है। (ठीक ही तो है। दुनियादारी के हिसाब से 'स्वजन' अर्थात् अपने आदमी—भाई-भतीजे—से 'सुजन' अर्थात् अच्छा आदमी और कौन होगा।)

अब बढ़िए तीसरे (या चौथे या पाँचवें···) शब्द 'सजन' की ओर, जो मूल, लेकिन आज की हिंदी के लिए अटपटे, अर्थों में एक ओर 'एक ही परिवार के जन' या 'संबंधी' के लिए है (जैसे—राजीव गाँधी और मेनका गाँधी सजन हैं) और दूसरी ओर 'जनसहित' या 'मनुष्यों के मध्य बसा हुआ' के लिए है (जैसे—वे अकेले नहीं, सजन आए हैं)। इस शब्द के इन अर्थों वाले प्रयोगों की आवृत्ति अब नगण्य है।

यों तो 'सजन' की अर्थ-सूची में 'सज्जन' और 'सुजन' भी लिखे मिलते हैं और 'पति' और 'परमेश्वर' भी, पर 'प्रियतम' के सामने कोई नहीं टिकता। इस अर्थ में 'सजन' जीवनचर्या में 'दुर्जन' भी हो सकता है और 'सुरजन' भी। ('साजन' और 'सजना' 'सजन' के ही आगे और पीछे से खींचे हुए रूप हैं।)

'देश' और 'दिशा'

जिस तरह दही और घी दोनों के अस्तित्व के लिए दूध जिम्मेदार रहता है, उसी तरह 'देश' और 'दिशा' दोनों शब्दों के अस्तित्व के लिए 'दिश्' जिम्मेदार है।

'देश' का मूल और सामान्य अर्थ 'स्थान' है, पर इस शब्द को निर्धारित सीमा वाले भूखंड के लिए विशेषार्थी भी बनाया जा चुका है। 'गोविंदा देश (देस) गया हुआ है'- जैसे वाक्य, 'देश-काल-परिस्थिति'- जैसे शब्द-समूह, तथा 'कंठदेश, कटिप्रदेश, देशज, देशी (देसी), परदेशी (परदेसी), विदेशी, स्वदेशी'—जैसे शब्दों में इस के सामान्य अर्थ की भी अल्पाधिक झलक मिलती है। दूसरी ओर, 'बांगला देश' को सिर्फ़ 'देश' से संबोधित कर डालना विशेषीकरण की अति है।

'दिशा' के अर्थ में 'दिश्' अपने बाद आनेवाले शब्द की पहली ध्वनि का स्वरूप देख कर काफ़ी रंग बदलता है, जैसे—'दिक्पाल' और 'दिक्सूचक' में यह 'दिक्' हो जाता है, 'दिगंबर' और 'दिग्गज' में यह 'दिग्' बन जाता है, तथा 'दिङ्नाग' और 'दिङ्मंडल' में यह 'दिङ्' रूप ग्रहण कर लेता है।

'दिशा' का मोटा-मोटा अर्थ है 'आकाश और पृथ्वी का चौथाई' अथवा 'ओर'। (दिशाएँ दस भी मानी जाती हैं—प्रमुख चार में चार विदिशाओं या कोणों और ऊर्ध्व-अधर को मिला कर।)' 'आप ने मेरी दृष्टि को नई दिशा दी' वाक्य में इस का अर्थ इतना मोटा नहीं है, वह पर्याप्त सूक्ष्म है। उपर्युक्त प्रयोग में इस का सही समानार्थी शब्द खोज पाना कठिन काम है।

'आप दिशा-मैदान को जा रहे हैं' वाक्य में 'दिशा' का अर्थ सूक्ष्म है या स्थूल, यह सोचना पड़ेगा (शायद हिंदीभाषियों के लिए स्थूल है और अहिंदीभाषियों के लिए सूक्ष्म)!

'दौर' और 'दौरा'

'कहिए, किस चीज़ का दौर चल रहा है ? शराब का या चाय का ?'—'दौर' का मतलब है एक राउंड, एक फेरा, एक चक्कर, जो सारे बैठे हुए लोगों पर लागू हो। 'दौर पर दौर चल रहे हैं' से आशय है कि महफ़िल के लोग काफ़ी 'चक्कर' में आ गए हैं; पीने-पिलाने की आवृत्ति पर आवृत्ति हो रही है।

कवि-सम्मेलन में पहला दौर पूरा होने का अर्थ है कि प्रत्येक कवि को एक अवसर दिया जा चुका।

कोई काम यदि कई स्टेजों में पूरा होना हो, तो आप पूछेंगे कि आजकल वह काम किस दौर में है (अर्थात् कौन से चक्र में है)।

यदि भाग्यचक्र सौभाग्यवाला हो, तो आदमी अच्छे दौर में होता है; यदि दुर्भाग्य

वाला हो, तो बुरे दौर में होता है।

शुरू होनेवाले हर प्रकार के अगले दौर को 'नया दौर' कहा जा सकता है। 'नव युग' भी 'नया दौर' है।

अरबी के इस शब्द के भाई-बंदों में 'दौरा' और 'दौरान' शामिल हैं। 'दौरा' (अरबी 'दौरः') भी मूलतः 'चक्कर' (चारों ओर घूमना) है और 'दौरान' भी 'चक्कर' (अवधि-चक्र) है। उदाहरण—साहब दौरे (टूर) पर गए हैं (यानी चक्कर मारने गए हैं; गश्त लगाने गए हैं; निरीक्षण-कार्य पर गए हैं)। 'दौरा' का एक अर्थ 'गर्दिश' भी है (चक्कर में फँसना)। यह किसी रोग का ऐसा आक्रमण भी है, जो बार-बार होता हो। 'मिरगी का या पागलपन का दौरा' छोटा चक्कर है, 'दिल का दौरा' बड़ा।

'दौरान' का प्रयोग सामान्यतया समय के किसी खंड के लिए होता है, इसलिए इस का अर्थ अवधि के संदर्भ में 'दरमियान' या 'बीच' भी है, जैसे—परीक्षा के दौरान बातें करना मना होता है; आप इस लेख को पढ़ने के दौरान कम बोर हुए या ज़्यादा ?

'द्रव्य' और 'द्रव'

द्रव्य की तीन अवस्थाएँ हैं—ठोस, द्रव, गैस। 'द्रव्य' का मतलब 'पदार्थ' है और 'द्रव' का मतलब 'पदार्थ का तरल रूपांतर' है। द्रव्य वह मूल वस्तु है, जिस से अन्य वस्तुएँ तैयार की जाती हैं, और द्रव वह द्रव्य है, जिस का आयतन तो होता है, पर 'स्वयं का' आकार नहीं होता।

'द्रव्य' के अर्थों में 'धन, संपत्ति, वस्तु, सामग्री, उपकरण, उपादान' आदि सम्मिलित हैं और 'द्रव' के अर्थों में 'रस, बहाव, गति, क्रीड़ा, वेग, दौड़, पलायन' आदि सम्मिलित हैं। 'द्रव' विशेषण के रूप में 'बहनेवाला, रिसनेवाला, टपकनेवाला, पिघला हुआ, पानी की तरह पतला, पनीला, गीला, तरल, (घोड़े की तरह) दौड़नेवाला' आदि अर्थों का वाचक है। इस से संबंधित अन्य विशेषण 'द्रवित' और 'द्रवीभूत' हैं, जो आदमी को 'पिघला हुआ' या 'पसीजा हुआ' या 'दयार्द्र' बना देते हैं।

स्कूल में हमारे गुरु जी ने 'जलज' और 'पंकज' तो सिखाए थे, 'द्रवज' नहीं सिखाया था, जिस का मतलब है 'द्रव से जन्म है जिस का, अर्थात् राब या गुड़'।

'द्रव्य' और 'द्रव' दोनों संस्कृत की 'द्रु' धातु से बने हैं (जिन में प्रत्यय अलग-अलग हैं—क्रमशः '-यत्' और '-अप्')। 'द्रु' के अर्थ हैं—बहना, रिसना, पिघलना, तरल होना, घुलना, हिलना-डुलना, जाना, दौड़ना, भाग जाना, धावा बोलना, आदि। 'द्रू' (द्रु + क्विप्) का अर्थ पिघलने के कारण ही 'स्वर्ण' है।

अब 'द्रुत' देखें, जिस के माने हैं—जो द्रव हो गया हो, बहा हुआ, पिघला या गला हुआ, तरल, भागा हुआ, तेज़, फुर्तीला, शीघ्रगामी, वेगवान्, आदि।

'द्रु' धातु से (उस में '-डु' जोड़ कर) संस्कृत के शब्दवेत्ताओं के द्वारा बनाया गया 'द्रु' शक्ल का ही शब्द 'लकड़ी, काष्ठ-उपकरण, शाखा, वृक्ष' के लिए प्रयुक्त होता था, जिस से 'द्रुम' संबंधित है। 'द्रु' के कारण 'द्रव्य' की बात यहाँ फिर आ गई, जिस के अर्थों में कुछ और शब्द अब इस प्रकार जोड़ने होंगे—(विशेषण-रूप में) द्रुम-संबंधी, पेड़-जैसा, पेड़ से निकला हुआ; और (संज्ञा-रूप में) गोंद, लाख, जड़ी-बूटी, मद्य, दवा, आदि।

यहाँ याद तो संस्कृत के 'दारु' (लकड़ी, देवरारु वृक्ष) और 'दव' (जंगल), तथा फ़ारसी के 'दारू' (मद्य, दवा) और 'दरख़्त' (पेड़) भी आ रहे हैं, पर इन्हें कोशकार 'द्रु' से नहीं जोड़ते।

चलते-चलते। लगता है कि "ज़रा अपनी जेब से द्रव निकालो" वाक्य में 'द्रव' का प्रयोग बिलकुल ग़लत है, पर एक हमनशीं ने अपनी जेब से मद्य की बोतल निकाल कर इसे सही कर के दिखा दिया !

'धमकी' और 'चेतावनी'

'धम' किसी भारी वस्तु के गिरने से हुई ध्वनि के अनुकरण पर बना हुआ शब्द है (जैसे—मोटा आदमी 'धम' से गिर पड़ा)।

'धमक' भी ध्वन्यात्मक आघात का शब्द है (जैसे—आप के पैरों की 'धमक' से बिल्ली भाग गई और मुन्नी जाग गई)।

'धमाका' बहुत जोर से होनेवाले 'धम'-नुमा शोर का वाचक है (जैसे—एक 'धमाका' हुआ और हवाईजहाज़ के टुकड़े-टुकड़े हो गए)।

'धमकना' माने 'डाटना-फटकारना' है ('धम'-जैसी ध्वनि करते हुए) और 'आ धमकना' माने 'अचानक आ पहुँचना' है (मानो 'धम' की आवाज़ का अनचाहापन महसूस कराते हुए)।

'धमकाना' 'डराना' का दोस्त है और 'धमकियाना' 'धमकी देना' के समकक्ष है। इसी प्रकार, 'धमकी में आना' किसी की धमकी से कोई काम कर बैठने या धमकी देने वाले के अनुकूल हो जाने के बराबर है।

'धमकी' की व्याख्या इस प्रकार होगी—किसी से अपनी इच्छा के अनुसार काम कराने के लिए ऐसे शब्दों का कहा जाना कि वह उन से डर कर उस काम को कर दे, अन्यथा उस का अमुक अनिष्ट कर या करवा दिया जाएगा। 'धमकी' में प्रयोक्ता का स्वार्थ ही स्वार्थ रहता है।

'चेतावनी' इस से कम-से-कम इस बात में ज़रूर भिन्न है कि वह श्रोता को सावधान करने के लिए प्रयुक्त होती है और ख़तरे की पूर्व-सूचना देती है। वह 'सचेत' करती है; आदमी को होश में लाती है। "मेहरबान ! अब भी 'चेत' जाओ।" लेकिन

"मूरख हृदय न 'चेत' (यदि गुरु मिलें विरंच सम, तब भी)"।

इस 'चेत' ही से 'चेताना' और 'चिताना' बने हैं, जिन का मतलब है—चेतावनी देना, सावधान करना, किसी को भूली हुई बात की याद दिलाना।

'चेत' का अर्थ 'चेत जाना' में उलट कर 'चिढ़ (जाना)' भी हो गया है, उदाहरणार्थ—चिड़चिड़े स्वभाव का आदमी ज़रा-ज़रा-सी बात पर 'चेत' जाता है। दूसरी ओर, आप का स्वभाव कितना भी अच्छा हो, यदि आप को बहुत बार 'चेतावनी' दी जाए, तो आप भी 'चेत' जाएँगे। इस प्रकार 'चेत' में 'सावधान होने' और 'झल्लाने' का दुरंगा संगम है।

'नमस्ते' और 'प्रणाम'

'नमस्ते' ('नमः' धन 'ते') संस्कृत में पूरा वाक्य है, जिस का अर्थ है 'आप को नमस्कार है'।

'नमः' और 'नमस्' में 'नम्' धातु है; 'नमस्कार' में भी 'नम्' है; 'नमन', 'विनति' और 'विनती' में भी 'नम्' है; 'नति' और 'प्रणति' में भी 'नम्' है, और 'प्रणाम' में भी 'नम्' है। इस धातु का अर्थ है 'नत होना, झुकना'।

उपर्युक्त शब्दों के सम्मिलित प्रयोगार्थ इस प्रकार हैं—अभिवादन (श्रद्धापूर्वक किया जानेवाला नमस्कार), अपनी लघुता व्यक्त करने के लिए किसी के सामने अपने हाथ जोड़ने की क्रिया, किसी को सम्मान देने के लिए अपना सिर नवाने की क्रिया।

'प्रणति' और 'प्रणाम' में 'प्र' का अर्थ ऊपर से जुड़ जाने के कारण इन का अर्थ 'विशेष रूप से झुकना' हो जाता है। इसीलिए ये शब्द अपने से इतने बड़ों से कहे जाते हैं कि जो बदले में इन शब्दों को न दुहरा कर 'आशीर्वाद' आदि कहते हैं (जब कि 'नमस्ते' या 'नमस्कार' पानेवाले व्यक्ति प्रायः यही वापस करते हैं)।

'प्रणाम' का सब से वज़नी रूप 'दंडवत्' या 'साष्टांग प्रणाम' है, जो पैर छूने से भी अधिक नम्रता और विनयशीलता का परिचायक है। यह पृथ्वी पर 'डंडे के समान' लेट कर शरीर के आठों अंगों से किया जानेवाला प्रणाम है। ये आठ अंग इस प्रकार गिनाए गए हैं—(दोनों) घुटने, (दोनों) पैर, (दोनों) हाथ, हृदय, बुद्धि, सिर, वचन, और दृष्टि।

यों तो आप कितनी भी दूर रहनेवालों को 'प्रणाम' और 'नमस्कार' आदि सम्मान और सद्भाव के साथ लिख कर भेजा करते हैं, पर "मेरा आप को दूर से नमस्कार है" किसी 'विशेष प्राणी' से ही कहा करते हैं।

'नहीं' और 'न'

'नहीं' हिंदी है, 'नहि (न हि)' संस्कृत, और 'नही' अरबी।

'नहीं' और 'नहिं' अव्यय हैं; 'नही' स्त्रीलिंग संज्ञा है।

'नहीं' अस्वीकृति या अभाव या निषेध के लिए व्यवहृत होनेवाला शब्द है, जिस का 'नहिं' रूप केवल पद्य में (और पुरानी हिंदी में) प्रयुक्त होता है; 'नहि' का अर्थ 'निश्चय ही नहीं, बिलकुल नहीं' है; तथा 'नही' (जिस का शुद्ध उच्चारण 'नह्इ' है) का मतलब 'निषेधाज्ञा, रोक' है।

संस्कृत में 'न' निषेधवाचक अव्यय के अर्थ इस प्रकार हैं— नहीं, कि नहीं, या नहीं, मत, न तो। अर्थ-द्योतन की दृष्टि से 'ना' की भी प्रायः यही स्थिति है। लेकिन इन दो का अर्थ केवल 'नहीं'-जैसा नहीं है, कुछ और भी है। हिंदी में इन का प्रयोग 'तो' और 'भी' अर्थों के साथ 'ज़ोर देने' और 'आग्रह करने' के लिए भी होता है, जैसे 'मैं यहाँ हूँ न' और 'जाओ ना' में।

'ना' फ़ारसी में भी निषेधसूचक है, पर उपसर्ग है, जो बहुत-सी संज्ञाओं और विशेषणों के पूर्व लग कर विपरीतार्थी शब्दों की रचना में सहायक रहता है। उदाहरण—नाउम्मीद, नाक़ाबिल, नाख़ुश, नागवार, नाचीज़, नापसंद, नामंज़ूर, नाशाद, नासाज़, नाहमदर्द, इत्यादि।

'नाना-नानी' में कोई निषेधसूचक उपसर्ग नहीं है !

'निदेशक' और 'निदर्शक'

कुछ लोग एक ओर 'निदेशक' और 'निर्देशक' में और दूसरी ओर 'निर्देशक' और 'निदर्शक' में अंतर न करने की गुस्ताख़ी करते हैं। वे यदि ठीक समझें, तो इन शब्दों के आपसी भेद पकड़ने के लिए आगे दिए गए आठ शब्दों के साथ कसरत कर सकते हैं—अनुदेश, आदेश, उपदेश, निदेश, निर्देश, प्रादेश, संदेश, समादेश। ये सभी शब्द 'दिश्' धातु की नींव पर खड़े हुए हैं, जिस का अर्थ है 'दिखाना, प्रस्तुत करना, बताना, संकेत करना'।

'अनुदेश' अर्थात् इंस्ट्रक्शन का मतलब है यह समझाना कि कोई काम कैसे किया जाना चाहिए। इस हिसाब से 'अनुदेशक' इंस्ट्रक्टर हुआ।

'आदेश' का सामान्य अर्थ है अधिकार के साथ यह आज्ञा कि यह करो, यह न करो। इसे ऑर्डर कहेंगे। आदेश देनेवाले के लिए 'आदेशक' (आदेशकर्ता) शब्द बनता है, पर हिंदी में साधारणतः प्रयुक्त होता हुआ दिखाई नहीं देता। हाँ, 'अध्यादेश' ऑर्डिनैंस के लिए और 'धनादेश' मनीऑर्डर के लिए प्रयोग में चल निकले हैं।

'उपदेश' के समकक्ष 'दीक्षा, नसीहत, नेक सलाह, शिक्षण, शिक्षा, सीख' आदि हैं। यह शब्द प्रीचिंग और सरमन से जुड़ता है, जिस से 'उपदेशक' के लिए प्रीचर और सरमनाइज़र ठहरते हैं।

'निदेश' भी 'आज्ञा' या 'हिदायत' (या 'शासन') है, जो प्रमुखतः शासकीय संस्थानों से संबद्ध होने के कारण ज़रा तगड़े 'आदेश' को संकेतित करते हैं। 'निदेश' डायरॅक्टिव है, 'निदेशक' डायरॅक्टर, और 'निदेशालय' डायरॅक्टोरेट।

'निर्देश' (और 'निर्देशन') डायरॅक्शन है, जो 'आदेश' और 'निदेश' दोनों की तुलना में शिथिल है। इस का अर्थ है 'इशारा करना, दिखलाना, विशिष्ट उल्लेख करना'। यों 'निर्देशक' भी डायरॅक्टर है, पर हिंदी में इस शब्द का प्रयोग प्रायः शासकीय संस्थानों से भिन्न संस्थानों के प्रमुखों तथा चलचित्रों में अभिनय, संगीत, आदि के मार्गदर्शकों के लिए होता है। दूसरी ओर, इस का इस्तेमाल शोध-कार्य के गाइड के लिए भी किया जाता है।

'प्रादेश' प्रखर आदेश है—आधिकारिक और विशेषतः लिखित, अर्थात् मैनडेट।

'संदेश' समाचार है, सूचना-विशेष है, मॅसेज है।

'समादेश' को रिट कहा जा सकता है। यह ऐसा आदेश है, जो उच्च न्यायालय द्वारा अपने अधीनस्थ न्यायालय को दिया जाए।

अब आइए 'दिग्दर्शक' और 'निदर्शक' को घेरें। इन में उपर्युक्त आठ शब्दों वाली 'दिश्' धातु नहीं है, इन में 'दृश्' धातु है, जिस का अर्थ है 'दर्शन करना, देखना, समीक्षा करना'। 'दिग्दर्शक' दिशाओं का ज्ञान कराने, रास्ता दिखाने, और सामान्य परिचय करानेवाला होता है, जो कंपास 'कुतुबनुमा' भी है और, उदाहरणार्थ, पुनः डायरॅक्टर (चलचित्र आदि का) भी; तथा 'निदर्शक' दिखाने और बतानेवाला होता है, जो इलस्ट्रेटर भी है और डिमॉन्स्ट्रेटर भी।

यदि कोई 'निदर्शक' महोदय अपने को 'निर्देशक' या 'निदेशक' बताते हैं, तो समझिए कि यह ऐसा ही है, जैसे कोई कंपोज़ीटर अपने को ऐडीटर बताता हो।

'निरुत्साह' और 'निर्दोष'

'गुणयुक्त-गुणमुक्त', 'गुणवान्-गुणहीन', और 'गुणसहित-गुणरहित' शब्द-युग्मों में सकारात्मक और नकारात्मक विशेषण बनाने की पद्धति एक-जैसी है। इन में विशेषणवाची अंश समान रूप से संज्ञा-शब्द 'गुण' के बाद जोड़ा गया है। अब देखिए 'उत्साही-निरुत्साह', 'दोषी-निर्दोष', और 'बली-निर्बल'। इन शब्द-युग्मों में से हर पहला शब्द उस के अंत में लगे विशेषणवाची शब्दांश (प्रत्यय) '-ई' से अर्थ की सकारात्मकता का बोध कराता है, जब कि हर बादवाले शब्द के प्रारंभ में लगा विशेषणवाची शब्दांश (उपसर्ग) 'निर्-' नकारात्मकता का अर्थ देता है। 'हतोत्साह' में भी 'उत्साह' के पहले

जुड़ा हुआ विशेषण 'हत' उसे नकारात्मक विशेषण की श्रेणी में ले जाता है। इस दृष्टि से 'निरुत्साही', 'हतोत्साही', 'निर्दोषी', और 'निर्बली' अशुद्ध हैं।

'निर्-' उपसर्ग की इस विशेषता को 'निरपराध', 'निर्गुण', 'निर्जन', 'निर्जल', 'निर्द्वंद्व', 'निर्धन', 'निर्भय', 'निर्मल', आदि में भी देखा जा सकता है, जहाँ इस का काम संज्ञा के पूर्व जुड़ कर नकारात्मकता का अर्थ देनेवाला संबंधित विशेषण बना देना है। इन में से कुछ ही के सकारात्मक विशेषण-रूप ('-ई' लगा कर) बनते हैं, नामशः 'अपराधी', 'गुणी', और 'धनी'।

यह सोचना ग़लत है कि हर संज्ञा से सकारात्मक विशेषण बनेगाः उदाहरण के लिए, 'भय' से 'भयी' और 'मल' से 'मली' अनुपलब्ध हैं (जब कि नकारात्मक 'निर्भय' और 'निर्मल' उपलब्ध हैं)। इसी प्रकार, यह सोचना भी ग़लत है कि हर संज्ञा से नकारात्मक विशेषण बनेगा, उदाहरण के लिए, 'दान' से 'निर्दान' और 'द्रोह' से 'निर्द्रोह' अनुपलब्ध हैं (जब कि सकारात्मक 'दानी' और 'द्रोही' उपलब्ध हैं)।

'निर्मोही' शब्द से भ्रम हो सकता है कि इस में 'मोह' के बाईं ओर 'निर्दोष' वाला नकारात्मक 'निर्-' है और दाईं ओर 'दोषी' वाला सकारात्मक '-ई' है, लेकिन वस्तुस्थिति यह है कि 'मोही' कुछ नहीं होता (इसलिए 'निर्मोह' के बदले 'निर्मोही' सह्य है)।

'निलंबन' और 'पदच्युति'

'निलंबन' का अर्थ है 'बीच की स्थितिः न इधर का होना, न उधर काः लटकते या झूलते रहने का भावः किसी कर्मचारी पर कोई आरोप लगा कर उसे काम न करने देना'। इस के लिए अरबी भाषा का शब्द है 'मुअत्तली' और अँगरेजी भाषा का शब्द है 'सस्पेंशन'। यद्यपि कभी-कभी कहा जाता है कि निलंबन के रूप में 'काम से कुछ समय के लिए अलग कर दिया जाना' कोई दंड नहीं है, क्योंकि 'जाँच' हो जाने के बाद यदि निलंबित व्यक्ति निरपराध साबित हो जाता है, तो उसे सारे लाभ वापस मिल जाते हैं, लेकिन वास्तविकता यह है कि यदि वह 'दंड' नहीं है, तो 'इनाम' भी नहीं है। और न ही वह कोई सामान्य स्थिति है।

दूसरी ओर, 'पदच्युति' के बारे में कोई मतभेद नहीं है कि वह दंड है। उस के लिए फ़ारसी भाषा का शब्द है 'बरख़ास्तगी', जिस का अर्थ है 'नौकरी से पूरी तरह हटाया जाना' (या 'समाप्ति' या 'अंत') और अँगरेजी भाषा का शब्द है 'डिसमिसल'।

'बरख़ास्तगी' और 'सेवानिवृत्ति' में बहुत अंतर है। 'सेवा' का मतलब है 'दूसरों को आराम पहुँचाने की क्रियाः टहलः परिचर्याः ख़िदमतः नौकरी'। 'वृत्ति' के माने हैं 'जीविका या रोजी' और 'निवृत्ति' के माने हैं 'किसी काम की प्रवृत्ति का अभावः समाप्तिः मोक्षः

छुटकारा'। इस प्रकार 'सेवानिवृत्ति' का मतलब निकलता है 'पद से अवकाश पा कर या अवधि पूरी हो जाने पर सदा के लिए हट जाना'। अरबी भाषा में इसे कहेंगे 'अलहदगी' और अँगरेज़ी भाषा में कहेंगे 'रिटायरमेंट'।

'निलंबित' होने के पीछे किसी अपराध का आरोप होता है, 'पदच्युत' होने के पीछे कोई सिद्ध अपराध (या पद का समाप्त होना) होता है, जब कि 'सेवानिवृत्त' होने के पीछे बुढ़ापे की दस्तक होती है ! इन शब्दों के परवर्ती अंशों का अर्थानंद लीजिए—'लंबित पड़ा है' अर्थात् 'लटका पड़ा है (जैसे 'प्रकरण')', 'च्युत हो गया' अर्थात् 'गिर गया (जैसे 'कर्तव्य से')'। और 'निवृत्त होकर आओ' अर्थात् 'निबट कर आओ (जैसे 'शौच से')'।

'नेता' और 'मंत्री'

'नेता' का शाब्दिक अर्थ है 'वह जो लोगों को रास्ता दिखाता हुआ आगे चलता हो और दूसरों को अपने साथ ले जाता हो, अर्थात् अगुआ'। यह शब्द संस्कृत की 'नी' धातु से बना है, जिस का अर्थ है 'ले जाना'। हमें स्वतंत्रता मिलने के कुछ वर्ष बाद तक इस शब्द के अर्थ के साथ पर्याप्त प्रतिष्ठा जुड़ी थी, पर अब इस के अर्थ में वह बात नहीं रही है, उस में धीरे-धीरे अपकर्ष होता जा रहा है। कभी 'नेता जी' कहने से सुभाष चंद्र बोस की छवि सामने आती थी, जब कि अब कितने ही छुटभइयों को भी 'नेता जी' कह दिया जाता है। 'आओ नेता जी'-जैसे संबोधन से आजकल व्यंग्य की ध्वनि निकलती है और 'वह नेतागीरी कर रहा है'-जैसे प्रयोग से 'नेता' के कर्तृत्व के प्रति तनिक भी आदर और प्रशंसा का भाव नहीं व्यक्त होता। 'उन का लड़का आजकल नेता हो गया है'-जैसे वाक्यों से लगता है कि मानो लड़का लड़का नहीं रह गया है, कोई बिगड़ा हुआ प्राणी हो गया है। 'छात्रनेता' का अर्थ तो और भी ज़्यादा गिर गया है। आजकल वह प्रायः 'छात्र' (विद्या-अर्थी) कम और 'उग्रता की प्रतिमूर्ति' अधिक होता है।

'मंत्री' का अर्थ 'सलाहकार' है। यह शब्द 'मंत्र्' से बना है, जिस का अर्थ है 'सलाह लेना, सोच-विचार करना, मंत्रणा करना'। राजे-महाराजों के युग के समान ही आजकल भी राज-काज चलाने के लिए मंत्रियों से सलाह लेने की जरूरत पड़ा करती है। यद्यपि नाम और काम दोनों से मंत्री बहुत बड़ा माना जाता है, पर उस के साथ अब 'अपने नेता के इशारों पर नाचनेवाला' और 'वैभव-विलास का जीवन जीनेवाला आश्वासन-मास्टर' अर्थ जुड़ता जा रहा है। कार्टूनों में कोई भी मंत्री ढाई मन से कम का नहीं दिखाया जाता।

‘पका’ और ‘पक्का’

ये शब्द अपने जन्म के समय एक ही रास्ते पर चल रहे थे, पर अब अलग-अलग रास्तों पर मुड़ गए हैं। आज मोटे तौर पर ‘पका’ का संबंध ‘ताप’ से अधिक है, जैसे ‘पका भोजन, पका फोड़ा’ में और ‘पक्का’ का संबंध ‘मज़बूती’ से अधिक है, जैसे ‘पक्का धागा, पक्का मकान, पक्का रंग’ में।

‘पका’ हुआ अन्न संस्कृत में ‘पक्वान्न’ है, जिस से ‘पकवान’ बना।

ईंटों को आग में ‘पका’ कर ‘पक्का’ किया जाता है।

इन दो शब्दों का अंतर ग्रहण करने के लिए इन के स्थूल शब्दार्थ को देखना कम और इन के विविध प्रयोगों को देखना अधिक सहायक होगा। पहले इन के अर्थों का मोटापन देखिए--‘पकना’ का अर्थ है ‘पक्का होना’, और ‘पक्का’ का अर्थ है ‘पका हुआ’। अब इन के प्रयोगों के माध्यम से इन में निहितार्थों की बारीकी देखिए--(1) ‘पके बाल, पका आम’ (मेरे सारे बाल पक जाने के दस-पंद्रह साल बाद आप मुझे भी ‘पका आम’ कह सकते हैं)। (2) ‘पक्का गाना’ (यद्यपि ‘कच्चा गाना’ कुछ नहीं होता), ‘पक्की रसीद, पक्की दोस्ती, पक्की नौकरी’।

‘पका खाना’ उलटा है बिना पके खाने का और ‘पक्का खाना’ उलटा है कच्चे खाने का। कमाल है कि रोटी-दाल अच्छी तरह से ‘पकी’ होने पर भी ‘कच्ची रसोई’ (कच्चा खाना) कहलाती है और घी में पकाई जाने के कारण पूरी-कचौड़ी ‘पक्की रसोई’ (पक्का खाना) कहलाती है।

‘पका’ की तुलना में ‘पक्का’ अधिक प्रयोगों में आता है। दो उदाहरण और देखिए--टुनटुन की शादी पक्की हो गई; आप पक्के चोर हैं।

‘पट्‌टियाँ’ और ‘पद्‌मिनी’

‘पट्टियाँ’ सही है या ‘पट्‌टियाँ’ ? ‘पद्मिनी’ सही है या ‘पद्‌मिनी’? क्यों ?

हाथ से आप संयुक्त वर्णों को चाहे जैसा एकीकृत लिख दीजिए--(1) चाहे एक के अंदर दूसरा कर के, जैसे ‘ह’ के अंदर ‘व’ कर के; (2) चाहे एक के नीचे दूसरा कर के, जैसे ‘ट’ के नीचे ‘ठ’ कर के; और (3) चाहे दोनों को एकदम एकाकार कर के, जैसे ‘द’ और ‘य’ को घुला-मिला कर एक लिपि-चिह्न बना के।

हिंदी भाषा की देवनागरी लिपि में ऐसे संयुक्त वर्ण चार-छह नहीं, दरजनों हैं, जिन्हें टाइपराइटर और मुद्रणालय में रखने का मतलब है उन का ढेर और असुविधा और जटिलता और अपव्यय। इसी कारण उपर्युक्त प्रकार के संयुक्त वर्णों के प्रथम वर्ण को हलंत कर के अब इन्हें आगे-पीछे लिखा जाता है।

जब तक संयुक्त वर्ण एकीकृत है, तब तक 'इ' की मात्रा उस पर लगने में कोई समस्या नहीं है, पर जब संयुक्त वर्ण हलंत वर्ण से विभक्त हो जाता है, तब इस लेख के प्रारंभ में उठाई गई समस्या सामने आती है।

निदान इस प्रकार है—'कि, की, कु, कू' आदि से सिद्ध है कि मात्रा केवल सजीव वर्ण, अर्थात् 'अ' से युक्त वर्ण, में लगती है; निर्जीव वर्ण, अर्थात् अर्ध वर्ण, जैसे 'क' या 'क्', में मात्रा को वहन करने की क्षमता नहीं होती। स्पष्ट है कि 'कि्' कभी नहीं लिखा जा सकता। इसी आधार पर 'पट्टियाँ' में 'टि्' और 'पद्मिनी' में 'दि्' लिखा जाना ग़लत है।

आगे बढ़ें । 'भङ्गिमा' में 'ङि्', 'हड्डियाँ' में 'डि्', और 'चिह्नित' में 'हि्' ग़लत है।

इन शब्दों के सही रूपों के साथ ऐसे अनेक अन्य शब्द भी सही वर्तनी में यहाँ प्रस्तुत किए जा रहे हैं--भङ्गिमा, सङ्गिनी; छुट्टियाँ, पट्टियाँ, मुट्ठियों; हड्डियाँ; द्वितीय, पद्मिनी, शुद्धि, सिद्धि; चिह्नित, वह्नि।

'पति' और 'पत्नी'

'पति' में छोटी 'इ' है और 'पत्नी' में बड़ी। इस मामले में पति को बड़ा मान कर 'पती' और पत्नी को छोटा मान कर 'पत्नि' लिखने की छूट नहीं दी जा सकेगी ! 'पत्नी' में छोटी 'इ' तभी होगी, जब वे एक से अधिक होंगी, अर्थात् 'पत्नियाँ' और 'पत्नियों' में। पति और पत्नी एक-दूसरे के कितने भी सगे क्यों न हों, वे एक-दूसरे का साथ 'इ-ई' की मात्रा की दृष्टि से इस रूप में नहीं निभाते कि 'पती-पत्नी' में श्रीमान् जी ग़लत हो जाते हैं और 'पति-पत्नि' में श्रीमती जी ग़लत हो जाती हैं।

संस्कृत में पत्नी और पति दोनों का सम्मिलित अर्थ देनेवाला द्विवचन शब्द 'दंपती' हिंदी में 'दंपति' रूप में भी व्यवहृत होता है (लेकिन 'दंपत्ति' ग़लत है)। यह शब्द पत्नी और पति के युग्म या जोड़े का वाचक होने के कारण हिंदी में पुल्लिंग एकवचन है; उदाहरण के लिए, 'दंपति बैठा था' सही है। 'दंपति बैठे थे' का अर्थ निकलेगा कि एक से अधिक जोड़े बैठे थे। 'दंपति बैठी थी' अशुद्ध है।

'पति' का अर्थ सिर्फ़ पति नहीं है, जब कि 'पत्नी' का अर्थ सिर्फ़ पत्नी है, यद्यपि पत्नी को भार्या ('भार्य' का मतलब है 'पराश्रयी, सेवक'), सह-धर्मिणी, जीवन-संगिनी, घरवाली, जाया, आदि भी कहा जाता है।

'पति' का अर्थ 'गृहपति' और 'जगत्पति' में दूल्हा मियाँ नहीं है।

'कुलपति' प्राचीन काल में दस सहस्र विद्यार्थियों के गुरुकुल की प्रधानता करने वाला ऋषि होता था, आजकल विश्वविद्यालय की प्रधानता करनेवाला व्यक्ति होता है। यद्यपि इस का सीधा-सीधा अर्थ 'कुल या घर का मुखिया' निकलता है, लेकिन उसे कोई 'कुलपति' नहीं कहता।

'वनस्पति' का 'पति' आज बहुत विचित्र है, क्योंकि यह 'वन' के साथ जुड़ कर शब्द को स्त्रीलिंग बना रहा है और यह अर्थ दे रहा है—वन की प्रधान संपत्ति घास, सागपात, पत्रपुष्प, लताएँ, पेड़-पौधे। प्रारंभ में 'वनस्पति'(वन का पति) का अर्थ मर्दाना ही था—'एक विशाल जंगली वृक्ष, विशेषकर वह जिस पर बिना बौर आए फल लगता है'।

'प्रयोग' और 'उपयोग'

'व्यवहार या काम (में लाना)' दोनों हैं; लेकिन 'प्रयोग' करने के बाद परिणाम अनुकूल-प्रतिकूल दोनों प्रकार का हो सकता है, जैसे 'दवा का प्रयोग कर के देखो' (वह लाभ पहुँचाए, या नहीं भी पहुँचाए); दूसरी ओर 'उपयोग' में झुकाव अनुकूलता की ओर रहता है, जैसे 'बची हुई शक्कर भी उपयोग में आ गई'। इसी कारण 'उपयोगी' का मतलब स्वतः 'सदुपयोगी' निकल आता है; और इसी कारण 'उपयोगिता' शब्द बना है (इस के विपरीत, 'प्रयोगिता' शब्द नहीं बना)।

'प्रयोग' किसी बात का 'ऐप्लिकेशन' (लागू किया जाना) है; वह 'ऍक्सपॅरिमॅंट' है, 'जाँच' है, 'युक्ति' है, जिस का फल सकारात्मक भी हो सकता है और नकारात्मक भी; जब कि 'उपयोग' विस्तृत अर्थों में 'उपभोग' है, 'सेवन' है, 'लाभ' है। 'प्रयोग' सही या ग़लत के पूर्व-निर्णय से तटस्थ 'सामान्य प्रचलन' है; 'उपयोग' 'खपत के साथ इस्तेमाल' है।

'प्रयोग' से बना 'प्रयुक्त' शब्द देखिए, जो 'सामान्य व्यवहार' का वाचक है; 'उपयोग' से बना 'उपयुक्त' शब्द देखिए, जो 'व्यवहार के औचित्य' की ओर बढ़ा हुआ है। 'प्रयोगी बात' कुछ नहीं होती; 'उपयोगी बात' होती है।

'प्र' का प्रयोग 'अधिकता' आदि के लिए किया जाता है, इसलिए 'प्रयोग' का मतलब निकलेगा 'अधिकता के साथ योग' अर्थात् 'ख़ूब योग' या 'बार-बार योग'। इसी से इस का एक अर्थ 'अभ्यास' हो गया।

'उप' का प्रयोग 'समीपता' आदि के लिए किया जाता है, जिस से 'उपयोग' में 'सहायता' का भाव विद्यमान रहता है। इसी कारण 'उपयोगी' शब्द आवश्यकता की पूर्ति तथा प्रयोजन की सिद्धि की ओर संकेत करता है।

वाक्य में शब्दों का 'प्रयोग' होता है। वह 'यूसेॅज' है, जब कि 'उपयोग' 'यूस' है। नंगे आदमी के लिए कपड़ों का 'उपयोग' होता है।

बहुत स्थूल रूप से शायद हम यह कह सकते हैं कि 'प्रयोग' विज्ञान की ओर है, 'उपयोग' कला की ओर।

'प्रयोग' प्रायः चलता रहता है; 'उपयोग' प्रायः सीमा खींच देता है।

चलते-चलते—मैं अब तक इन दो शब्दों पर लिखने का 'प्रयोग' करते हुए अपने समय का 'उपयोग' कर रहा था।

‘प्रियदर्शनी’ और ‘प्रियदर्शिनी’

‘दूरदर्शन’ का मतलब निकलता है ‘दूर की चीज देखना’ या ‘दूर के दर्शन हों जिस से’। ‘प्रियदर्शन’ का अर्थ है ‘प्रिय दर्शन हों जिस के’, ‘जो प्रिय दर्शन दें’, ‘जो देखने में भला और सुखद प्रतीत हो’, अर्थात् ‘जो अच्छा लगे’। इस हिसाब से ‘प्रियदर्शनी’ वह हुई ‘जो अच्छी लगे’। संस्कृत में इस के लिए ‘प्रियदर्शना’ है। जब उपर्युक्त अर्थ अभीष्ट हो, तो ‘प्रियदर्शिनी’ लिखना सही नहीं है। दर्शनीय है कि ‘प्रदर्शन’ से बने ‘प्रदर्शनी’ में भी ‘श’ पर ‘इ’ की मात्रा नहीं है।

‘प्रियदर्शिनी’ दूसरा शब्द है। ‘दूरदर्शी’ कौन है ?—‘जो दूर की चीज देखे’ अर्थात् ‘दूर की चीज़ देखनेवाला’ या ‘दूर की बात समझनेवाला’। तदनुसार ‘प्रियदर्शी’ का अर्थ हुआ ‘प्रिय देखनेवाला’। इस का स्त्रीलिंग बनेगा ‘प्रियदर्शिनी’ (प्रिय देखनेवाली या दूसरों को प्रेमपूर्वक देखनेवाली)। ‘तत्वदर्शी’ (तत्सम ‘तत्त्वदर्शी’) का स्त्रीलिंग ‘तत्वदर्शिनी’। चूँकि लिखनेवाले इन शब्दों को लिखते समय प्रायः इधर का उधर करते हैं, इसलिए इन के अर्थों को एक बार फिर सरल ढंग से दुहरा लें—‘प्रियदर्शनी’ वह स्त्री है, जो प्रिय दीखे; और ‘प्रियदर्शिनी’ वह स्त्री है, जो प्रिय देखे।

अब यह तय करना लेखक का काम है कि वह ‘इंदिरा जी’ (अर्थ ‘लक्ष्मी जी’; हमारी भूतपूर्व प्रधानमंत्री का नाम ‘इंद्रा जी’ नहीं है, जिस का मतलब ‘इंद्राणी जी’ है) के लिए ‘प्रियदर्शनी’ लिखे या ‘प्रियदर्शिनी’। शब्द दोनों अच्छे हैं, पर किसी को ‘सीता’ या ‘गीता’ कहने के पहले हमें दोनों शब्दों का अंतर जरूर जान लेना चाहिए।

‘फटना’ और ‘फूटना’

कुछ चीजें ‘फटती’ और ‘फूटती’ दोनों हैं। कुछ केवल ‘फटती’ हैं; और कुछ केवल ‘फूटती’ हैं।

कान ज़्यादा शोर से ‘फट’ जाते हैं और अगर गुस्सैल दादा जी का हुक्म न सुनो, तो उन की इस ‘फट’कार के साथ ‘फूट’ जाते हैं—"क्यों ? सुनाई नहीं देता है ? कान ‘फूट’ गए हैं क्या ?" यही हाल आँखों का है। वे ‘फटी की फटी’ भी रह सकती हैं और ‘फूट’ भी सकती हैं।

दूध केवल ‘फटता’ है और फोड़ा केवल ‘फूटता’ है (जो ‘फोड़ा’ जाए, वह ‘फोड़ा’)। इसी प्रकार, जमीन केवल ‘फटती’ है; पर पानी का सोता ‘फूटता’ है, अंकुर ‘फूटते’ हैं, किरणें ‘फूटती’ हैं, शरीर में दाने ‘फूटते’ हैं । यहाँ द्रष्टव्य है कि हर ‘फूटने’ पर कुछ-न-कुछ बाहर निकल कर आ रहा है। ‘मुँह से कुछ फूटो तो’ में भी मुँह का फाट खोल कर उस से बात बाहर लाने का भाव विद्यमान रहता है। कवि के भाव तो चौबीसों

घंटे 'फूटते' रहते हैं।

ख़रबूज़े-जैसे एक लंबाकार फल का नाम 'फूट' क्यों पड़ा ? क्योंकि वह पकने पर 'फूट' जाता है।

'फट' और 'फूट' के प्रयोगों के एक-दो उदाहरण और देखिए—प्रेमिका प्रेमी के ऊपर 'फट' पड़ी, जिस से प्रेमी का हृदय 'फट' गया; वह 'फूट-फूट' कर रोने लगा, उस के करम 'फूट' गए। खलनायक ने उन के बीच 'फूट' डाल दी और ख़ुद वहाँ से 'फूट' लिया।

'फटना' संस्कृत के 'स्फट्' से बना है और 'फूटना' 'स्फुटन' से। 'फाड़ना' और 'फोड़ना' ऊपर चर्चित क्रियाओं के सकर्मक रूप हैं, जो क्रमशः संस्कृत के 'स्फाटन' और 'स्फोट्य' से बने हैं। गला 'फाड़ना' और मन के लड्डू 'फोड़ना' हम सभी जानते हैं। इन चारों शब्दों का परस्पर संबंध बताने के लिए आइए 'सिर' की मदद लें—सिर 'फाड़ने' से 'फटता' है, 'फोड़ने' से 'फूटता' है।

आवाज़ 'फटने' में भी होती है और 'फूटने' में भी होती है।—ज़्यादा किस में होती है, यह भौतिकविज्ञानी बताएँगे !

'फ़ुट' और 'लेडी'

हिंदी में 'फ़ुट' (अर्थ 'बारह इंच') का बहुवचन बनाना है। 'फ़ुट' ही होगा या 'फ़ीट' ? उत्तर है कि 'फ़ुट' होगा। हमने अँगरेज़ी से एकवचन 'फ़ुट' उधार लिया है, बहुवचन 'फ़ीट' नहीं। 'फ़ुट' का बहुवचन हिंदी के अपने नियमों के अनुसार बनेगा। 'फ़ुट' से मिलते-जुलते हिंदी के निजी और आदत्त शब्द 'गुट, घर, दिल, गेट' आदि हैं। ये सभी पुल्लिंग हैं और अकारांत लिखे जाते हैं। इन्हें बहुवचन में आवश्यकतानुसार या तो ऐसा ही छोड़ दिया जाता है या इन के आगे '-ओं' की मात्रा लिखी जाती है। दोनों स्थितियों के उदाहरण इस प्रकार हैं—(1) 'दो गुट, दो घर, दो दिल,दो गेट' तथा (2) 'दो गुटों को, दो घरों से, दो दिलों के, दो गेटों में'। इस आधार पर हमें 'दो फ़ुट' तथा 'दो फ़ुटों··· ' को सही मानना होगा। (आवश्यकता पड़ने पर 'दो फ़ुटों··· ' की तो संभावना है, पर 'दो फ़ीटों···' की बिलकुल नहीं, क्योंकि 'फ़ीटों' में दो बार बहुवचन-सूचक अंश आ जाएगा। 'दो फ़ीट' इसलिए भी अनुपयुक्त है।)

'लेडी' से संबंधित एक-दो अटपटे प्रयोग सुनने को मिले; जैसे 'वहाँ एक लेडीज़ खड़ी है' और 'भाषण में बहुत-सी लेडीज़ें पहुँची थीं' में। 'लेडीज़' को एकवचन समझने वाले प्राणी ऊपर लिखे उदाहरणों-जैसा तो सामान्यतया लिख सकते हैं, पर एक विद्यार्थी ने बहुवचन का '-याँ' जोड़ कर शब्द का रूप 'लेडीज़याँ' बना डाला था ! जाननेवाले जानते हैं कि यहाँ स्त्रीलिंग एकवचन ईकारांत शब्द 'लेडी' है, जो मिलते-जुलते 'बेटी' से 'बेटियाँ',

'बेड़ी' से 'बेड़ियाँ', 'लड़की' से 'लड़कियाँ', और 'नारी' से 'नारियाँ' के समान बहुवचन में 'लेडियाँ' बनेगा। यदि किसी विद्यार्थी को 'महिलाओं को' की जगह 'लेडी को' का बहुवचन-रूप लिखना पड़े, तो उसे 'लेडीज़ों को' या 'लेडीज़यों को' न लिख कर 'लेडियों को' लिखना चाहिए।

'बधाई' और 'धन्यवाद'

'बधाई' का संबंध 'वर्धन', 'वृद्धि', और 'बढ़ती' से जोड़िए। इस शब्द से व्यक्ति किसी शुभ अवसर पर दूसरे के 'बढ़ने की अवस्था या क्रिया या भाव' के साथ अपनी प्रसन्नता सम्मिलित करते हुए मंगलकारी संदेश व्यक्त करता है। 'बधाई' जब 'दी जाती है', तब वह 'मुबारकबाद' और 'कॉंग्रेचुलेशन' होती है और जब गाई जाती है, तब 'मंगलाचरण' होती है।

यद्यपि मोटे तौर पर 'बधाई' का अर्थ 'शुभकामना' बता दिया जाता है, पर इन में एक बड़ा अंतर यह है कि 'बधाई' किसी उपलब्धि के बाद या कार्यक्रम के साथ-साथ दी जाती है, जब कि 'शुभकामना' किसी कृत्य या कार्यक्रम के पूर्व दी जाती है। इस का तात्पर्य है कि 'बधाई' का संबंध विगत से वर्तमान तक रहता है, जब कि 'शुभकामना' का संबंध वर्तमान से आगे अर्थात् भविष्य की ओर रहता है। किसी स्नेह-भाजन के इंटरव्यू में जाने के समय आप उसे 'बधाई' नहीं, 'शुभकामना' देंगे, और उस के नियुक्त हो जाने के बाद आप उसे 'शुभकामना' नहीं, 'बधाई' देंगे।

बधाई सिर्फ़ ज़बानी जमा-ख़र्च या कार्ड देने तक सीमित नहीं रहती, उस के साथ मौक़े की गहराई के अनुसार उपहार या उपहार-चॅक-जैसी कुछ 'वज़नी' चीज जोड़नी पड़ती है। इसी प्रकार, बधाई पानेवाले से भी यह अपेक्षा रहती है कि वह बधाई देनेवाले को बिलकुल सूखा न टरका कर, यदि कुछ और नहीं, तो कम से कम 'धन्यवाद' ज़रूर देगा !

बधाई देने में किसी आदान से उऋण होने का भाव नहीं होता, जब कि 'धन्यवाद' देने में हमें प्राप्त हुए साधारण या विशेष उपकार या अनुग्रह का बदला चुकाने का संकेत होता है। बड़ों के प्रति व्यक्ति 'आभार' और 'कृतज्ञता' व्यक्त करता है तथा अन्यों के प्रति 'धन्यवाद'।

'धन्यवाद' क्या है ?—किसी को 'धन्य' कहना। और 'धन्य' क्या है ?—धन प्रदान करनेवाला, अच्छे काम करनेवाला, पुण्यवान्, गुणवान्, सौभाग्यशाली, ऐश्वर्यशाली, उत्तम, श्रेष्ठ, तथा प्रशंसा या बड़ाई के योग्य। 'धन्य' का एक अर्थ 'कृतार्थ' भी है। उदाहरण—आप-जैसे धन्य (पुण्यवान्) व्यक्ति के दर्शन कर के मैं धन्य (कृतार्थ) हो गया।

'धन्यवाद' के लिए 'शुक्रिया' और 'थैंक्स' के साथ उस के अर्थों के बड़े दायरे में 'शाबाशी, वाहवाही, प्रशस्ति, स्तुति' आदि शब्द भी आ जाते हैं।

'धन्यवाद' का एक अर्थ कोश में 'साधुवाद के लिए बोला जानेवाला शब्द' दिया गया है। 'साधुवाद' का मतलब है—कोई अच्छा काम करने पर किसी से 'साधु-साधु' कह कर उस की प्रशंसा करना: और 'साधु-साधु' का मतलब है 'धन्य-धन्य' या 'बहुत ख़ूब'।

आप ने इस लेख को इतने समय तक झेला, इस के लिए आप को ('बधाई' नहीं) 'धन्यवाद'।

'बरामद' और 'ज़ब्त'

'बरामद' फ़ारसी का है, 'ज़ब्त' अरबी का। दोनों विशेषण हैं। 'बरामद' से स्त्रीलिंग संज्ञा बनती है 'बरामदगी'; 'ज़ब्त' से स्त्रीलिंग संज्ञा बनती है 'ज़ब्ती'।

'बरामद' का सामान्य अर्थ है 'सामने आया हुआ, बाहर आया हुआ, बाहर निकला हुआ (कोई सामान)'। 'बरामदा' भी 'बाहर निकला हुआ भाग होता है किसी इमारत का'।

सामान बाहर निकलने के नाम पर 'बरामद' का एक अर्थ 'निर्यात' भी है।

'बरामद करना' के अर्थ का विशेषीकरण है 'खोए हुए माल या चोरी किए गए सामान को कहीं से निकाल कर सामने पेश करना'।

अब आइए दूसरे शब्द पर। 'ज़ब्त करना' का सामान्य अर्थ है 'बरदाश्त करना' या 'रोकना' या 'छिपाना'। कुछ प्रयोग देखिए—'मुझ से बुरी बात ज़ब्त नहीं होती'; 'वह अपनी भावनाएँ ज़ब्त करते हुए बोला'।

'ज़ब्त' के अर्थ का विशेषीकरण 'हरण' की भावभूमि पर निम्नानुसार है—सरकारी हुक्म से या किसी अधिकारी द्वारा किसी चीज़ पर ज़बरदस्ती क़ब्ज़ा या दंडस्वरूप किसी संपत्ति आदि का हरण'।

'बरामद' में चीज़ के बाहर आने का भाव रहता है, जब कि 'ज़ब्त' में चीज़ और बात को छिपाने का भाव रहता है। 'किताब बरामद हो गई' अर्थात् उसे खोज कर या तलाशी के बाद सामने ला दिया गया। 'किताब ज़ब्त हो गई' अर्थात् उस की बिक्री की छुट्टी; उसे बाज़ार से छिपा लिया गया।

यदि आप के दोस्त ने आप की कोई चीज़ दबा रखी है, तो आप पहले उसे उस के पास से 'बरामद' कीजिए और फिर उसे 'ज़ब्त' कर लीजिए।

'बवाल' और 'बावला'

अरबी और उर्दू-हिंदी में 'बवाल' का अर्थ है 'जंजाल, बखेड़ा, झमेला', जैसे 'तुम ने यह क्या बवाल खड़ा कर रखा है' में। 'बच्चों ने बवाल मचा रखा है' के अनुसार 'बवाल' का मतलब 'शोरगुल; हुड़दंग' भी है। ('बवाल' को 'बव्वाल' कभी न बोलें-लिखें, वरना अरबी में उस का अर्थ हो जाएगा 'बहुत पेशाब करनेवाला, मुतोड़ा'।) 'बावेला मच गया' में 'बावेला' के माने हैं 'हंगामा ; भगदड़'।

बाइबिल में एक क़िस्सा है कि प्रारंभ में सर्वत्र एक ही भाषा बोली जाती थी। सब लोगों ने मिल-जुल कर शिनार देश में एक सुंदर नगर और ऊँची मीनार बनाने के बारे में तय किया। जब हमारे इंद्र देवता के समान उन के देवता यहोवा को यह पता चला, तो वह घबरा गया कि वे लोग उस से अधिक शक्तिशाली हो जाएँगे। बस, उस ने धरती पर उतर कर भाषा-भेद पैदा कर दिया। एक-दूसरे की बात न समझने से वह नगर भी नहीं बना और मीनार भी पूरी नहीं हुई। अँगरेज़ी में 'बावेल' शब्द का अर्थ है—वह नगर और मीनार, जहाँ भाषा-भ्रम पैदा हुआ; फलस्वरूप कोई ऊँची इमारत, कोई काल्पनिक योजना, और कोई भ्रांत भीड़-भाड़ भी।

अरबी में 'बाबिल' इराक़ के अत्यंत प्राचीन (ईसा से दो हज़ार साल पहले के) सब से बड़े नगर के लिए प्रयुक्त होता है। दूसरी ओर, अँगरेज़ी का 'बाबेल' से बना 'बाबेलिज़्म' शब्द 'भाषा के शोरगुल-युक्त भ्रम' के लिए और 'कोई अजीब उक्ति' के लिए प्रयुक्त होता है। कोई भी शिशु बोलना सीखने के पहले अनर्गलता की स्टेज तक अँगरेज़ी में 'बैबेल' करता है।

उपर्युक्त शब्दों में कहीं-न-कहीं पारस्परिक संबंध दिखाई पड़ रहा है, पर 'बावला' (पागल, विक्षिप्त, सनकी) इन शब्दों से बिलकुल अलग माना जाता है, भले ही वह भी 'भ्रम-भरी बातें' करता है ('बैबेल'-जैसा करता है)। 'बावला' को संस्कृत के 'वातुल' से जोड़ा जाता है, जो प्राकृत में 'वाउल' हो गया था। 'वातुल' का मूल अर्थ है 'जिसे वायु का प्रकोप हो'। क्या आप कह सकते हैं कि जिसे वायु का प्रकोप हो अर्थात् गैस का रोग हो, वह 'बावला' होता है !

'बाई' और 'लक्ष्मीबाई'

'बाई' शब्द को हिंदी-क्षेत्र के कुछ भागों में बिना 'विशेष रूप से सावधान हुए' प्रयुक्त नहीं किया जा सकता। पश्चिमी उत्तर प्रदेश के अधिकतर हिस्सों में यदि किसी संभ्रांत महिला को 'बाई' या 'बाई जी' संबोधित कर दिया जाए, तो प्रयोक्ता की पिटाई तक की नौबत आ सकती है। वहाँ अपने लिए 'बाई' शब्द का प्रयोग उच्च और मध्य वर्ग की महिलाएँ ही

नहीं, नौकरानियाँ भी बरदाश्त नहीं कर सकतीं। कारण यह है कि वहाँ 'बाई' और 'बाई जी' केवल 'कोठे पर नाचने-गाने वाली औरत' तथा 'वेश्या' के लिए इस्तेमाल होता है। उच्च कोटि की गायिका 'अख़्तरी बाई' का अभिधान 'बेगम अख़्तर' हो जाना इसी शब्द-गंध का प्रभाव समझिए।

छत्तीसगढ़ में इस शब्द का प्रयोग असम्मान का सूचक नहीं है। घरों में महिलाएँ रौताइन या महरी के लिए बिना किसी क्षुद्रतायुक्त भाव के कहती हैं कि आज हमारी बाई नहीं आई है और नौकरानी भी दूसरे के घर जा कर निश्चिंत भाव से कहती है कि अमुक साहब की बाई ने भेजा है। 'महारानी लक्ष्मी बाई'- जैसे नामों में तो 'बाई' के अर्थ के साथ किसी प्रकार के हलकेपन के स्पर्श की भी कल्पना नहीं की जा सकती । ऐसे प्रयोगों के लिए समूचा हिंदी-प्रदेश अविभाजित है। 'लक्ष्मी बाई' में ही नहीं, 'बाई' चाहे 'रसूलन बाई', 'अमीर बाई', 'जद्दन बाई' में लगा हो, चाहे 'तीजन बाई', 'मुन्नी बाई', 'फूलन बाई' में लगा हो, मूलतः यह सम्मानार्थक ही है। लेकिन उचित यही है कि जहाँ इसे प्रयुक्त करने से सम्मान न मिले, वहाँ इस का प्रयोग हम न करें। सम्मानार्थक तो मूल रूप से 'साला' भी है, लेकिन उस का प्रयोग हर जगह नहीं किया जा सकता !

मानक हिंदी के शब्दकोशों में 'बाई' के दो अर्थ इस प्रकार दिए गए हैं—'स्त्रियों के लिए एक आदरसूचक शब्द' तथा 'उत्तर भारत में प्रायः नाचने-गाने वाली वेश्याओं के लिए प्रयुक्त शब्द'।

कुमायूँनी में इस का अर्थ 'लड़की' है और मैथिली में इस के मूल शब्द 'बाली' का अर्थ 'कुमारी' है। उड़िया में यह शब्द 'बाळी' रूप में 'नवयुवती' के लिए प्रयुक्त होता रहा है।

इन तथ्यों से यह रहस्य स्वयं खुल जाता है कि हिंदू हों या मुसलमान, हमारे देश की कन्याओं, ललनाओं, वीरांगनाओं, और वारांगनाओं के नाम के आगे 'बाई' शब्द क्यों लगाया जाता है।

'बावजूद' और 'दरअसल'

'इस के बावजूद भी उन का काम नहीं बना'--इस उदाहरण में एक गड़बड़ प्रयोग खोजिए।

'बावजूद' (फ़ारसी-अरबी में 'बावुजूद') के बाद 'भी' के इस्तेमाल की ज़रूरत नहीं है। 'बा' के माने हैं 'साथ, वाला, पूर्ण', जैसे 'बाअदब (तमीज़दार), बाअसर (प्रभावपूर्ण), बाईमान (ईमानवाला), बाक़ायदा (फ़ारसी 'बाक़ाइदः', अर्थ 'क़ायदे के साथ')' में, एवं 'वजूद' के माने हैं 'अस्तित्व, मौजूदगी'। फलस्वरूप 'बावजूद' का अर्थ हुआ 'वजूद के साथ' यानी 'होते हुए भी'; अँगरेज़ी में 'इन स्पाइट ऑफ़'। (यहाँ 'वजूद' (उपस्थिति) और 'मौजूद' (उपस्थित) का गहरा संबंध इन दो शब्दों की मिलती-जुलती शक्ल के साथ

द्रष्टव्य है।)

स्पष्ट है कि 'बावजूद' के शब्दकोशीय अर्थ 'यद्यपि', जिस में पहले से 'भी' (अपि) मौजूद है, के साथ एक और 'भी' लगाने की कोई जरूरत नहीं है, क्योंकि आप 'बावजूद भी' के समतुल्य 'यद्यपि भी' (अर्थात् 'यदि भी भी') सहन नहीं करेंगे।

दूसरी ओर, यद्यपि 'इस के बावजूद' के साथ-साथ इसका उलटा 'बावजूद इस के' प्रयोग भी चलता है, लेकिन कमाल है कि इस में 'भी' जोड़ देने की ग़लती कोई नहीं करता।

'दरअसल में' में भी बाद का छुटका शब्द 'में' व्यर्थ है, क्योंकि बात उस के बिना ही पूरी है। 'दरअसल' (फ़ारसी 'दरअस्ल') में ही 'दर' का अर्थ 'में' शामिल है, अर्थात् 'दरअसल' माने हैं 'असल में, वस्तुतः'। इस 'दर' को 'दरमियान' (बीच, मध्य, में) में भी देखिए। फ़ारसी 'मियान' का अर्थ वही है, जो 'दर' का है, यानी 'दरमियान' का शाब्दिक अर्थ हुआ 'में में'! अब यदि कोई व्यक्ति 'दरमियान में' का प्रयोग करता है, तो हम इस का अनुवाद 'में में में' करने के हक़दार हो जाएँगे !

'दर-दर भटकना' में 'दर' (पुल्लिंग) वह है, जो 'दरवाजा (द्वार), दरबान (द्वारपाल), दरगाह (दहलीज़, चौखट)' में है।

अँगरेजी के 'रेट' अर्थ में प्रयुक्त 'दर' (स्त्रीलिंग) बिलकुल अलग है।

'बीबी' और 'बेवा'

'प्रियतम' और 'प्रियतमा' के लिए अरबी में क्रमशः 'महबूब' और 'महबूबा' शब्द हैं। 'महबूबा' के 'बूबा' को 'बीबी' से न जोड़िए ! 'बीबी' फ़ारसी की 'प्रियतमा' (संस्कृत) और 'माशूक़ा' (अरबी) है !

'बीबी' के अन्य अर्थ हैं 'नायिका, पत्नी, कुलवधू, कुलीन स्त्री'। यह शब्द स्त्रियों के लिए आदरसूचक संबोधन के रूप में भी व्यवहृत होता है—बीबी जी, बीबी अमृता कौर, चाँद बीबी। अर्थ में इस आदर-भाव के कारण 'बीबी' शब्द बड़ी बहन और माँ को भी पुकारने के काम आता है और कभी-कभी इस का रूप लघु हो कर केवल 'बी' रह जाता है—बी जी, बड़ी बी।

'बीबी' का एक रूप 'बीवी' है, जिसे स्थानिक प्रयोग कहा गया है। इस संदर्भ में यहाँ एक मिनट 'ब' और 'व' पर चर्चा कर ली जाए।—हिंदी-प्रदेश के विशेषकर पूर्वी भागों के निवासी कुछ 'ब'-प्रेमी 'व' को लिफ़्ट नहीं देते ! उदाहरण के लिए, वे 'वीरेंद्र व्यास' को 'बीरेंद्र ब्यास' लिखते-पुकारते हैं। वे लोग 'बहन-वहन, बाद-वाद, बार-वार, दबा-दवा, रब-रव, लब-लव, शब-शव'—जैसे जोड़ों के साथ बड़ा अन्याय करते हैं। निवेदन है कि इस अन्याय को आप रोकिए और रुकवाइए।

फ़ारसी के ही 'बेवा' शब्द में पहले 'ब' है, फिर 'व'। इस का संस्कृत-प्रतिशब्द है 'विधवा' (विगत हो गया है धव अर्थात् पति जिस का)। 'विधवा' के लिए अल्प-आवृत्त 'अधवा' ('सधवा' का विलोम) भी चलता है। 'बेवा' से 'बेवगी' (वैधव्य) बनता है।

'बेवा' का 'बीबी' से शब्दगत संबंध हो या न हो, निम्नानुसार अर्थगत संबंध ज़रूर है—'मुन्नी बाई मुन्ना की बीबी हैं' और 'मुन्नी बाई मुन्ना की बेवा हैं'।

'बेगम' और 'बेग़म'

"सिनेमा चलने की बात सुनते ही हमारी 'बेगम' 'बेग़म' हो गईं।" 'बेगम' तुर्की शब्द है, 'बेग़म' फ़ारसी-अरबी। 'बेगम' संज्ञा है, 'बेग़म' विशेषण। 'बेगम' 'पत्नी' है, 'महोदया' है; 'बेग़म' 'जिसे कोई ग़म न हो' है, 'निश्चिंत' है।

ऐसे शब्द-युग्म और भी हैं, जिन में 'ग' के नीचे बिंदी न लगाने और लगाने से शब्दार्थ बदल जाता है। उदाहरण के लिए, 'गौर' और 'ग़ौर' ('गौर वर्ण' बनाम 'ग़ौर कीजिए'); 'गोरी' और 'ग़ोरी' (पहले का अर्थ 'गोरे रंगवाली, सुंदरी' और दूसरे का अर्थ 'ग़ोर-निवासी, जैसे मुहम्मद ग़ोरी'); 'गोल' (वृत्त) और 'ग़ोल' (झुंड); 'बाग' (बागडोर, लगाम) और 'बाग़' (उपवन); 'सागर' (समुद्र) और 'साग़र' (शराब का प्याला)।

'दाग' का मतलब है 'दग्ध करने की क्रिया, तपाए हुए लोहे आदि से शरीर पर चिह्न-विशेष अंकित करने की क्रिया, बंदूक दागने की क्रिया, दाह, दाहकर्म' और 'दाग़' का मतलब है 'धब्बा, कलंक'। "जहाँ बैठ गए, वहाँ बैठ गए" वाले मशहूर शायर '(हजरते) दाग़' थे, 'दाग' नहीं। इसी प्रकार, "अंदाज़े बयाँ और" वाले शोहरतयाफ़्ता शायर '(मिरजा) ग़ालिब' थे, 'गालिब' नहीं। (नीचे बिंदी लगा देने से शब्द का 'मूल' विदेशी दिखाई देने लगता है, लेकिन शब्द और आदमी विदेशी नहीं हो जाता।)

जिस प्रकार आप की 'जानकारी' में ऐसे सैकड़ों शब्द होते हैं, जिन का प्रयोग दूसरे लोग करते हैं और आप भी जब चाहें कर सकते हैं, पर उन्हें प्रयुक्त आप सामान्यतया नहीं किया करते, उसी प्रकार किस वर्ण के नीचे बिंदी है और किस के नीचे नहीं, यदि आप को इस की 'जानकारी' रहे, तो आपके खाते में वृद्धि ही होगी, उस के बाद भी वक़्त-ज़रूरत उस का इस्तेमाल करना या न करना आप की मरज़ी पर रहेगा। आप स्वयं तय करेंगे कि आप 'गरज' (मेघध्वनि, दहाड़) और 'ग़रज़' (स्वार्थ, प्रयोजन) में भेद करेंगे या नहीं; आप 'गजल' सुनना पसंद करेंगे या 'ग़ज़ल'; आप 'गलती' करना चाहेंगे या 'ग़लती'। पर हाँ, कमाल की बात यह है कि ऐसी किसी भी बिंदी को लेखकों के वर्ग-विशेष द्वारा उड़ाया तो जा सकता है, पर एक भी शब्द में अपनी ओर से बढ़ाया नहीं जा सकता; उदाहरण के लिए, 'गोबर' और 'गणेश' को 'ग़ोबर' और 'ग़णेश' कदापि नहीं लिखा जा सकता— और 'बादशाह' के साथ 'बेगम' ही चलेगी, 'बेग़म' नहीं।

'भवन' और 'कोठी'

कोशों में दिए गए 'भवन' के अर्थों (अस्तित्व में आना, आधार-स्थल, आवास, इमारत, घर, निवास, प्रकृति, प्रासाद, महल, संसार, स्थान) से अतृप्त और 'कोठी' से उस के अंतर के बारे में जिज्ञासु दो वाग्वीर आपस में भिड़े हुए थे। दोनों पराजित रहे। आइए, उन की गुत्थी सुलझाने की कोशिश करें।

'महल' राजे-महाराजों के होते थे और 'क़िले' बादशाहों-शहज़ादों के। 'राष्ट्रपति-भवन' और 'राजभवन' आदि आधुनिक महल और क़िले हैं।

'भवन' में 'भव्यता' अनिवार्य है (दोनों शब्द 'भू' धातु से बने हैं); उस में आधुनिकता के साथ विशालता और बहुत सीमा तक प्रासाद-सामूहिकता का तत्त्व अपेक्षित है।

'कोठी' (हवेली) व्यक्तिगत इमारत है ('दाऊ जी की कोठी' या 'लक्ष्मी-निवास' के समान)। उसे ज़मींदारों और साहूकारों से जोड़ते हुए पुराने ज़माने की चीज़ समझिए। यों कोठी भी प्रायः बड़ी होती है, पर चूँकि महल से छोटा होना उस का प्रारब्ध है, इसलिए वह 'भवन' से टक्कर नहीं ले सकती। ('बँगला' भी व्यक्तिगत इमारत है, पर उसे नए ज़माने की चीज़ मानिए। वह मॉडर्न है। 'भवन' ऊँचे-ऊँचे हो सकते हैं, पर 'बँगले' शायद नहीं।)

कोठी 'भवन-निर्माण-कला' ('कोठी-निर्माण-कला' नहीं) की दृष्टि से पीछे रहती है। यदि गंभीर हो कर न कहें, तो कह सकते हैं कि 'कोठी' की 'इमारत' होती है, 'बिल्डिंग' नहीं होती।

भवन में खुला-खुलापन होता है; वह पुल्लिंग है। कोठी में बंद-बंदपन होता है; वह स्त्रीलिंग है। भवन प्रायः सार्वजनिक होने के कारण 'बहिर्मुखी' होता है (भारत-भवन, महाराष्ट्र-भवन, रवींद्र-भवन, या किसी महाविद्यालय के भवन के समान); कोठी निजी संपत्ति होने के कारण 'अंतर्मुखी' होती है (अनाज रखने की 'कोठी' के समान)।

पश्चिमी उत्तर प्रदेश में 'अग्रवाल' के वज़न पर एक सरनेम 'कोठीवाल' चलता है (जिस का अर्थ 'देन-लेन करनेवाला महाजन' हो गया है), जो 'कोठीवाले' से बना है। रईसी का सूचक यह शब्द किसी 'कोठी वाले' के लिए ही प्रयुक्त होता है (कृपया 'कोठेवाली' से इसका संबंध न जोड़ें)।

'भाषण' और 'व्याख्यान'

'भाषण' का सामान्य अर्थ 'कथन, बात, वक्तृता' है, 'कहना, बातें करना, बोलना' है, 'श्रोताओं के सम्मुख किसी विषय पर विचार व्यक्त करना' है। इस शब्द का धीरे-धीरे

बुरा हाल होता जा रहा है। उदाहरण के लिए आगे लिखे वाक्यों में इस के अर्थ का अपकर्ष देखिए—वे उसे भाषण पिला रहे हैं। उन्होंने मुझे एक लंबा-चौड़ा भाषण दे डाला। अच्छा अब भाषणबाज़ी बंद करो।

आप 'गाली' ख़ूब सुनते होंगे, पर 'अपभाषण' शायद कभी नहीं। 'अपभाषण' का अर्थ 'गाली' ही है।

'संभाषण' भी कम सुनाई देता है, जिस का मतलब है 'वार्तालाप' या 'बातचीत'।

हाँ, 'अभिभाषण' ज़रूर कभी-कभी सुनने में आ जाता है, जैसे 'राज्यपाल का अभिभाषण'। इस का अर्थ है 'विशिष्ट व्यक्ति के द्वारा विशिष्ट व्यक्तियों के सम्मुख विशिष्ट अवसर पर दिया गया भाषण'।

सादे या कोरे 'भाषण' की तुलना में 'व्याख्यान' ज़्यादा इज़्ज़तदार शब्द है। 'व्याख्यान' विशेष आख्यान है, कथा है, वर्णन है, विवरण है, वृत्तांत है। वह टीका है, भाष्य है, विवृति है, स्पष्टीकरण है। वह किसी गूढ़ विषय पर विचारपूर्ण और सारगर्भित भाषण है। नेता 'भाषण' देता है, प्राध्यापक 'व्याख्यान' देता है।

'व्याख्याकार' और 'व्याख्याता' में यह अंतर किया जा सकता है कि व्याख्याकार (इंटरप्रॅटर) के लिए किसी विषय की व्याख्या करना ज़रूरी रहता है, जब कि आजकल व्याख्याता (लॅक्चरर) के लिए व्याख्यान देना बिलकुल ज़रूरी नहीं रह गया है। वह दिन-रात शतरंज खेल कर या तबला बजा कर भी व्याख्याता बना रह सकता है !

'भूल' और 'चूक'

यद्यपि कोशों में इन शब्दों के अर्थ मिले-जुले और एक-जैसे दिए गए हैं (अज्ञान, अपराध, अशुद्धि, असावधानता, कपट, क़सूर, ख़ता, ग़लती, छल, दग़ा, दरार, दोष, धोखा, फ़रेब, भ्रम), पर लखनऊ के इमामबाड़े में स्थित मशहूर इमारत का नाम सिर्फ़ 'भूलभुलैया' है, 'चूकभुलैया' या 'चूकचुकैया' नहीं। इसी प्रकार, समाचारपत्रों में आवश्यकता पड़ने पर 'भूल-सुधार' छपता है, 'चूक-सुधार' नहीं। सिद्ध है कि ये शब्द एक-दूसरे से काफ़ी अलग हैं, वरना रुपए-पैसे के लेन-देन में हिसाब की सफ़ाई की संकेतक और पोषक बहुप्रचलित उक्ति 'भूल-चूक लेनी-देनी' में दोनों ही का सार्थक अनिवार्य प्रयोग न किया गया होता।

गुजराती में 'भूल' हिंदी के समान ही है, पर पंजाबी, बंगाली, असमिया, उड़िया में यह 'भुल' है। प्राकृत में यह 'भुल्ल' था, जिसे संस्कृत के 'भ्रष्टच्युत' से जोड़ा गया है (काफ़ी खींच-खाँच कर)। उधर 'चूक' के जन्म का श्रेय प्राकृत के 'चुक्क' और संस्कृत के 'च्युतकृत' को दिया जाता है।

बात को याद न रख पाना 'भूल जाना' है (मैं भूल गया; मुझ से भूल हो गई);

लक्ष्य को न पा सकना 'चूक जाना' है (मैं चूक गया; मुझ से चूक हो गई)।

व्यक्ति एक तो 'भूल' इसलिए कर जाता है कि 'भूल जाने' के कारण उसे लक्ष्य का सही-सही पता नहीं रह जाता; दूसरे, वह 'भूल' अज्ञानवश करता है, क्योंकि कई बार वह यह जानता ही नहीं कि सही क्या है। इस के विपरीत, 'चूक' करनेवाले व्यक्ति को अपने लक्ष्य के बारे में सही-सही पता रहता है, वह उस की प्राप्ति के लिए प्रयास भी करता है, लेकिन फिर भी चूक हो जाती है—या तो जल्दबाज़ी के कारण या धोखे और असावधानी से (निशाना चूक गया; मौक़ा चूक गया)।

अपनी 'भूल' ख़ुद जल्दी पकड़ में नहीं आती (क्योंकि या तो हम तथ्य को भूले हुए होते हैं या हमें उस का ज्ञान ही नहीं होता)। दूसरी ओर, अपनी 'चूक' हम स्वयं पकड़ सकते हैं, बल्कि अधिक सावधान रहने पर वह होती ही नहीं।

सुबह का भूला शाम को वापस आ सकता है (स्मृति या ज्ञान आने पर), लेकिन वक़्त का चूका (अवसर हाथ से निकल जाने के कारण) नए सिरे से ही प्रयत्न कर सकता है। 'मत चूकै चौहान' का साफ़-साफ़ मतलब है कि अगर 'चूक गए', तो 'गए'।

यदि आप को मालूम नहीं है या आप भूल गए हैं कि लोहा गरम है और ऐसे में आप ने उसे छू लिया, तो यह आप की 'भूल' होगी। इस के विपरीत, यदि आप को मालूम है कि लोहा गरम है और फिर भी आप उसे छू बैठे, तो यह आप की 'चूक' होगी।

आप शायद विश्वास नहीं करेंगे कि एक साहित्यकार ने अपनी पहली बेटी का नाम पूरी ईमानदारी निभाते हुए 'भूल' रखा है और दूसरी बेटी का 'चूक'।

'मध्याह्न' और 'दोपहर'

'अहन्' माने 'दिन'। यह शब्द अपनी शक्ल बदलता रहता है—किसी शब्द के 'बाद' जुड़ने पर यह 'अह्न' हो जाता है, जैसे 'मध्याह्न' में, और किसी शब्द के 'पहले' जुड़ने पर यह 'अहर्' हो जाता है, जैसे 'अहर्निश' (दिन-रात) में।

'दिन-रात' बराबर है 'आठों पहर', अर्थात् एक पहर (प्रहर) का मतलब है 'याम, यानी एक दिन (दिन-रात मिला कर) का आठवाँ भाग या तीन घंटों का समय'।

'दो पहर' और 'दोपहर' का व्यतिरेक देखिए—'दो पहर हो गए। दोपहर हो गई।' 'दोपहर' क्या है ? दिन के दो पहर (छह घंटे) बीतने का समय।

'मध्याह्न' दिन का वह समय है, जब सूर्य सिर पर आ जाता है; वह दिन के मध्य का—अर्थात् बारह बजे का—समय है। इस हिसाब से प्रहरों की गणना छह बजे से छह बजे तक चलनी चाहिए। सुबह छह बजे से दिन का पहला पहर; नौ बजे से दूसरा पहर। उस की समाप्ति पर 'दोपहर'। बारह बज गए ! उस के बाद से तीसरा पहर। शाम के छह बजे से रात का पहला पहर। रात के बारह बजे, अर्थात् मध्यरात्रि, से रात का तीसरा

पहर, और रात के तीन बजे से रात का चौथा पहर।

'मध्याह्न' ('ह्' और 'न्' की अदला-बदली से आजकल 'मध्यान्ह' स्पेलिंग भी) के पूर्व का समय 'पूर्वाह्न' (संस्कृत में 'पूर्वाह्ण', और आजकल 'पूर्वान्ह' भी) कहलाता है, जिस के अर्थ कोशों में इस प्रकार दिए गए हैं—दिन का पहला भाग, दिन के पहले दो प्रहर, दोपहर से पहले, सुबह से दोपहर तक का समय।

'अपराह्न' (संस्कृत में 'अपराह्ण', और आजकल 'अपरान्ह' भी) दिन के दूसरे भाग, दोपहर के बाद के समय, मध्याह्न से दिन के समापक प्रहर तक, दिन के बाद वाले दो प्रहरों के लिए प्रयुक्त होता है।

नौकरी करनेवाले जानते हैं कि 'पूर्वाह्न' में नौकरी ज्वायन करने पर उस दिन का वेतन मिलता है, 'अपराह्न' में ज्वायन करने पर नहीं मिलता।

एक शब्द और देखिए—मध्याह्नोत्तर (आजकल 'मध्यान्होत्तर' भी), जो दिन के तीसरे पहर (अर्थात् 'अपराह्न' के पूर्वार्ध) के लिए रूढ़ है।

'महा' और 'महान'

'महा' का अर्थ 'महान' है, जैसे 'महापुरुष' में। इसी प्रकार, 'महामहिम' बराबर है 'महान महिमा से युक्त' (अर्थात् 'अति महत्वशाली')। दूसरी ओर, 'महा' और 'महान' में कहीं-कहीं अंतर भी मौजूद रहता है, जैसे 'महादेश' को आप 'महान देश' से भिन्न मानेंगे और 'महामूर्ख' को आप 'महान मूर्ख' कहना पसंद नहीं करेंगे। लगता है कि 'महा' से 'महान' में अधिक 'महानता' है। मैं आप को 'महान' कह सकता हूँ, पर 'महा' बिलकुल नहीं कह सकता। यानी 'आप महान हैं' सही है, 'आप महा हैं' ग़लत।

'महा' के बारे में पुराना नियम यह है कि विशिष्ट शब्दों के प्रारंभ में 'महत्' बदल कर 'महा' हो जाता है (कर्मधारय और बहुब्रीहि समासों तथा कुछ अन्य अनियमित शब्दों के प्रथम पद के रूप में)। 'महत्' पुल्लिग है, 'महती' स्त्रीलिंग। 'महत्' से 'महत्तर' (अधिक बड़ा) और 'महत्तम' (सब से बड़ा) विशेषण-रूप तथा 'महत्त्व' (पुल्लिग) और 'महत्ता' (स्त्रीलिंग) संज्ञाएँ बनती हैं। 'महत्त्व' का मतलब 'बड़प्पन' या 'वज़न' है और 'महत्ता' का 'महिमा' या 'महानता' है।

कोशीय इकाई के रूप में 'महान' को असाधु बताया गया है, क्योंकि यह 'शब्द' नहीं, 'पद' है। 'महानता' आज हिंदी की हर ज़बान और क़लम द्वारा इस्तेमाल किया जा रहा है, जो 'महान' से बना है, 'महान्' से नहीं। (ज़रा 'महान्‌ता' अर्थात् 'महान्ता', अर्थात् 'महांता' पर ग़ौर कीजिए!)

'महा' और 'महत्' की चर्चा एक बार फिर। 'महाराष्ट्र' के 'महा' का आज क्या अर्थ है? (यदि 'महाराष्ट्र' महा-राष्ट्र है, तो भारत क्या है? क्या 'लघुराष्ट्र' भी कुछ है!

'महाभारत' के 'महा' का भी आज अलग से कोई महत्त्व नहीं है।)

'महदावास' (बहुत लंबा-चौड़ा मकान, जैसे अमुक मिनिस्टर साहब का)-जैसे शब्दों में 'महत्' बदल कर 'महद्' हो जाता है।

कोश के पन्ने पलटते हुए एक मज़ेदार शब्द 'महत्कथ' मिला। यदि एक ओर इस का अर्थ 'बड़ों द्वारा कथित' है, तो दूसरी ओर··· ? आप बिलकुल महत्कथ नहीं हैं (गोया 'चापलूस')।

'मिरज़ा' और 'ग़ालिब'

हम हिंदीवाले 'मिरज़ा ग़ालिब' का नाम ख़ूब पहचानते हैं, पर इन दो शब्दों के अर्थ हम में से बहुत-से लोग नहीं जानते।

'ग़ालिब' उपनाम है उर्दू के प्रसिद्ध कवि मिरज़ा असद अल्लाह ख़ाँ का। उन के इस बड़े-से नाम के शुरू में प्रयुक्त 'मिरज़ा' फ़ारसी का 'मीरज़ा' है, जिस का मतलब है 'मीरज़ादा (मीर का लड़का), अमीरज़ादा (अमीर का लड़का), शहज़ादा (शाह का लड़का)', तथा ' मुग़ल जाति का व्यक्ति; शाही ख़ानदान के लोगों की उपाधि'।

अमीरज़ादों और शहज़ादों को 'नाज़ुक' तो होना ही है, इसलिए 'मिरज़ा' का विशेषणपरक अर्थ 'नाज़ुक' या 'कोमल' भी हो गया ।

'मीरज़ादा' के 'मीर' के अरबी में अर्थ इस प्रकार हैं--आगे बढ़ जानेवाला, धार्मिक आचार्य, नायक, नेता, सरदार, सैयदों की उपाधि। 'मीर' वह है, जो किसी काम को सब से पहले कर डाले। यह शब्द 'अमीर' (अर्थात् 'सरदार, शासक, धनी, उदार') का लघु रूप है।

मिरज़ा ग़ालिब के घरेलू नाम 'असद' के अरबी में माने हैं 'शेर' (शेरो-शायरी वाला शेर नहीं, शेरनी वाला शेर)। ग़ालिब साहब अल्लाह के शेर थे (असदुल्लाह 'अल्लाह का शेर, हज़रत अली की उपाधि')। उन के नाम में लगा 'अल्लाह' तो 'परमेश्वर' के लिए है ही, अंत में लगा 'ख़ाँ' फिर से 'अध्यक्ष, अमीर, सरदार, आदि' के लिए है।

अब आइए 'ग़ालिब' शब्द पर। यह भी अरबी का है और 'मीर' के समान इस का भी मतलब 'आगे बढ़ जानेवाला' है। इस के अन्य अर्थ हैं 'जीतनेवाला, प्रबल, शक्तिमान, श्रेष्ठ, तथा 'जिस ने किसी को वश में कर लिया हो, जिस ने किसी पर अधिकार जमा लिया हो, जो किसी पर छाया हुआ हो'। तभी तो किसी पर ग़ालिब हो जाने का अर्थ निकलता है 'उस पर पूरी तरह हावी हो जाना, उसे अपने नियंत्रण में ले लेना, उसे शक्तिहीन बना देना'। गोया सवाल में ही जवाब है कि 'ग़ालिब' शब्द का क्या कोई ऐसा अर्थ है, जो ग़ालिब साहब पर लागू न होता हो !

ग़ालिब होने वाली चीज़ों में ग़ालिब साहब के बाद सब से ऊपर 'रोब' या 'रुआब' (दबदबा, धाक) है; उदाहरण के लिए—हमारी पड़ोसन का सारे मुहल्ले पर रोब ग़ालिब है।

'मुट्ठी' और 'फुप्फुस'

'मुठ्ठी' और 'फुफ्फुस' क्यों ग़लत हैं ? क्योंकि हिंदी में किसी भी ह्-मिश्रित या ह्-युक्त (महाप्राण) व्यंजन—यथा ख्, घ्; छ्, झ्, ठ्, ढ्; थ्, ध्; फ्, भ्—का दुहरा प्रयोग कभी नहीं हुआ करता। संयुक्त होने की ऐसी स्थिति में केवल दूसरा व्यंजन ह्-युक्त रहता है, पहला ह्-विहीन या ह्-मुक्त (अल्पप्राण) रहता है। उदाहरण के लिए—'मक्खन' और 'बग्घी' सही हैं, 'मख्खन' और 'बघ्घी' संभव नहीं हैं। 'मच्छर' और 'झज्झर' (जल रखने का मिट्टी का छोटा पात्र) सही हैं, 'मछ्छर' और 'झझ्झर' ग़लत हैं। 'मुट्ठी' और 'बुड्ढा' सही हैं, 'मुठ्ठी' और 'बुढ्ढा' ग़लत हैं। 'पत्थर' और 'गिद्ध' सही हैं, 'पथ्थर' और 'गिध्ध' ग़लत हैं। इसी प्रकार, 'फुप्फुस' (फेफड़ा) और 'भब्भड़' (भीड़-भाड़) सही हैं, 'फुफ्फुस' और 'भभ्भड़' ग़लत हैं।

छत्तीसगढ़ी के 'अघ्घन' (अगहन) और 'सुघ्घर' (सुघड़) के साथ भी यही नियम लागू होगा। उच्चारण कर के जाँचिए कि क्या ये शब्द 'अग्घन' और 'सुग्घर'-जैसे नहीं बोले जाते !

लेकिन 'अख़्ख़ाह' और 'ओफ़्फ़ोह' (ख् और फ् के नीचे बिंदी) की सही वर्तनी यही है। यहाँ यह शिकायत हो सकती है कि इन के ख् और फ् दुहरे क्यों लिखे गए हैं। शिकायत करनेवाले लोग कृपया भेद पकड़ें कि ये ख़् और फ़् (नीचे बिंदी वाले वर्ण) ह्-युक्त नहीं हैं; ये क्-ख् तथा प्-फ् के जोड़ों में से न हो कर इन से पर्याप्त भिन्न ध्वनियाँ हैं। ख् और फ् की ध्वनियाँ अप्रवहमान हैं अर्थात् क्षण भर में समाप्त हो जाती हैं। इस के विपरीत, नीचे बिंदी वाले ख़् और फ़् वर्णों की ध्वनियाँ प्रवहमान हैं, जिन्हें पूरी साँस तक निरंतर बोला जा सकता है। इन का अंतर 'खान-ख़ान' और 'फन-फ़न' शब्द-युग्मों में देखिए। ('खान' सोने की, जब कि 'ख़ान' ख़ाँ साहब वाला। इसी प्रकार, 'फन' साँप का, जब कि 'फ़न' या हुनर उस्ताद वाला।)

'मुट्ठी' और 'फुप्फुस' पर वापस आइए। यदि इन्हें 'मुठ्ठी' और 'फुफ्फुस' लिखा गया और इस लिखे हुए के अनुसार ही पढ़ने की कोशिश की गई, तो ये 'मुठठी' और 'फुफफुस' हो जाएँगी, अर्थात् इन के स्वाभाविक उच्चारण का ढेर हो जाएगा।

'मुझे' और 'मेरे'

निम्नलिखित उदाहरणों पर ग़ौर कीजिए—(1) मुझे तुझ से काम है। (2) मुझ को तुझ से काम है। (3) मेरे को तेरे से काम है। (4) मेरे बच्चे को तेरे बच्चे से काम है। (5) मेरे बच्चे को तेरे से काम है।

वाक्य नंबर (3) वाक्य नंबर (1) और (2) के अर्थ में एकदम अशुद्ध है (पर कुछ लोग 'मेरे को, तेरे को' और 'मेरे से, तेरे से' करते रहते हैं)।

वाक्य नंबर (5) में 'तेरे से' का प्रयोग 'तुझ से' के अर्थ में अमानक है, पर वह वाक्य नंबर (4) के 'तेरे बच्चे से' के लिए संकुचित रूप में चल सकता है।

यदि वाक्य नंबर (4) और (5) को बच्चों के पूर्व-संकेत के साथ घसीट कर वाक्य नंबर (3) बनाया गया हो,तब उसे उन वाक्यों के लघ्वीकृत रूप में स्वीकार किया जा सकता है, लेकिन उसे मानक नहीं कहा जाना चाहिए ।

'मेरे' और 'तेरे' साफ़-साफ़ 'मैं' और 'तू' के संबंधवाची रूप हैं, जब कि 'मुझ' और 'तुझ' केवल 'मैं' और 'तू' के अर्थ को व्यक्त करनेवाले उन के रूपांतर हैं।

'मेरे' और 'तेरे' संबंधद्योतक प्रत्यय '-रे' के साथ पूरे पद हैं। यह '-रे' 'राम के' और 'उस के' के 'के' के समकक्ष है (अर्थात् 'मेरे = मैं के' और 'तेरे = तू के'), इसलिए 'मेरे को' और 'तेरे से' का खींच-तोड़ कर दिखाया गया अर्थ क्रमशः 'मैं के को' और 'तू के से' हो जाएगा। फलतः 'मेरे' और 'तेरे' के बाद 'को' या 'से' का प्रयोग उपयुक्त नहीं है।

दूसरी ओर, 'मुझ' और 'तुझ' किसी संबंधसूचक अव्यय आदि के साथ प्रयुक्त हुए बिना वाक्य में प्रयोग की दृष्टि से अधूरे हैं (देखिए—मुझ को, मुझ तक को, मुझ ही को); इन का अर्थ क्रमशः 'मैं' और 'तू' ही है, और इन के बाद 'को' या 'से' आदि का प्रयोग वांछनीय है। हाँ, 'मुझे' और 'तुझे' क्रमशः 'मुझ को' और 'तुझ को' के समतुल्य होने के कारण पूरे पद हैं, जिन के '-ए' का अर्थ 'को' ही है।

चर्चा ख़त्म करने के पहले शीर्षक के दोनों शब्दों के सही-ग़लत प्रयोग को कुछ छोटे-छोटे वाक्यों में दुहरा लिया जाए। 'मुझे चाहिए' सही है ('मुझ को चाहिए' भी सही है); 'मेरे को चाहिए' ग़लत है; 'मेरे बच्चे को चाहिए' सही है। 'मुझ से पूछो' सही है; 'मेरे से पूछो' ग़लत है; 'मेरे बच्चे से पूछो' सही है।

'में' और 'पर'

'संदूक में' और 'संदूक पर' में अंतर है या नहीं ? हर व्यक्ति कहेगा कि जरूर है।

जब 'में' और 'पर' का अंतर इतना स्पष्ट है, तो कुछ लोग निम्नलिखित ग़लत

प्रयोग क्यों करते हैं—स्टोव में केतली रख दो; चूल्हे में चाय चढ़ा दो; खंभे में चढ़ जाओ; अनुबंध में हस्ताक्षर कर दो; वह साइकिल में बैठ गई; लड़का घोड़े में सवार है; इत्यादि।

ऊपर के पैरे के सभी उदाहरणों में 'में' के स्थान पर 'पर' होगा। मोटे तौर पर, 'में' अंदर या संपृक्तता का द्योतक है, जब कि 'पर' बाहर, ऊपर, या असंपृक्तता दिखाता है। उपर्युक्त ग़लत प्रयोग करनेवाले सज्जन यह बताने की कृपा करें कि स्टोव के अंदर केतली कैसे रखी जाएगी; खंभे के भीतर कोई कैसे चढ़ेगा; साइकिल के अंदर घुस कर कोई कैसे बैठेगा ! (हाँ, अँगरेज आदमी 'हत्थेदार कुरसी' होने पर उस 'में' बैठता है और 'बिना हत्थे की कुरसी' होने पर उस 'पर' बैठता है। हिंदी में हम दोनों प्रकार की कुरसियों 'पर' ही बैठेंगे।

कुछ अन्य सही प्रयोग देखिए—पुस्तक 'में' (के अंदर) पृष्ठ हैं और पृष्ठों 'पर' (के ऊपर) लिखा हुआ है। मुझ 'में' कई बुराइयाँ हैं (अंदरूनी) और मुझ 'पर' मुसीबत आ पड़ी है (बाहर से)। पेड़ 'में' फल लगे हैं (संपृक्तता) और पेड़ 'पर' चिड़िया बैठी है (असंपृक्तता)। इंजन रेलगाड़ी 'में' लगा है और रेलगाड़ी प्लेटफ़ॉर्म 'पर' खड़ी है। नाव मँझधार 'में' है और आप किनारे 'पर' हैं।

अंत में एक सवाल। बताइए कि सींग गधे के 'सिर में' नहीं होते या 'सिर पर' नहीं होते ?

'मेज़पोश' और 'पोशाक'

'मेज़बान' और 'मेज़पोश' में 'मेज़' अलग-अलग शब्द हैं। फ़ारसी के 'मेज़बान' (दावत करानेवाला, अतिथि-सत्कार करनेवाला, होस्ट) में प्रयुक्त 'मेज़' का अर्थ 'दावत या भोज का सामान' है, जब कि 'टेबिल' के अर्थवाला 'मेज़' मूलतः पुर्तगाली शब्द है (जो स्पेनी में 'मेसा' है।) 'मेज़पोश' में यही 'मेज़' है।

जब आप अपना शरीर ढकेंगे या छिपाएँगे, तो कुछ न कुछ ज़रूर पहनेंगे या ओढ़ेंगे। इस दृष्टि से 'ढकना' और 'पहनना' इतने अधिक पास हैं कि फ़ारसी के '-पोश' में ये दोनों ही अर्थ शामिल हैं—'ढकने या छिपानेवाला' और 'पहननेवाला'। 'मेज़पोश' यानी 'मेज़ ढकनेवाला'; 'नक़ाबपोश' यानी 'नक़ाब पहननेवाला'। '-पोश' से बननेवाले कुछ अन्य शब्द इस प्रकार हैं—तख़्तपोश (तख़्त ढकनेवाला), ऐबपोश (दोष छिपानेवाला), पापोश (पाँव छिपानेवाला अर्थात् जूता), और सफ़ेदपोश (सफ़ेद पहननेवाला अर्थात् श्वेतांबर, भलामानस, कम आय पर भी शिष्ट व्यवहार करनेवाला)।

'ताजपोशी' में शब्द '-पोश' से कुछ आगे निकल गया है—ताज पहनने के समय का उत्सव अर्थात् राज्याभिषेक।

'पोशाक' (पहनने के कपड़े,परिच्छद, परिधान, वसन, लिबास, पहनावा) में भी यही 'पोश' है, बस, उस ने जगह बदल ली है।

संभव है कि आप 'बाशिंदा' (बसनेवाला) और 'साज़िंदा' (साज़ बजानेवाला) की धारा में 'पोशिंदा' (छिपानेवाला और पहननेवाला) भी इस्तेमाल करते हों, जिस में फिर यही 'पोश' मौजूद है।

और अंत में, किसी छिपी हुई ख़बर या हरकत आदि के लिए इस 'पोश' से बना विशेषण 'पोशीदा' (गुप्त) याद करें।

'राजनीति' और 'राजनैतिक'

'राजनीति' के शब्दकोशीय अर्थ हैं 'राज्य का प्रशासन' और 'राजनीतिज्ञता'। आजकल हमारे देश में 'राजा' और 'राज्य' अपने पुराने अर्थों में प्राप्त नहीं होते, पर 'राज्य' शब्द का प्रयोग 'प्रांत' के लिए स्थिर हो चला है। (केंद्र-शासित प्रदेशों को राज्य का दरजा नहीं प्राप्त है।) यद्यपि 'राजा' और 'मंत्री' आजकल वैसे नहीं हैं, पर 'राजनीति' प्रचलित है। शासन से संबंधित इस शब्द का पुराने अर्थों में प्रयोग किसी सीमा तक ठीक चल रहा है, लेकिन दूसरी ओर इस के अर्थ में अपकर्ष आ चुका है, जो शब्दकोशों में नहीं मिलता। कुछ वाक्यों में इस शब्द का प्रयोग देखिए—'वह मुझ से राजनीति खेलता है। सीधा और सच्चा आदमी राजनीति में नहीं टिक सकता। खिलाड़ियों के चयन में राजनीति प्रवेश कर गई है। राजनीति में सब-कुछ चलता है। राजनीति में कोई किसी का नहीं होता।' इन प्रयोगों से 'राजनीति' का मतलब 'दाँव-पेंच' और 'चालाकी' आदि निकलता है; साथ ही उस में नैतिकता का कोई तक़ाजा नहीं होता और उस के और धर्म के बीच मानो विरोधात्मक संबंध रहता है। यदि 'राजनीति' को 'कौशल' की दृष्टि से देखें, तो उस का अर्थ 'मोहरे बैठाना' और 'विरोधी दल की चाल असफल कर देना' निकलता है। राजनीतिज्ञ कहते हैं कि राजनीति प्रत्येक के वश की बात नहीं है और सामान्य आदमी कहता है कि जो जितना अधिक 'व्यावहारिक' होता है, वह उतना ही कुशल राजनीतिज्ञ हो सकता है। लेकिन जब कोई कहता है कि वह राजनीति से दूर रहना चाहता है, तब उस का मतलब होता है कि राजनीति एक पचड़ा है, वह उस से बच कर सरल और साफ़-सुथरा जीवन जीना चाहता है।

'राजनीति' के इस बदलते हुए अर्थ के साथ 'राजनीति-संबंधी' अर्थ देनेवाले विशेषण 'राजनीतिक' और 'राजनैतिक' की वर्तनी की शुद्धता देखें। शब्द-रचना की दृष्टि से इस से मिलते-जुलते कुछ शब्द हैं—नैतिक ('नीति' से); ऐच्छिक ('इच्छा' से), ऐतिहासिक ('इतिहास' से), लैंगिक ('लिंग' से), वैचारिक ('विचार' से), शैक्षणिक ('शिक्षण' से), शैक्षिक ('शिक्षा' से); दैहिक ('देह' से), स्वैच्छिक ('स्वेच्छा' से)। इन

सभी में विशेषणार्थक '-इक' प्रत्यय लगा हुआ है, जिस के पूर्व के प्रतिपदिक का 'ई', 'इ', और 'ए' बदल कर नियमतः 'ऐ' हो जाता है। इस आधार पर 'राजनीतिक' ग़लत है।

'रेज़ा' और 'क़ुली'

बात 'रेज़गारी' से शुरू की जाए, जिस का मतलब है 'छोटे सिक्के या छुट्टे पैसे या छुट्टा या ख़ुर्दा (फ़ारसी 'ख़ुर्दः') या ख़रीज या चिल्लर/चिल्हर'।

'रेज़गी' भी 'रेज़गारी' है, पर वह 'कण, जर्रा, छोटा टुकड़ा' भी है। कण, कतरन, चिंदी, और किसी वस्तु के बहुत छोटे टुकड़े के लिए फ़ारसी में 'रेज़ा' (मूल 'रेज़ः') शब्द भी चलता है।

'रेज़ा' का दूसरी ओर घूमा हुआ अर्थ 'राजगीरों के साथ काम करनेवाला मज़दूर लड़का' है। (यह 'राजगीर' क्या है ? यह हिंदी के 'राज' में फ़ारसी के 'राहगीर' वाला 'गीर' जोड़ कर बनाया गया शब्द है, जिसे कभी-कभी सिर्फ़ 'राज' कहते हैं, और जिस का अर्थ है 'मकान बनानेवाला कारीगर, अर्थात् वह मिस्त्री, जो ईंटों की जुड़ाई और पलस्तर आदि करता है'।)

'रेज़ा' का तीसरी ओर घूमा हुआ अर्थ 'सामाजिक दृष्टि से निचले स्तर की लड़की' है।

छत्तीसगढ़ी में 'रेजा' ('रेज़ा' नहीं) सामान्यतया 'मज़दूरनी' का वाचक है; और 'कुली' ('क़ुली' नहीं) 'मज़दूर' का।

उर्दू के 'क़ुली' की अर्थ-कथा और जन्म-व्यथा इस प्रकार है—स्टेशनों पर सामान ढोनेवाला अकुशल मज़दूर, नौकर, सेवक, दास। तुर्की भाषा में 'कोल' माने 'ग़ुलाम' (तिब्बती में 'खोल' माने 'ग़ुलाम') और 'कूलेह' माने 'ग़ुलाम पुरुष' है। ऑक्सफ़ोर्ड डिक्शनरी के अनुसार अँगरेजी में 'कुली' का अर्थ 'भारत, चीन, आदि में किराए पर लिया गया मूल निवासी मज़दूर' है। हमारे देश के मूल निवासियों में 'कोल' जाति के भी लोग हैं और 'कोली' जाति के भी। एक मज़े की बात यह है कि तमिल भाषा में 'कुली' का मतलब 'किराया' है तथा यह शब्द 'मज़दूर' अर्थ में जावा और उस के निकटवर्ती द्वीपों में भी व्यवहृत होता है।

अब क्या कहें ! एक 'क़ुली' ने अपने जन्म-स्थान के बारे में बहुत-से भाषाविज्ञानियों को परेशान कर रखा है।

'लिए' और 'सोई'

बात सरल है, पर मतभेदों वाली है।

'लिया' को 'लिआ', 'वियोग' को 'विओग', और 'आया-गया' को 'आआ-गआ' कोई नहीं लिखता। ऐसे स्थिर स्पेलिंगों के बारे में किसी प्रकार की समस्या नहीं है। चयन और वरण की समस्या वहाँ है, जहाँ विकल्पात्मक स्पेलिंग दीखते हैं, जैसे 'लिये-लिए, गायें-गाएँ, भाषायें (सर्वथा अशुद्ध)-भाषाएँ, चाहिये-चाहिए, देखिये-देखिए, बनवाइयेगा-बनवाइएगा, हुये (एकदम ग़लत)-हुए' और 'नयी-नई, सोयी-सोई', इत्यादि। (सीमित क्षेत्रीय और एकरूपता-बाधक होने के कारण 'जावै, जावे, जाय' आदि को पहले ही 'प्रतियोगिता' से बाहर कर दिया गया है।)

'चले' और 'ली'- जैसे मिलते-जुलते, लेकिन अन्य प्रकार के, शब्दों में 'य्' का लिखा जाना क़तई ज़रूरी नहीं होता ('चल्ये' और 'लियी' असंभव हैं)। इसी तरह यदि हम विकल्प वाले 'य्' को कहीं भी न लिखें, तो हमारे श्रम की, समय की, रोशनाई की, और जगह की बचत होगी ('लिये' और 'सोयी' में चार-चार ध्वनि-वर्ण हैं, जब कि 'लिए' और 'सोई' में तीन-तीन) तथा एकरूपता धारित रहेगी ('चले' और 'जाए' में सीधे 'ए' जोड़ा गया है, 'ये' कहीं नहीं)। 'य्' न लिखने से ऐसे शब्दों के उच्चारण में कोई अंतर नहीं पड़ता—उलटे, शब्द की वर्तनी उच्चारण के अधिक निकट रहती है ('लिए गए', 'खाई गई', आदि में यदि 'य्' लिख दें, तब भी उसे नहीं बोला जाता—जब तक कि उसे खींच-खाँच कर ज़बरदस्ती न बोला जाए), और इन शब्दों में 'य्' लिखने और न लिखने से अर्थ-भेद भी नहीं होता ('आये-आए', 'गयी-गई', इत्यादि)।

इन्हीं आधारों पर केंद्र-सरकार के प्रकाशनों में 'स्थायी, स्थायित्व' और 'उत्तरदायी, उत्तरदायित्व' तक को अब आप क्रमशः 'स्थाई, स्थाइत्व' और 'उत्तरदाई, उत्तरदाइत्व' छपा हुआ पाएँगे। 'वाजपेयी जी' अकसर 'वाजपेई जी' हो ही जाते हैं।

निवेदन है कि अपना एक भी 'य्' बरबाद मत कीजिए। सब से सरल नियम यह है कि वैकल्पिक स्थितियों में जहाँ भी 'य्' लिखे बिना काम चल जाता है, वहाँ उसे मत लिखिए। इस से वर्तनी मितव्ययिता के साथ सर्वत्र स्थिर और एकरूप रहेगी। उदाहरण—लिए, जाए, सोए, हुए, गाएँ, चाहिए, देखिए, बनवाइएगा, नए, सुविधाएँ, सुनवाई, खाई, गई, सोई, इत्यादि। इस नियम से न तो लिखते समय यह याद करना पड़ेगा कि शब्द-विशेष संज्ञा है या विशेषण या क्रिया या अव्यय, और न यह देखना ज़रूरी होगा कि उस के मूल रूप में 'य्' है या नहीं (जैसे 'लिए गए' के मूल 'लिया गया' में 'य्' है और 'छुई हुई' के मूल 'छुआ हुआ' में वह नहीं है)।

यदि आगे चल कर लोग 'रेडियो, वीडियो' और 'मेयर, प्लेयर' को 'रेडिओ, वीडिओ' और 'मेअर, प्लेअर' लिखने लगें, तो इन्हें भी गले लगाना ग़लत नहीं होगा, क्योंकि इन में भी 'य्' की क़ीमत उपयोगिता की कसौटी पर शून्य है। यदि 'य्' की क़ीमत

देखनी है, तो 'याम-आम', 'ध्यान-धान', और 'गोया-गोआ'-जैसे जोड़े देखिए ('देखिये' नहीं)।

'वधुएँ' और 'माताएँ'

देखिए 'दाल, माता, रुचि, स्त्री, ऋतु, वधू' इत्यादि। क्रमशः 'अ (उच्चारण से लुप्त), आ, इ, ई, उ, ऊ' इत्यादि से अंत होनेवाले ये शब्द स्त्रीलिंग एकवचन हैं। इन का बहुवचन दो रूपों में बनाया जाता है—मूल रूप में और विकारी रूप में। उदाहरण—क्रमशः 'दालें' और 'दालों'। पहले उदाहरण में '-एँ' का और दूसरे में '-ओं' का अर्थ बहुवचन है।

'रुचियाँ' या 'रुचिएँ' (या 'रुचियें') तथा 'रुचियों' में बहुवचन के लिए '-याँ' या '-एँ' (या '-यें') तथा '-यों' हैं। यही बात, उदाहरणार्थ 'स्त्रियाँ' या 'स्त्रिएँ' (या 'स्त्रियें') तथा 'स्त्रियों' पर लागू है, जहाँ 'ई' वर्ण भी बदल कर 'इ' हो जाता है। 'य्' की श्रुति का प्रवेश केवल 'इ' (और 'ई') अंत वाली संज्ञाओं में होता है, अन्य किसी अंत वाली संज्ञा में नहीं। इस दृष्टि से 'ऋतुयें' भी अशुद्ध है और 'वधू' से बना 'वधुयें' भी ('ऊ' बदल कर 'उ' हो जाना द्रष्टव्य)। इसी प्रकार, लिखनेवाला एकवचन में चाहे 'भौंह' लिखता हो, चाहे 'भौं', दोनों में बहुवचन के लिए उसे '-एँ' ही लगाना होगा (यथा—'भौंहें' और 'भौंएँ' में), '-यें' नहीं।

'दालें, मिलें चीलें' के समान 'गाय' से 'गायें' और 'राय' से 'रायें' तक तो ग़नीमत है, क्योंकि इन में बहुवचन के लिए '-एँ' ही है, '-यें' नहीं ('य्' तो एकवचन के शब्द-रूप में पहले से मौजूद है), पर 'माताएँ, विधाएँ, वीरांगनाएँ' आदि में 'य्' कदापि नहीं घुसना चाहिए। तदनुसार 'मातायें, विधायें, वीरांगनायें' आदि सर्वथा अशुद्ध हैं। ज़रा सोच कर देखिए कि क्या इनके विकारी बहुवचन-रूप 'गायों' और 'रायों' के समान 'मातायों, विधायों, वीरांगनायों' आदि संभव हैं !

यद्यपि 'गुड़िया, पुड़िया, फुड़िया, बुढ़िया' में 'माता' के समान अंत में 'आ' है, पर इन के बहुवचन-रूप 'गुड़ियाएँ' और 'गुड़ियाओं' आदि इसलिए नहीं बना करते कि इन शब्दों में 'गाय' और 'राय' के समान पहले से 'य' भी है और उस के पहले 'रुचि' के समान 'इ' भी है। इन का बहुवचन-प्रत्यय अंतिम वर्ण को निगल जाता है ! और वह 'गुड़ियाँ' या 'गुड़िएँ' (या 'गुड़ियें') तथा 'गुड़ियों' आदि तैयार करता है।

'वह' और 'वे'

'राम गया' और 'राम गए' में क्या समानता और क्या असमानता है ? समानता यह है कि

दोनों एकवचन हैं और असमानता यह है कि पहला राम छोटा आदमी है, जब कि दूसरा राम बड़ा आदमी है। यों भी कह सकते हैं कि पहला राम तुकारात्मकता का शिकार है, जब कि दूसरा राम इज़्ज़त में लिपटा हुआ है। दूसरे शब्दों में, पहला प्रयोग सामान्यतः आदरार्थक नहीं है, जब कि दूसरा प्रयोग आदरार्थक है।

यदि किसी व्यक्ति को विशेष आदर मिल जाए, तो उस का रूप 'दुहरा-तिहरा', अर्थात् बहुवचन, हो जाता है। व्याकरणिक प्रयोग की दृष्टि से बहुवचन-रूपों और आदरार्थ एकवचन-रूपों में कोई अंतर नहीं होता। इस का मतलब यह है कि हमें जब भी किसी को सम्मान देना हो, तब उस से संबंधित सारे 'बहुवचन बनाए जा सकनेवाले' शब्दों को बहुवचन बना देना चाहिए, जैसे 'हमारा बड़ा साहब खाँसता चला जा रहा था' के 'साहब' को सम्मान देने के लिए यह वाक्य बना देना चाहिए—हमारे बड़े साहब खाँसते चले जा रहे थे।

'मैं जाऊँगा' के बदले जो व्यक्ति स्वयं के लिए 'हम जाएँगे' बोलता है, वह स्वयं को सामाजिक महत्त्व देते हुए 'बहुवचन', 'आदर-वचन' या 'वज़नी वचन' में बोलता है।

'चाचा जाएगा' को 'वह जाएगा' कहा जा सकता है, पर 'चाचा जी जाएँगे' को 'वे जाएँगे' ही कहा जाएगा। 'वह जाएँगे' भाषाई अन्विति की दृष्टि से एकदम ग़लत है (क्योंकि 'वह' का 'जाएँगे' के साथ कोई व्याकरणिक समझौता नहीं है)। यह प्रयोग ऐसा ही है, जैसा 'आप जाओगे'।

'यह मेरा पति है' और 'ये मेरे पति हैं' कह कर अपने-अपने पति का परिचय देने वाली औरतों की संस्कृति और पति से उन के संबंधों का साफ़ पता चल जाता है।

अब यह संदर्भ से समझने की बात है कि 'ये मेरे पति हैं' बतानेवाली श्रीमती जी के पति महोदय एक हैं या अनेक ! इसी प्रकार,'ये हमारी पत्नी हैं' से आशय निकालना पाठक महोदय का काम है कि पत्नी जी एक की हैं या अनेक की !

'विख्यात' और 'प्रख्यात'

'ख्या' क्या है ? हिंदी में कुछ नहीं, पर संस्कृत में 'कहना, घोषणा करना, समाचार देना' का वाचक। इस से 'ख्यात' बना, जिस का अर्थ है 'कथित, ज्ञात, वर्णित, विश्रुत, संबोधित'। अच्छे और बुरे से तटस्थ होने के कारण 'ख्यात' अपने मूल अर्थ की तुला पर 'प्रसिद्ध' की ओर भी झुकता है और 'बदनाम' की ओर भी। इसी वजह से 'सुख्यात' और 'कुख्यात' दोनों शब्द अस्तित्व में आए।

उपर्युक्त आधार पर 'ख्याति' का मतलब 'विश्रुति'-मात्र होना चाहिए, पर हो गया है 'कीर्ति' और 'प्रसिद्धि'।

'विख्यात' और 'प्रख्यात' का सूक्ष्म अर्थभेद पकड़ने के लिए दिमाग़ की थोड़ी कसरत ज़रूरी है। आइए करें।

'विख्यात' शब्द प्रारंभ में जुड़े 'वि-' के कारण 'विशिष्टता के साथ ख्यात है, व्यवस्था के साथ ख्यात है, तीव्रता के साथ ख्यात है, बहुविधता और महत्ता के साथ ख्यात है'। वह विशेष रूप से स्वीकृत या माना हुआ है; वह नामवर और नामधारी है।

'प्रख्यात' के 'प्र-' से मतलब निकलता है 'आगे या सामने, आगे की ओर, दूर, बहुत अधिक'। इस नाते हमें कहना होगा कि 'प्रख्यात' वह है, जो 'दूर-दूर तक अर्थात् चारों ओर ख्यात हो, बहुत अधिक ख्यात हो, जिसे सब लोग या बहुत-से लोग जानते हों'। 'प्रख्यात' का अर्थ 'प्रसन्न' और 'सुखी' भी है, क्योंकि 'विख्यात व्यक्ति' की तुलना में 'प्रख्यात व्यक्ति' को अधिक ख्याति और तृप्ति मिल चुकी होती है।

'विख्यात' में विशेषीकरण है, 'प्रख्यात' में प्रभूतीकरण है। 'विख्यात' से 'प्रख्यात' में अधिक प्रसार है। यदि 'विख्यात' रेडियो है, तो 'प्रख्यात' टी. वी. है। मुख्यमंत्री 'विख्यात' हुआ करते हैं, प्रधानमंत्री 'प्रख्यात' हुआ करते हैं।

'शरबत' और 'अँगरेज़'

दो अटपटे सवाल हैं—(1) शरबत 'अँग्रेज़' पीता है या 'अँगरेज़'? (2) अँगरेज़ 'शर्बत' पीता है या 'शरबत'?

बात केवल वर्तनी की है।

ऐसे शब्दों की संख्या बहुत कम नहीं है, जिन में लेखकों के द्वारा अपनी-अपनी पसंद के अनुसार व्यंजन-विशेष के साथ 'अ' का न होना भी सही माना जा रहा है और उस का होना भी। गिनिए—अक्सर-अकसर, कुर्ता-कुरता, कुर्सी-कुरसी, गर्दन-गरदन, गर्मी-गरमी, तस्वीर-तसवीर, दुल्हन-दुलहन, पर्दा-परदा, पार्टी-पारटी, फ़र्वरी-फ़रवरी, बर्तन-बरतन, बर्दाश्त-बरदाश्त, बर्फ़ी-बरफ़ी, बास्केट-बासकेट, बिल्कुल-बिलकुल, भर्ती-भरती, रेल्वे-रेलवे, सर्दी-सरदी। और भी देखिए—इँग्लिश-इँगलिश, इँग्लैंड-इँगलैंड, काँग्रेस-काँगरेस, फ़र्लांग-फ़रलाँग। सूची में आप और भी जोड़े जोड़ने में सक्षम हैं।

आजकल पत्र-पत्रिकाओं में एकीकृत संयुक्त व्यंजन को तोड़ कर उस के व्यंजनों को अलग-अलग कर के लिखने की प्रवृत्ति बढ़ रही है, जैसे क्त, त्त, द्य, ह्न, इत्यादि। यह वियुक्तीकरण मुद्रण और टंकण हेतु टाइप की ज़रूरतों की दृष्टि से सुकर है। यदि शब्द-विशेष के उच्चारण में कोई अंतर न पड़े, तो इस वियुक्तीकरण का और भी सरलीकृत रूप वर्ण को अर्ध की जगह पूर्ण रूप में लिखा जाना है, जैसे 'शरबत' और 'अँगरेज़' में क्रमशः 'र्ब' और 'ग्र' की जगह 'रब' और 'गर'। इस हिसाब से ऊपर लिखी

गई सूची के युग्मों में से हर परवर्ती स्पेलिंग को अधिक उपयुक्त माना जाने लगा है, अर्थात् जहाँ भी अर्ध और पूर्ण वर्ण का विकल्प रहता है, वहाँ पूर्ण वर्ण बाजी मार रहा है।

लेकिन जहाँ लेखन में विकल्प न हो, वहाँ, उदाहरणार्थ 'निश्चय' को 'निशचय' मत लिख मारिए।

इसी प्रकार, जहाँ अर्ध के बदले पूर्ण वर्ण लिखते ही शब्द दूसरा हो जाता हो, वहाँ यह पूर्ण वर्ण वाली प्राथमिकता काम नहीं आएगी, जैसे 'कर्ता' और 'करता'; अथवा 'बन्ना' और 'बनना' में।

तो भाई ! 'अँग्रेज़' 'शर्बत' नहीं पीता, 'अँगरेज़' 'शरबत' पीता है।

'शीर्ष' और 'सिरा'

यों 'शीर्ष' का मतलब 'कपाल, ललाट, मस्तक' भी है, पर मुख्यतः यह किसी वस्तु का सब से ऊपरी सिरा है। 'सिरा' क्या है, 'सिर' (फ़ारसी में 'सर') ही है। 'सिर' (या 'शिर') का अर्थ 'चोटी' (या 'शिखर') भी है। 'चोटी' माने 'सब से उन्नत भाग', जैसे—पहाड़ की चोटी, औरत के बालों की चोटी, और मर्द की 'चुटिया' (यानी लघु चोटी)। विद्वान् भी ऊँचा होते-होते 'चोटी का' हो जाता है। (कृपया ध्यान रखें कि 'चोटी के' विद्वान् के सिर पर चोटी का होना ज़रूरी नहीं है !)

'शीर्ष' पुरानी हिंदी में, पद्य में, और क्षेत्रीय प्रयोग में चोला बदल कर 'शीश' और 'सीस' हो गया है।

'शीर्षक' शब्द 'सिर का वस्त्र' अर्थात् 'टोपी, टोप, आदि' का वाचक है। किसी लेख के सिर पर बैठा होने के कारण ही शब्द-विशेष या वाक्य-विशेष 'शीर्षक' कहलाता है।

'सिर' के आधार पर 'सिरा' शब्द का अर्थ केवल 'ऊपर का छोर' होना चाहिए था, लेकिन वह निचला छोर भी है, अगला छोर भी है, और पिछला छोर भी है। पड़ी हुई रस्सी के बारे में क्या पता कि उस का 'सिर' किधर है—अर्थात् उस का 'सिरा' दोनों तरफ़ होता है। सिरा 'लंबाई का अंत' होता है; किधर से भी नापिए।

अब हम इस लघु लेख के 'शीर्ष' यानी पहले सिरे से चल कर 'अंत' यानी दूसरे सिरे पर पहुँच गए हैं।

'शीशा' और 'सीसा'

पहली बात—संस्कृत का 'श्याल' हिंदी में 'साला' हो गया और 'श्वशुर' 'ससुर' हो गया। चक्कर 'श्' से 'स्' हो जाने का है।

दूसरी बात--हिंदी में कुछ शब्द ऐसे हैं, जिन में 'श्' भी चल रहा है और उन के विकसित (तद्भव) रूपों में 'स्' भी चलता है। उदाहरण--शती-सदी, देशी-देसी, वश-बस, इत्यादि।

तीसरी बात--उम्मीद है कि आप ने यह गाना जरूर सुना होगा--"सावन का महीना, पवन करे···(क्या)? सोर या शोर?" वस्तुस्थिति यह है कि हिंदी-प्रदेश के पूर्वी भाग की हिंदी-बोलियों में 'श्' की जगह सर्वत्र 'स्' उच्चरित किया जाता है। लेकिन मानक हिंदी में इन दो का भेद लिखने और बोलने दोनों में करना होता है।

जो लोग मानक हिंदी में 'श्' की जगह 'स्' इस्तेमाल करते हैं (जैसे 'कुसलता, नास्ता, प्रसंसा, संसोधित, सक्कर, हमेसा' में), उन पर सामान्यतया उन की मातृबोली का प्रभाव रहता है; पर इस के विपरीत, जो लोग 'स्' की जगह कहीं-कहीं 'श्' कर देते हैं (जैसे 'नमश्कार, पुरश्कार, प्रशंशा, प्रशाद, विकाश, समश्या' में), वे अपना ज्ञान दिखाने वाले अज्ञानी होते हैं; या जो हर जगह 'स्' के बदले 'श्' कर देते हैं, उन की जीभ आदि में कुछ कमज़ोरी होती है, वरना, उदाहरणार्थ 'सास' को कोई हिंदीभाषी 'शाश' नहीं कहेगा।

हिंदी में प्रयुक्त पाश-पास, मिश्र-मिस्र, शमा-समा, शर-सर, शाल-साल, शाला-साला, शादी-सादी, शील-सील, शीशा-सीसा, शेर-सेर, आदि अनेक अर्थ-भेदी जोड़े हैं, जिन में 'श्' और 'स्' में अंतर न करना हिंदी के साथ ज़्यादती करना होगा। यदि शब्दों का ऐसा जोड़ा न बने, तब भी हिंदी का हिंदीपन बनाए रखने के लिए 'श्' की हत्या न करते हुए 'शुद्ध' ही लिखिए-बोलिए, 'सुद्ध' नहीं। अगर मैं आप से कहूँ कि आप 'सरीफ़' नहीं हैं, तो आप बिलकुल बुरा मत मानिए, क्योंकि आप 'सरीफ़' नहीं, 'शरीफ़' हैं।

'शुद्धीकरण' और 'उदारीकरण'

'ई' की मात्रा पर ध्यान दीजिए। 'उदासीन' विशेषण से 'उदासीनीकरण', 'निःशस्त्र' विशेषण से 'निःशस्त्रीकरण', 'पवित्र' विशेषण से 'पवित्रीकरण', और 'साधारण' विशेषण से 'साधारणीकरण'।

'संस्कृत' शब्द का विशेषण के रूप में अर्थ है 'परिष्कृत, संस्कार किया हुआ', जिस से 'संस्कृतीकरण' बनता है। 'संस्कृति' (संज्ञा) से 'संस्कृतीकरण' नहीं बना है।

'पुष्टि' संज्ञा से 'पुष्टिकर' और 'पुष्टिकारक' विशेषण बनते हैं। दूसरी ओर, 'पुष्ट' विशेषण से 'पुष्टीकरण' बनता है। 'पुष्टिकरण' सही नहीं है।

'तुष्टिकरण' शब्द 'तुष्ट' से बनता है, 'तुष्टि' से नहीं। 'तुंष्टिकरण' अशुद्ध है।

आगे बढ़िए। 'प्रस्तुतिकरण' ग़लत है। सही है 'प्रस्तुतीकरण', जो 'प्रस्तुति' से नहीं,

'प्रस्तुत' से बनता है।

यही स्थिति 'शुद्धिकरण' बनाम 'शुद्धीकरण' की है। 'शुद्धिकरण' अशुद्ध है। 'शुद्धीकरण' शुद्ध है, जो 'शुद्धि' (संज्ञा) से नहीं, 'शुद्ध' (विशेषण) से बनता है।

अब आइए 'उदारीकरण' पर। इस शब्द का जन्म अवैध नहीं है। 'उदार' विशेषण है। (हाँ, 'उधारीकरण' नहीं चलेगा !)

ऊपर लिखी गई नियम-संयम की बातों के आगे इस कथ्य में तथ्य है कि 'विद्युतीकरण' (इलॅक्ट्रिफ़िकेशन) और 'राजनीतिकरण' (पॉलिटिकलाइज़ेशन) शब्द-रूप मनमानी चाल चल रहे हैं, वरना इन्हें 'राष्ट्रीयकरण' (नेशनलाइजेशन) के वज़न पर 'विद्युतीयकरण' (या 'वैद्युतीकरण') और 'आधुनिकीकरण' (मॉडर्नाइजेशन) के वज़न पर 'राजनैतिकीकरण' होना चाहिए। (यदि अटपटा लगे, तो कृपया लगने दें !)

'संख्या' और 'मात्रा'

मोटा-सा नियम है कि यदि कोई वस्तु गिनी जा सकती हो, तो उस के लिए 'संख्या' शब्द का व्यवहार किया जाना चाहिए, और जो न गिनी जा सकती हो, उस के लिए 'मात्रा' शब्द का व्यवहार किया जाना चाहिए। उदाहरण के लिए, नेताओं और चमचों की 'संख्या' होती है, पर दूध और हलुए की 'मात्रा'। इस आधार पर समाचारदाताओं के आगामी वाक्य में 'मात्रा' शब्द का प्रयोग दोषयुक्त है—'आतंकवादियों से भारी मात्रा में हथियार बरामद हुए'। दोष का कारण यह है कि ढेर-के-ढेर होने पर भी हथियार बालू या कूड़े के ढेर के समान नहीं हुआ करते, जो उन्हें गिना न जा सके।

सिर के बालों और आकाश के तारों तक की 'संख्या' होती है, 'मात्रा' नहीं।

इस के विपरीत, गेहूँ की 'मात्रा' (कम या ज़्यादा) होती है, 'संख्या' नहीं। कारण साफ़ है कि गेहूँ को नहीं गिना जा सकता (गिना गेहूँ के 'दानों' को जा सकता है)।

एक उदाहरण और देखिए—उस ने रोटियों की 'संख्या' और दाल-सब्ज़ी की 'मात्रा' बढ़ा कर अपने भोजन की 'मात्रा' बढ़ा ली। (कोई व्यक्ति 'दाल' और 'सब्ज़ी' की संख्या नहीं बढ़ा सकता; हाँ, 'दालों' और 'सब्ज़ियों' की संख्या बढ़ा सकता है।)

अभी तक जिस 'मात्रा' का ज़िक्र किया गया, उस का बहुवचन नहीं बनाया जाता, पर यह शब्द कुछ अन्य अर्थों में बहुवचन में प्रयुक्त हो सकता है। उदाहरण निम्नानुसार हैं—

'इ' के उच्चारण में एक मात्रा का और 'ई' के उच्चारण में दो मात्राओं का समय लगता है।

लेखन में 'इ' और 'ई' की मात्राएँ 'ि' और 'ी' हैं।

दवा की एक मात्रा सुबह लेना, एक मात्रा शाम; प्रतिदिन दो मात्राएँ (ख़ुराकें) काफ़ी

होंगी।

'मात्रा' के सभी अर्थों में 'परिमाण' छाया हुआ है और 'मा' धातु 'मापना' अर्थ के साथ इन दो शब्दों में ही नहीं, 'मात्र, मानक, मापक' आदि में भी आसन जमाए हुए है।

'संतोष' और 'संतुष्टि'

चौबाइन सूखी रोटी में ही 'संतोष' कर लेती हैं, पर चौबे जी की 'संतुष्टि' माल-पुए खा कर भी नहीं होती।

यद्यपि 'संतोष' और 'संतुष्टि' दोनों संज्ञा-शब्द हैं, पर 'संतोष' मूल रूप से संज्ञा है, जब कि 'संतुष्टि' एक विशेषण ('संतुष्ट') से बनाई गई संज्ञा है। 'संतोष' में पुरुषत्व है, जब कि 'संतुष्टि' में स्त्रीत्व है ! दोनों में उपसर्ग और धातु एक ही है (क्रमशः 'सम्' और 'तुष्'), पर प्रत्यय अलग-अलग हैं (क्रमशः 'घञ्' और 'क्तिन्')। इन के अर्थों का सूक्ष्म भेद आगे की पंक्तियों में मिलेगा।

किसी को जितना मिला हुआ है, उसी में सुख मानना 'संतोष' है। कहावत है—संतोषी सदा सुखी। संतोष अधिक प्राप्ति की इच्छा को सीमाबद्ध करता है। कबीर की वाणी में "जब आवै संतोष-धन, सब धन धूरि समान"। संतोष व्यक्ति द्वारा स्वयं हासिल की जानेवाली एक सुखकर और सौभाग्यसूचक मानसिक अवस्था है। शेख़ सादी के अनुसार "अगर तू ख़ुशक़िस्मत होना चाहता है, तो संतोष के नूर से अपनी जान को रौशन कर"। संतोष कामनाओं पर नियंत्रण रखता है। उस में यदि इच्छा आधी-चौथाई भी पूरी हो जाए, तो ठीक है, पर उतना भी होना जरूरी नहीं है, क्योंकि इच्छा पूरी न होने, बल्कि उस का दमन करने, में भी संतोष किया जा सकता है। इस प्रकार संतोष त्याग की चीज है।

'संतुष्टि' का त्याग से कोई संबंध नहीं होता। वह इच्छा की पूर्ति के बाद ही मिलती है अर्थात् वह व्यक्ति के तृप्त हो चुकने के बाद की अवस्था है। उस में 'जितना चाहा गया, उतना मिल गया' होता है।

'तोष' स्थूलतः 'आनंद, इच्छा का अभाव, इतमीनान, धीरज, परसंदगी, शांति, सब्र, हर हाल में प्रसन्नता' आदि अर्थों का वाचक है। यदि 'तोष' बराबर 'सुख' माना जाए, तो 'संतोष' बराबर 'बहुत सुख' होगा, और 'परितोष' बराबर 'सुख ही सुख' होगा। इसी प्रकार, यदि 'तुष्टि' को तृप्त होने की साधारण अवस्था माना जाए, तो 'संतुष्टि' को 'पर्याप्त तुष्टि', और 'परितुष्टि' को 'पूर्ण तुष्टि' के समकक्ष माना जाएगा।

अब पता नहीं इस सामग्री को पढ़ कर आप को संतोष मिला है या संतुष्टि। यदि संतोष मिला है, तब तो ख़ुशी की बात है ही, यदि संतुष्टि मिली है, तब और भी ज़्यादा ख़ुशी की बात है।

'संबंध' और 'इंका'

आप 'सम्बन्ध, सम्बंध, संबन्ध, संबंध' को चार तरह से लिखना चाहेंगे या एक तरह से ? यदि एकाधिक तरह से, तो यह लेख आप के लिए बेकार है; और यदि एक तरह से, तो इन में से 'संबंध' का चयन सब से उपयुक्त है, क्योंकि तब आप जगह, मेहनत, वक़्त, स्याही, और लिपिचिह्नों की बचत के साथ-साथ '-ं' के आगे के व्यंजन पर निर्भर नियमों पर आधारित इस का यथानुसार एकमेव उच्चारण, लेखन में एकरूपता, और याद रखने में सरलता भी हासिल करेंगे—आप को शब्द के धातु-उपसर्ग और इतिहास की जानकारी की भी जरूरत नहीं पड़ेगी।

'संबंध' का उदाहरण पकाए जानेवाले चावलों में से एक चावल के समान है, जिस के आधार पर आप हजारों शब्दों में 'ङ्,ञ्, ण्, न्, म्' के ऐसे प्रयोगों से सर्वत्र मुक्ति पा लेंगे, जहाँ विकल्प से '-ं' लिखा जाना मान्य है; उदाहरण—पंक, पंखा, पंगु, कंघी। चंचल, वांछा, गुंजन, झंझट। बैडमिंटन, कंठ, गांडीव, ठंढ। पंत, पंथ, बंद, बंध। कंप, गुंफन, बिंब, दंभ।

यदि किसी ने 'पंक, गुंजन, गांडीव, बंध, कंप' आदि को 'पङ्क, गुञ्जन, गाण्डीव, बन्ध, कम्प' आदि लिखने की जिद के साथ अपना ज्ञान बघारने की कोशिश की, तो उसे नियमबद्धता और नियमितता के नाम पर 'हैंडिल, अंधाधुंध, लंबू' आदि को ही 'हैण्डिल, अन्धाधुन्ध, लम्बू' आदि नहीं, 'संक्षिप्त, नंग-धड़ंग' और 'संज्ञा, पंछी' आदि को भी क्रमशः 'सङ्क्षिप्त, नङ्ग-धड़ङ्ग' और 'सञ्ज्ञा, पञ्छी' आदि लिखना पड़ेगा। (ऐसा व्यक्ति प्रायः टाइपिंग और प्रिंटिंग के मायाजाल से बेख़बर रहता है।)

'-ं' और नासिक्यों की यह विकल्पात्मकता केवल अर्ध वर्णों पर लागू होती है, पूर्ण वर्णों पर नहीं, अन्यथा, उदाहरणार्थ 'जनता' को भी 'जंता' लिखना सही मानना पड़ेगा।

उपर्युक्त शर्तों के अधीन 'चंचल, पंछी' और 'बैडमिंटन, गांडीव' आदि में 'न्' लिख देना (चन्चल, पन्छी, बैडमिन्टन, गान्डीव) बिलकुल ग़लत है—लगभग वैसा ही ग़लत, जैसा 'पंक' में 'न्' लिख देना (पन्क)।

दूसरी ओर, यदि 'इनकार' (उच्चारण के अनुसार 'इन्कार') को 'इंकार' लिखा गया, तो इस का उच्चारण 'इङ्कार' ही होगा, 'इन्कार' नहीं। 'इंका' (इंदिरा-काँगरेस) का भी उच्चारण 'इङ्का' है, 'इन्का' नहीं। (डर है कि नेता लोग इस उदाहरण में भी राजनीति न ढूँढ निकालें।)

'सँभल' और 'संभल'

'सँभलना' का संबंध संस्कृत के 'संभरण' से जोड़ा जाता है, जिस के 'भरण' का एक अर्थ

'सहारा देनेवाला' है। 'सँभलना' के अर्थ हम जानते सभी हैं, पर शायद लिखते कभी नहीं। आज लिख लें—किसी तरफ़ फिसलने, लुढ़कने, गिरने, दलित या भ्रष्ट होने आदि से रुकना, किसी नुक़सान या चोट से बचना, किसी बोझ को थामा जा सकना, किसी सहारे पर रुका रह सकना, सावधान रहना, अच्छी स्थिति में आ जाना। कोशों के अनुसार यह अकर्मक क्रिया है (अर्थात् बिना कर्म के स्वयं में पूर्ण)।

'सँभालना' को 'सँभलना' का सकर्मक रूप कहा जाता है, जिस के अर्थ इस प्रकार हैं—ऐसी क्रिया करना जिस से कोई या कुछ सँभले, गिरने न देना, बोझ ऊपर ले सकना, बुरी दशा को प्राप्त होने से बचाना।

'सम्हलना' मानक रूप नहीं है और 'सँभलना' के ढीले उच्चारण का परिणाम है। कोशों में 'सम्हलना' को निचला दरजा दे कर इस के अर्थ की जगह—देखो 'सँभलना' लिख दिया जाता है, और 'सम्हालना' का तो कोशों में प्रवेश ही नहीं हो पाया है।

अंत में 'सँभल' से बिलकुल भिन्न 'संभल' देखिए, जिसे 'सम्भल' भी लिखा जाता है। यह क्या है ? यह पश्चिमी उत्तर प्रदेश के मुरादाबाद जिले का एक क़स्बा है, जहाँ पौराणिक कथानुसार विष्णुव्यास नामक ब्राह्मण के घर विष्णु भगवान का दसवाँ कल्कि अवतार होने को है। शब्दों के ऐसे जोड़ों से वर्ण के ऊपर लगे चंद्रबिंदु (ँ) और अनुस्वार (ं) की भेदक शक्ति का पता चलता है। एक जोड़ा और देखिए—'सँवार' (सँवारने की क्रिया या भाव) तथा 'संवार' (आवरण, आच्छादन)।

'सन्यास' और 'संसार'

शीर्षक का पहला शब्द कोशों में तीन स्पेलिंगों में मिलता है—'संन्यास', 'सन्न्यास', और 'सन्यास'। पैदाइश के हिसाब से यह 'सम्' धन 'न्यास' है, जिस का उच्चारण 'सम्न्यास' से समीकरण के कारण 'सन्न्यास' हो जाना अत्यंत स्वाभाविक है। उच्चारण 'उपन्यास' और 'विन्यास' आदि का भी 'उपन्न्यास' और 'विन्न्यास' आदि है, अतः 'सन्यास' का भी 'सन्न्यास' ही होता है। लेखन के विचार से कहा जाएगा कि 'सन्न्यास' का लाघव से 'सन्यास' हो गया है (वैसे ही, जैसे 'महत्त्व' का आज 'महत्व' हो चला है)। जब कम ख़र्च में ठीक काम चल रहा है, तो फ़िज़ूलख़र्ची क्यों की जाए !

कुछ विद्वान् 'संन्यास' की संस्कृत से संबद्धता को आधार मान कर हिंदी में भी इसी को शुद्ध बताते हैं, 'सन्यास' को नहीं। पर बात उलटी है। पहले तर्क, फिर कारण—

तर्क यह बिलकुल आवश्यक नहीं है कि यदि कोई शब्द संस्कृत में सही है, तो वह हिंदी में भी सही होगा। संस्कृत में 'रामौ' (दो राम) सही है, हिंदी में नहीं। संस्कृत में 'आत्मा' पुल्लिग है, हिंदी में 'स्त्रीलिंग'। संस्कृत में 'नपुंसक लिंग' है, हिंदी में है ही नहीं।

हिंदी में 'महानता' सही है, संस्कृत में 'महान्' में 'न्' सदा हलंत होने के कारण 'महानता' नहीं बनता (वरना वह 'महान्ता' और 'महांता' हो जाएगा)। (संस्कृत में 'महत्ता' बनता है।)

कारण—हिंदी में 'संन्यास' इसलिए ग़लत है कि 'न' और 'म' आदि नासिक्य वर्णों के पूर्व 'ं' किसी भी शब्द में नहीं आया करता। यदि इस नियम को नहीं माना गया, तो लोग, उदाहरणार्थ, 'अन्न' को 'अंन', 'अम्मा' को 'अंमा', और 'अक्षुण्ण' को 'अक्षुंण' लिखने लगेंगे और बहुत-से शब्द बदसूरत हो जाएँगे।

अब शीर्षक के दूसरे शब्द 'संसार' के माध्यम से अन्य दरजनों शब्दों का इलाज किया जाए। जिस प्रकार 'सन्यास' में 'ं' नहीं लिखा जाएगा, उस प्रकार 'संसार' में 'ं' ही लिखा जाएगा, 'न' नहीं। नियम यह है कि य, र, ल, व, श, ष, स, ह के पहले का 'ं' (शुद्ध अनुस्वार) किसी नासिक्य वर्ण (ङ्, ञ्, ण्, न्, म्) से परिवर्तनीय नहीं हुआ करता। इस दृष्टि से आगे दिए गए आठों शब्दों की वर्तनी ग़लत है, जिन में उपर्युक्त य से ह तक सभी के उदाहरण शामिल हैं—सञ्योग, सन्रक्षण, सन्लग्न, सम्वाद, सन्शय, दण्ष्ट्रा, सन्सार, सङ्हार। इन शब्दों की सही वर्तनी इस प्रकार है—संयोग, संरक्षण, संलग्न, संवाद, संशय, दंष्ट्रा, संसार, संहार।

इस नियम के अधीन 'इन्श्योरॅन्स' को 'इंश्योरॅंस' लिखना होगा और 'जोन्स' को 'जोंस' (इसे 'जौंस' न पढ़ें, इस के 'ं' को 'प्रिंस' और 'चांस' के 'ं' के समान पढ़ें)। सही वर्तनी के तराज़ू पर हम 'इन्सान' नहीं हो सकते, 'इंसान' या 'इनसान' हो सकते हैं।

'समधी' और 'संबंधी'

शब्ददर्शियों का एक वर्ग 'समधी' (पुत्र या पुत्री का ससुर) को 'सम धी वाला' अर्थात् 'समान बुद्धि वाला' कह कर समझाता है, क्योंकि संस्कृत में 'धी' का मतलब 'बुद्धि, समझ, मन, विचार' आदि है। यह 'धी' संस्कृत की 'ध्यै' (चिंतन) धातु से बना है। (संस्कृत में 'दुष्टधी' का अर्थ 'दुष्ट बुद्धि वाला', तथा 'धीमान्' का अर्थ 'बुद्धिमान्, बृहस्पति' है।) समधियों को 'समान समझ वाला' ही होना चाहिए।

दूसरा वर्ग कहता है कि 'समधी' का मतलब 'समान बेटी वाला' है, क्योंकि हिंदी के कुछ क्षेत्रों में 'धी' का अर्थ 'बेटी, लड़की' है। यह 'धी' संस्कृत के 'दुहिता' (प्राकृत 'धीया') से संबद्ध है। समधी बनने पर अपने समधी की बेटी अपनी बेटी के समान हो ही जाती है।

तीसरा वर्ग 'समधी' के स्त्रीलिंग 'समधिन' को 'समधन' कह कर समझाता है कि इस का अर्थ है 'समान धन वाली'। इस अर्थ के नाम पर हम बुज़ुर्गों को याद कर लें, जो कहते आए हैं कि शादी और दोस्ती बराबर वालों से ही ठीक रहती है।

अब आप से निवेदन है कि उपर्युक्त तीनों वर्गों के शब्दार्थ-विवेचन को गंभीरता से मत लीजिए।

संस्कृत में 'सम' (विशेषण) का अर्थ 'समान' है, 'सम्' (अव्यय) का अर्थ 'साथ-साथ' है, 'बंध' (संज्ञा) का अर्थ 'बंधन' है, और 'बंध्' (क्रिया) का अर्थ 'मिला कर बाँधना या कसना या एकत्र करना या संयुक्त करना' है।

'संबंध' सभी प्रकार के रिश्ते-नातों का द्योतक है, इसलिए 'संबंधी' वह है, जिस के साथ रक्त या विवाह का संबंध हो। विशेषीकरण के दृष्टिकोण से 'संबंध' का एक अर्थ 'वैवाहिक संपर्क' भी है और 'संबंधी' (संबंधिन्) का स्पष्ट अर्थ 'विवाह के फलस्वरूप बनी बंधुता' भी है।

शब्ददर्शियों के चौथे वर्ग के अनुसार 'समधी' शब्द का जन्म 'संबंधी' शब्द से हुआ है। बाद में 'समधियाना' बना, जिस का मतलब है 'पुत्र या पुत्री की ससुराल'।

'सम्मानित' और 'पुरस्कृत'

देश की विविध संस्थाओं के सदस्यों के मन में महादेवी जी के प्रति आदर है, मान है, सम्मान है। उन में से कई संस्थाओं द्वारा उन्हें सम्मानित किया गया—केवल 'सम्मानित' किया गया; न तो 'आदृत' किया गया और न 'मानित' किया गया। इस का मतलब है कि 'सम्मानित' शब्द का कुछ विशेष अर्थ है। किसी क्षेत्र में प्रतिष्ठा दिलानेवाली विविध ऊँचाइयाँ छू लेनेवाले व्यक्ति के सम्मान में आयोजन कर के उस का अभिनंदन करने से वह व्यक्ति इस विशेष अर्थ में सम्मानित हो जाता है। व्यक्ति को 'सम्मानित' किसी भी चीज़ से किया जा सकता है—व्याख्यानों से, उपाधि से, अभिनंदन-पत्र से, स्मारिका से, दुशाले-नारियल आदि से, और पुरस्कार से;

यों 'पुरस्कृत' होना सदा सम्मान की बात है, पर पुरस्कृत किए जाने और सम्मानित किए जाने में एक भारी अंतर यह है कि पुरस्कार के लिए व्यक्ति को किसी न किसी रूप में प्रतियोगिता में ज़रूर शामिल किया जाता है। इस प्रकार पुरस्कृत किया जाने वाला व्यक्ति प्रायः 'कई में से एक' होता है। इस के विपरीत, सम्मानित किया जानेवाला व्यक्ति अपनी उपलब्धियों के क्षेत्र में अनूठा होता है। वह अपना अलग स्थान बना कर एकाकी रूप में सम्मान-विशेष का हक़दार बन जाता है। उस का कार्य इतना अधिक महत्वपूर्ण होता है कि उसे इनाम पाने के लिए प्रतियोगी नहीं बनना पड़ता। उसे 'इनाम' से नहीं, 'नाम' से जाना जाता है!

अब पुराने जमाने की एक-दो बातें। संस्कृत में 'पुरस्कृत' का एक अर्थ यथावत् 'सम्मानित' है। वह 'माना गया; सामने रखा गया' है। 'पुरस्कार' माने हैं 'आदर-प्रदर्शन; सामने रखना'। उधर 'सम्मान' के 'सम्' के माने हैं 'ख़ूब', और 'मन्' धातु के माने हैं

'मानना, मान लेना, मान करना' ।

स्पष्ट है कि कहीं-कहीं 'पुरस्कृत' और 'सम्मानित' इतने अधिक निकट आ जाते हैं कि इन के बीच की रेखा दिखाई नहीं पड़ती।

'साँस' और 'चावल'

बात वर्तनी की है।

चंद्रबिंदु में बहुत शक्ति है, क्योंकि इस का प्रयोग करने और न करने से शब्द बदल कर कहीं से कहीं पहुँच सकता है, जैसे 'साँस' से 'सास', और 'कहाँ' से 'कहा'। जोड़ीदार शब्दों के इस वर्ग में चंद्रबिंदु का न होना और मौजूद होना दोनों सार्थक हैं। आप की 'क़द्र' (पूछ) चंद्रबिंदु लगते ही आप की 'दुम' (पूँछ) बन जाएगी !

शब्दों का दूसरा वर्ग ऐसा है, जिस में चंद्रबिंदु का होना ही सार्थक है, न होना नहीं। उदाहरण के लिए, 'आँचल' और 'जूँ' को चंद्रबिंदु से रहित कर देने पर निरर्थक ध्वनिक्रम 'आचल' और 'जू' बच जाते हैं। आप कभी नहीं चाहेंगे कि 'चाँद' की शक्ल 'चाद'-जैसी अर्थहीन दिखाई दे।

तीसरा वर्ग ऐसे शब्दों का है, जिन में चंद्रबिंदु लिखना फ़िज़ूलख़र्ची करना है। उदाहरण हैं 'चाँवल' और 'हाँथी'। हिंदी के शब्दकोशों में 'चाँवल', 'चाँवर', 'चावर', और 'चाउर' को 'चावल' के स्थानिक और प्रांतीय प्रयोग बताया गया है। (यह न समझिए कि चूँकि 'गेहूँ' के मानक रूप में चंद्रबिंदु का प्रयोग आवश्यक है, इसलिए उसे 'चावल' के भी ऊपर लगाया जाना चाहिए !)

हमारे कोई-कोई भूले-भटके साथी प्रायः अपनी मातृबोली के प्रभाववश 'चाँवल' और 'हाँथी' ही नहीं, 'आँटा, घाँस, ठुँकवाना, डाँक, थूँक, भाँप, भूँसा, साँइकिल, साँथ, साँथी, हाँथ' भी लिख देते हैं (क्योंकि वे इन्हें बोलते भी ऐसा ही हैं), पर मानक हिंदी के अनुसार इन शब्दों पर चंद्रबिंदु नहीं लगेगा।

चंद्रबिंदु के उच्चारण का मतलब है अनुनासिकता, अर्थात् मुँह की बात को नाक से भी बोलना। जहाँ ज़रूरी हो, वहाँ तो अपनी नाक का इस्तेमाल करना ही चाहिए, लेकिन बिना बात के नकियाना सावधान लोगों का काम नहीं है। आप सावधान हैं। क्या आप 'पासा पलट गया' को 'पाँसा पलँट गयाँ' लिखना-बोलना पसंद कर पाएँगे !

'साइकिल' और 'हाउस'

इस अध्याय में आप को लगेगा कि लेखक बच्चों को इ-ई और उ-ऊ का भेद समझाने पर

उतर आया है। लेकिन यह इसलिए जरूरी है कि उस की गिरफ़्त में कुछ ऐसे बड़े-बूढ़े आ गए हैं, जो 'ईसाईयों, लड़ाईयों, बनाईए, लाईएगा, टाईप, फ़ाईन, लाईट, लाईन; और 'बाबूओं, हाऊस, दुध, बुढ़ा' लिखते और छापते चले जा रहे हैं।

'ईसाई, लड़ाई' में 'ई' सही है, पर इन का बहुवचन बनते ही अंतिम 'ई' का 'इ' हो जाता है। 'ईसाइयों', 'लड़ाइयों' के सादृश्य वाले उदाहरण 'भाइयों, बुराइयों' देखिए।

'बनाईए, लाईएगा' लिखनेवाले सज्जन शायद इन का संबंध 'बनाई, लाई' से जोड़ते हों ! जब कि वस्तुस्थिति के अनुसार ऐसे शब्दों की धातु में '-इए' और '-इएगा' जोड़े जाते हैं, जैसे 'आइए, आइएगा; रोइए, रुलाइएगा' इत्यादि में भी हैं।

अँगरेजी से आगत 'टाइप, फ़ाइन, लाइट, लाइन' में 'ई' लिखने का मतलब है इन्हें 'ताईद' के वज़न पर बोलना, जो कोई नहीं करता। हमशकल 'बाईस' शब्द बहुप्रयोग से घिस-घिस कर बहुत जमाने के बाद अब 'बाइस' बन रहा है, जब कि अँगरेजी वाले उपर्युक्त चारों शब्द हिंदी में जन्म से ही 'इ' के साथ हैं।

'साईकील' लिखनेवाले महानुभाव तो किसी हिंदी-प्रेमी के निश्चित रूप से प्राण ले लेंगे—दुबले को दो असाढ़ !

'बाबू' में 'ऊ' सही है, पर इस का बहुवचन बनते ही 'ऊ' का 'उ' हो जाता है। 'आलुओं, भालुओं' भी देखिए।

'हाऊस' में 'ऊ' 'लिखनेवाले' तो दस-बीस मिल जाएँगे, पर इस का उच्चारण (ह्रस्व की जगह दीर्घ) करनेवाला हिंदीभाषी जल्दी पकड़ में नहीं आएगा, क्योंकि श्रोता के कान वैसा उच्चारण सहन नहीं करेंगे।

'दुध' भले ही 'दुधमुँहा बच्चा' में सही है और 'दुग्ध' के निकट दिखाई देता है, पर शुद्धता में 'दूध' की बराबरी बिलकुल नहीं कर सकता।

यों 'बुढ़ा' भी हिंदी में मौजूद है (नाम-धातु के रूप में), जैसे 'वह अभी से बुढ़ा गया है' में, पर विशेषण और संज्ञा के रूप में शब्द 'बूढ़ा' (या 'बुड्ढा') है। (आदमी चाहे कितना ही कम 'बूढ़ा' हो, वह 'बुढ़ा' कभी नहीं हो सकता !)

'साड़ी' और 'धोती'

यदि लड़के लड़कियों के कपड़े पहन लेते हैं, तो उन की तो मजाक उड़ा दी जाती है, पर जब लड़कियाँ लड़कों के कपड़े पहनती हैं, तो उन्हें मॉडर्न और स्मार्ट कहा जाता है। सामाजिकता के तक़ाजे पर, उदाहरणार्थ लड़की का ब्लाउज़ लड़का नहीं पहन पाता, जब कि लड़के की पतलून लड़की ठाठ से पहन लेती है।

साड़ी पहने हुए पुरुष को सामान्य नहीं कहा जा सकता, क्योंकि उस पहनावे पर

महिलाओं का एकछत्र अधिकार है। 'साड़ी' का मतलब सिर्फ़ इतना नहीं है कि उसे महिलाएँ पहनती हैं; वह प्रायः अपेक्षाकृत क़ीमती, रंगीन, और रंग-बिरंगी होती है और उस की किनारी सामान्यतया चौड़ी रहती है। पुरुषों की ऊँचे-से-ऊँचे स्तर की धोती, उदाहरण के लिए, बनारसी साड़ी का कभी मुक़ाबला नहीं कर सकती। धोती अपेक्षाकृत सस्ती होती है और सादे लिबास के रूप में महिलाओं के द्वारा भी पहन ली जाती है। पुरुषों की धोती प्रायः सफ़ेद और स्त्रियों की प्रायः किसी अन्य रंग की रहती है। धोती का शरीर क्षेत्र नीचे से कमर तक रहता है, जब कि साड़ी सर्वांग ढकती हुई सिर तक चढ़ सकती है।

रंग और सज्जा की दृष्टि से साड़ी के पास 'लुंगी' पहुँचती है, लेकिन साड़ी की 'लंबाई से' वह बुरी तरह हारती है। एक-आध बार पुरुष साड़ी पर बस इतना क़ब्ज़ा कर पाता है कि वह उसे दुहरा-तिहरा कर के उस की लुंगी बना डालता है।

साड़ी पंजाबी और सिंधी में 'साढी' है तथा उड़िया, गुजराती, बंगाली, और मराठी में 'साडी' है। संस्कृत में यह 'शाटी' और 'शाटिका' है। 'धोती' को व्युत्पत्तिकार संस्कृत के 'धौत' (धोया हुआ, चमकीला, सफ़ेद) से व्युत्पन्न मानते हैं, पर संस्कृत के शब्दकोशों में 'धौत' का अर्थ 'धोती' नहीं मिलता।

'कमर कसना' (पक्का इरादा करना) मुहावरे में भी धोती की जरूरत नहीं पड़ती और 'धोती ढीली होना' (हिम्मत छूटना, डर जाना) में भी आदमी के पास धोती का होना जरूरी नहीं है!

'स्रोत' और 'श्रोत'

'स्रोत' को कुछ लेखक 'र' से नहीं, 'त्र' से लिखने के आदी होते जा रहे हैं, यथा 'स्त्रोत'। यही स्थिति 'सहस्र' की है, जिसे वे ग़लत ढंग से 'सहस्त्र' लिख देते हैं। 'स्र' के बदले 'स्त्र' लिख डालने की इस अशुद्धि का कारण 'स्त्री', 'अस्त्र', 'वस्त्र', और 'शस्त्र'-जैसे पर्याप्त प्रचलित शब्द हैं, जिन में 'र' नहीं, 'त्र' है और जिन के सादृश्य का प्रभाव लेखक पर अनजाने में पड़ जाता है। 'स्र' से युक्त अन्य शब्द अपेक्षाकृत कम प्रचलित हैं, यथा 'स्राव' (बहना), 'अजस्र' (निरंतर), 'हिंस्र' (ख़ूँख़ार), और 'मिस्र' (देश-विशेष)। ('मिश्र' एक भिन्न शब्द है, जिस का एक अर्थ है 'मिला हुआ' और दूसरा है 'जाति-विशेष'।)

'स्रोत' से शक्ल-सूरत में मिलते-जुलते, लेकिन अर्थ में स्पष्ट भेद रखनेवाले, शब्दों में 'श्रोत', 'श्रोत्र', और 'स्तोत्र' गिनाए जा सकते हैं, जिन्हें प्रयुक्त करते समय सावधानी बरतने की ज़रूरत है। 'श्रोत' का मतलब है 'कान', जो 'श्रुति' से संबंधित है और 'श्रौत' से तात्पर्य है 'श्रुति-संबंधी'। वैदिक ज्ञान को (आँखों से) 'पढ़ने' के बजाय ऋषियों द्वारा

(कानों से) 'सुनने' के कारण ही 'श्रुति' कहा जाता था। वेदों के ज्ञान के लिए प्रयुक्त होनेवाला ऐसा एक अन्य शब्द 'श्रोत्र' है। 'स्तोत्र' बिलकुल अलग है, जिस का संबंध 'स्तुति' से है। इस का प्रयोग किसी देवी या देवता की स्तुति से संबंधित रचना (विशेषकर पद्यात्मक) के लिए किया जाता है, जैसे 'दुर्गा-स्तोत्र', 'शिव-स्तोत्र', आदि।

'स्वागतम्' और 'ख़ालिस'

किसी स्थल पर 'सुस्वागतम्' का बैनर लगा हुआ देख कर आप अतिथि-रूप में सुखद अगवानी, शुभागमन, अभिनंदन, अभिवादन, अभ्यर्थना, रिसॅप्शन, आदि की तो आशा करते हैं, पर इस ओर संभवतः ध्यान नहीं देते कि जब 'स्वागतम्' शब्द में पहले से 'सु' (अर्थात् 'सुंदर, शुभ') विद्यमान है, तब 'सुस्वागतम्' क्यों ? क्या इस में दो 'सु' (अर्थात् 'सु+सु') नहीं प्रयुक्त हो रहे हैं ?

'स्वागतम्' का 'सु' आगे के 'आ' के कारण 'स्व' हो गया है (क्षिप्र उच्चारण के कारण यण्-संधि और संप्रसारण)। 'सु' का 'स्व' होना 'स्वच्छ' (सु+अच्छः) में भी देखिए।

'ख़ालिस' अरबी भाषा का शब्द है और 'विशुद्ध' के अर्थ में व्यवहृत होता है। कोई द्रव्य या पदार्थ, जिस में कोई और वस्तु न मिली हो या जिस में किसी प्रकार का खोट न हो, वह 'ख़ालिस' है, जैसे 'ख़ालिस दूध', 'ख़ालिस सोना' में। यह शब्द 'केवल' का भी अर्थ देता है। यदि दूध या सोना शुद्ध है, अर्थात् उस में किसी प्रकार की मिलावट नहीं है, तो वह 'केवल दूध' या 'केवल सोना' तो है ही !

कोई-कोई व्यक्ति 'निख़ालिस' भी बोलते-लिखते हैं, पर यह असिद्ध रूप है और मानक नहीं माना जाता। 'नि' के यों तो अनेक अर्थ हैं (अत्यंत, आदेश, तीव्रता, नीचे, समूह, सामीप्य, आदि), पर 'निख़ालिस' में 'नि' भ्रांति-उत्पादक ध्वनि-समूह के अतिरिक्त कुछ नहीं है। 'शुद्ध' से 'विशुद्ध' (विशेष रूप से शुद्ध) बनता है, पर 'ख़ालिस' से 'निख़ालिस' बना डालना किसी 'अज्ञानवीर' का काम रहा है। (यहाँ 'ख़ालिस' से संबंधित 'ख़ालिसः' (ख़ालसा) शब्द से भी 'मुलाक़ात कर लें', जो सिक्खों के एक विशेष संप्रदाय को व्यक्त करता है और जिस के अर्थों में 'निर्मल, सरकारी, और राज्य की (जायदाद), आदि' शामिल हैं।)

तो बात पक्की। आज से 'स्वागतम्' के पहले 'सु' मत लगाइए और 'ख़ालिस' के पहले 'नि' मत लगाइए।

‘स्वातंत्र्योत्तर’ और ‘उत्तरोत्तर’

एक मित्र ने सुझाया कि ‘स्वातंत्र्योत्तर’ शब्द का अर्थ ‘स्वतंत्रता के बाद का’ अर्थात् ‘स्वतंत्रता की अवधि पूरी हो चुकने के बाद का’ होगा (‘स्वतंत्रता-प्राप्ति-तिथि के बाद का’ नहीं)। बात जँचनेवाली है। ‘साठोत्तर’ का अर्थ है ‘साठ के बाद का’ अर्थात् ‘जब साठ समाप्त हो चुका हो’। ‘स्नातकोत्तर’ का अर्थ है ‘स्नातक होने के बाद का’ अर्थात् ‘जब स्नातक होना पूर्ण हो चुका हो’। इस आधार पर वास्तव में ‘स्वातंत्र्योत्तर’ का अर्थ निकलता है ‘स्वातंत्र्य के बाद का’ अर्थात् ‘जब स्वतंत्रता समाप्त हो चुकी हो’। बात को दूसरी तरह से फिर से कह लें कि आज के युग को ‘स्वातंत्र्योत्तर युग’ कहा जाना ग़लत है, क्योंकि स्वतंत्रता चल रही है। यदि मान लिया जाए कि हमारी स्वतंत्रता बीसवीं सदी के अंत में समाप्त हो रही होती, तभी हम इक्कीसवीं सदी के आरंभिक वर्ष को ‘स्वातंत्र्योत्तर वर्ष’ कह सकते होते। (अन्यथा ‘स्वातंत्र्योत्तर’ शब्द हमारे लिए एकदम अनुपयोगी है।) आज का युग तो दरअसल ‘स्वातंत्र्य-युग’ है, ‘स्वातंत्र्योत्तर युग’ कहाँ है! (अर्थात् यदि हमारी स्वतंत्रता समाप्त हो चुकी होती, तभी हम आज ‘स्वातंत्र्योत्तर युग’ में होते।)

‘स्वातंत्र्योत्तर’ की जगह सही प्रयोग होना चाहिए ‘स्वातंत्र्य-प्राप्ति-वर्षोत्तर’ या ‘स्वतंत्रता की प्राप्ति के बाद का’; या फिर सीधे-सीधे ‘15 अगस्त, 1947 के बाद का’; और या अन्य दृष्टि से ‘पारतंत्र्योत्तर’ या ‘दासत्वोत्तर’ या ‘पराधीनता के बाद का’। 15 अगस्त, 1947 से अब तक के वर्ष ‘स्वतंत्रता के बाद के’ नहीं, ‘स्वतंत्रता मिलने के बाद के’ हैं; ये वर्ष या तो ‘स्वतंत्रता के’ हैं या ‘परतंत्रता के बाद के’ हैं।

‘उत्तर’ का विशेषणात्मक अर्थ है ‘बाद का’, इसलिए ‘उत्तरोत्तर’ (उत्तर-उत्तर) का अर्थ हुआ ‘बाद के बाद का’; यानी पहला ‘बाद’ ख़त्म और दूसरा ‘बाद’ चालू ! इस का प्रयोग निम्नलिखित अर्थों में सही-सही चल रहा है—अधिकाधिक, अधिक और अधिक, उच्चतर और उच्चतर, एक के बाद एक, क्रमशः, क्रमागत, दिन-दिन अधिक, लगातार, लगातार वर्धनशील।

‘हल’ और ‘हल्’

संस्कृत में शब्द के अंत में हल्-चिह्न न रहने पर वहाँ के ‘अ’ का उच्चारण किया जाता था; हिंदी में नहीं किया जाता (‘न’ और ‘व’ को छोड़ कर)। हिंदी में ‘कीर्तिमान’ (रॅकॉर्ड) और ‘कीर्तिमान्’ (यशस्वी) का उच्चारण एक ही है। शब्दों के ऐसे अन्य निम्नलिखित जोड़ों से इस लिपि-चिह्न की सार्थकता आज भी सिद्ध होती है—अहम (ख़ास), अहम् (स्वत्व, अभिमान)। जगत (कुएँ का चबूतरा), जगत् (संसार)। सन (पटसन, जूट),

सन् (वर्ष)। हल (निराकरण), हल् (लेखन में वर्ण से अकारत्व निकाल कर उसे अर्ध व्यंजन बनाने के लिए लगाया जानेवाला चिह्न-विशेष)।

शब्दांत में जहाँ हल्-चिह्न लगाने या न लगाने से कोई शब्दार्थ-विरोध नहीं होता, वहाँ से हिंदी में इस का स्वीकार्य लोप होता जा रहा है; अर्थात् ऐसे तत्सम शब्द तद्भव बनते जा रहे हैं, जैसे—अर्थात, परिषद, पश्चात, पृथक, बलात, बुद्धिमान, भगवान, वरन, विद्वान, विराट, श्रीमान, सम्राट, सम्यक, हठात, इत्यादि। अलबत्ता शब्दांत के 'म्' का हल् अभी पर्याप्त सीमा तक सुरक्षित चल रहा है, जिस का अनुस्वार से भी विकल्प है, जैसे 'स्वयम्' और 'स्वयं' में। उपर्युक्त शब्दों के अंतिम वर्ण को हलंत कर देने से इन्हें अशुद्ध नहीं कहा जाएगा, बल्कि उस से लेखक का तत्सम रूपों का ज्ञान स्पष्ट होगा, पर इस के विपरीत उन शब्दों में हलंत 'मार देने' से, जिन में वह कभी था ही नहीं, 'आवश्यकता से अधिक विद्वत्ता' दिखाई पड़ जाएगी, जैसे—'प्रयासरत्' या 'सर्वप्रथम्' या 'हालात्' या 'एल्-एल्.एम्.' लिखने में। यदि इन शब्दों को लिखते समय शब्दांत के वर्ण के अ-विहीन 'उच्चारण' की दुहाई दी गई, तो हिंदी के हजारों अकारांत (लिखे जाने वाले) शब्दों को हलंत करना पड़ेगा। जरा मजा लीजिए—आप् अब् यह् लेख् समाप्त् मानें।

'हिंदी' और 'इंडिया'

यह पढ़ कर कि 'हिंदी' और 'हिंदू' मूलतः भारतीय शब्द नहीं हैं, वे लोग नाराज हो जाएँगे, जो 'हिंदु' ('हिंदू' नहीं) का अर्थ निम्नानुसार समझाते हैं—(हिं+दु) हिंसा को देख कर दुखी होनेवाला; अथवा (हिन्+दु) हनन करनेवाला दुष्टों का; अथवा (हीन+दुष्) हीनों को दूषित करनेवाला। वस्तुतः ये व्युत्पत्तियाँ जानकार लोगों के बीच चुटकुलों का काम करेंगी।

संस्कृत में 'स्यंद्' (बहना, रिसना, टपकना) धातु से बना 'सिंधु' शब्द 'समुद्र, सिंधु नदी, और सिंधु नदी के चारों ओर का प्रदेश (पाकिस्तान का सिंध प्रांत)' के लिए प्रयुक्त होता है। 'सिंधु' की फ़ारसी में शक्ल 'हिंदु' है (जैसे कि 'सप्ताह' की फ़ारसी में शक्ल 'हफ़्तः' है)।

'हिंदु' एक ओर 'हिंद' बन गया, जिस का अर्थ 'सिंध' प्रदेश से बढ़ते-बढ़ते पूरा 'भारत' हो गया, और दूसरी ओर उस से 'हिंदू' बना, जिस का फ़ारसी में मतलब हुआ 'हिंद का वह व्यक्ति, जो मूर्ति-पूजा करता है और वैदिक धर्म का अवलंबी है'। स्वाभाविक है कि हिंदुओं का निवास-स्थान 'हिंदुस्तान' कहलाया। ('राजस्थान' में 'स्थान' इसलिए है कि यह शब्द हिंदुस्तान में बना और 'हिंदुस्तान' में 'स्थान' के स्थान पर 'स्तान' इसलिए है कि यह शब्द हिंदुस्तान के बाहर ईरान की भाषा फ़ारसी के 'परिस्तान' और 'रेगिस्तान' के वज़न पर बना।)

'हिंद' से बने 'हिंदी' शब्द के फ़ारसी में अर्थ हैं 'हिंद का (भारतीय)' तथा 'हिंद के लोग'। जरा आगे लिखी पंक्तियाँ गुनगुनाइए और इन में प्रयुक्त 'हिंदी' शब्द का अर्थ निकालिए—'सारे जहाँ से अच्छा हिंदोस्ताँ हमारा··· हिंदी हैं हम, वतन है हिंदोस्ताँ हमारा।'

'हिंदी' शब्द आगे बढ़ कर हिंद की भाषाओं (प्राकृत और अपभ्रंश) के लिए और उस के भी आगे बढ़ कर आज के अर्थों में भारत के मध्य देश की भाषा के लिए इस्तेमाल होने लगा।

'हिंदीक' (हिंद+ईक) शब्द अरब की ओर से होता हुआ ग्रीक में 'इंदिका' रूप में ढला और आगे की यात्रा करते-करते अब हमारे सामने 'इंडिया' शक्ल में है।

खंड-2

'अजनबी' और 'जनाब'

"अजनबी ! तुम जाने-पहचाने-से लगते हो।"—यहाँ मामला कुछ दूसरा है, वरना 'अजनबी' को तो 'जाना-पहचाना' नहीं, सीधे-सीधे 'अनजाना' लगना चाहिए।

'अजनबी' का मूल अर्थ है 'दूर का', क्योंकि यह विशेषण-शब्द अरबी की 'ज्', 'न्', और 'ब्' से बनी उस धातु से निर्मित है, जिस का अर्थ है 'दूर होना, दूर करना'। फलस्वरूप सभी 'अपरिचित' और 'ग़ैर' लोग 'अजनबी' की श्रेणी में आ गए।

इस धातु से बने संज्ञा-शब्द 'जानिब' का मतलब 'दूर की चीज़' है, जो शब्द-रूप में 'दिशा' हुआ, 'ओर' हुआ, 'किनारा' हुआ, 'पार्श्व' हुआ, और 'पहलू' हुआ।

उपर्युक्त धातु से ही बने संज्ञा-शब्द 'जनाब' का अर्थ 'दूर का पदार्थ या स्थान' है, जिस का भी शुरू में मतलब 'ओर, छोर, किनारा, पार्श्व, पहलू' रहा, पर विकास की लंबी धारा में अरबी-फ़ारसी में 'घर के सामने या बग़ल का मैदान' हुआ, फ़ारसी में 'घर के भीतर का आँगन' हुआ, 'सामने का कमरा' हुआ, 'ड्योढ़ी' हुआ, 'देहलीज़' हुआ, 'चौखट' हुआ, 'शरण लेने का स्थान' हुआ, 'दरगाह' हुआ, 'आश्रम' हुआ, और 'शरण देनेवाला' हुआ। अंत में यह शरण देने-लेने के हिसाब से असंपृक्त हो कर शुद्ध सम्मानजनक 'महाशय', 'महोदय', या 'श्रीमान्' के लिए प्रयुक्त होने लगा। हिंदी का 'जनाब' यही है। क्यों जनाब ?

इस का स्त्रीलिंग-रूप 'जनाबा' भी संबोधन के लिए उपलब्ध है, लेकिन यह शब्दकोश से बाहर निकल कर कम ही आता है।

'जनाबे आली' या 'आली जनाब' (श्रीमन्महोदय) में 'आली' को अर्थ की दृष्टि से 'सखी' मत समझ बैठिए, यह अरबी का 'उच्च', 'महान'-अर्थवाची शब्द है।

'अजीब' और 'ग़रीब'

इन शब्दों को 'अजीबोग़रीब' (मूल 'अजीब-व-ग़रीब', अर्थात् 'अजीब और ग़रीब') में देखने से पता चलता है कि ये एक-दूसरे को बहुत प्यारे हैं। कारण यह है कि ये आगे दिए गए एक अर्थ में बिलकुल एक-से हैं।

'अजब' 'अजीब' ही है। यदि अंतर समझाना जरूरी हो, तो समझा दीजिए कि एक के मध्य में 'अ' है, जब कि दूसरे में 'ई' है ! ये दोनों रूप हिंदी-उर्दू में ही नहीं, अरबी में भी मौजूद हैं।

'अजीब' वह है, जो 'सामान्य' न हो, अर्थात् 'असामान्य, आश्चर्यजनक, विलक्षण, विचित्र, अद्वितीय, अनोखा, अद्‌भुत, बेमिसाल, निराला, अनुपम' हो।

'अजूबा' (मूल 'अजूबः') संज्ञा है, जिस का मतलब है 'अनोखी चीज़, अचरज में डालनेवाली चीज़'।

'अजीब' से पुल्लिंग-संज्ञा-बहुवचन बनता है 'अजाइब', जिस का अर्थ है 'अजीब बातें, विचित्रताएँ'। इसी से 'अजायबघर' (कौतुकालय, विचित्रालय) बना है।

अब 'ग़रीब' को देखें। इस का अरबी में धातुगत अर्थ है 'दूर चला जाना'। जो दूर चला गया हो, वह ग़रीब है। इसलिए इस से 'विदेशी, परदेसी; जो सफ़र में हो' का भी तात्पर्य निकलता है।

जो सामान्य से दूर हो, वह भी ग़रीब है, अर्थात् असामान्य, यानी अजीब। इस अर्थ में 'अजीब' और 'ग़रीब' एक हो गए। 'अजीबोग़रीब' में ये दोनों इसीलिए एक-दूसरे के इतने क़रीब आ गए। दोनों शब्द मिल कर 'बहुत ही विचित्र' का अर्थ देते हैं, अर्थात् 'जिस में बहुत-सी बातें ऐसी हों, जो दूसरों में न हों'।

जो सभी सुखों और सुविधाओं से दूर है, वह भी ग़रीब है। हिंदी का 'ग़रीब' यही ग़रीब है (वह न तो 'परदेसी' है और न 'अजीब' है)। इस के दोस्त-शब्द हैं—निर्धन, दरिद्र, हीन, कंगाल, बेचारा, बेबस, असहाय, लाचार, नम्र, दुखी।

'अजीबोग़रीब' में भले ही 'अजीब' और 'ग़रीब' एक-दूसरे का भरपूर साथ दे रहे हैं, पर हम जानते हैं कि न तो किसी अजीब आदमी का ग़रीब होना जरूरी है और न किसी ग़रीब आदमी का अजीब होना जरूरी है।

'अधिकारी' और 'मंत्री'

आजकल इन दोनों के बारे में जितना लिखा जाए, कम पड़ेगा, इसलिए फ़ौरन आगे बढ़ लिया जाए !

हम चाहे पुराने गणित से 'अधिकारिवर्ग' और 'मंत्रिमंडल' लिखने का निर्णय लें,

चाहे नए भूगोल से 'अधिकारीवर्ग' और 'मंत्रीमंडल' लिखने का निर्णय लें, पर हमें इन शब्दों के पुराने और नए इतिहास को जरूर जान लेना चाहिए।

इन से संबंधित पुराना इतिहास और पुराना गणित क्या है ? 'अधिकारी' का मूल रूप 'अधिकारिन्' है, 'मंत्री' का 'मंत्रिन्'। संस्कृत में समास बनाने में इन शब्दों का मूल रूप प्रयुक्त होता था तथा अंतिम 'न्' का लोप हो जाता था। इस हिसाब से 'अधिकारिवर्ग, अधिकारिराज्य, अधिकारिगण, अधिकारित्व' और 'मंत्रिमंडल, मंत्रिपरिषद्, मंत्रिगण, मंत्रित्व' शुद्ध हुए।

अब विवेच्य शब्दों के नए इतिहास और नए भूगोल को देखा जाए। हिंदी में संस्कृत के शब्द प्रथमा विभक्ति से युक्त हो कर अर्थात् कर्ता कारक के रूप में ढले हुए आते हैं, इसलिए उपर्युक्त शब्द 'अधिकारी' और 'मंत्री' रूपों में गृहीत हुए हैं। यदि सीधे इन में 'वर्ग' और 'मंडल' आदि को जोड़ा जाए, तो इन से 'अधिकारीवर्ग' और 'मंत्रीमंडल' आदि बनेंगे। यही कारण है कि इन दिनों 'अधिकारीसंघ, अधिकारीगण, मंत्रीपरिषद्, मंत्रीत्व' आदि स्पेलिंग ख़ूब देखने को मिलते हैं।

बुज़ुर्गों और नवयुवकों की पीढ़ियों के बीच के शाश्वत मतभेदों के मध्य अब इस का फ़ैसला स्वयं आप पर है कि इन शब्दों का प्रयोग करने में आप 'परंपरा' का पालन करते हैं या 'आधुनिकता' का। मैं तो दोनों को वोट दूँगा, चाहे मेरा वोट रद्द हो जाए ! (दोनों को चाहने के लिए तर्क यह है कि 'घृत' को सही कहने के लिए 'घी' को ग़लत कहना ज़रूरी नहीं है।)

'अनधिकार' और 'तदनुसार'

हिंदी का 'अ' काफ़ी धोखेबाज़ है। यह लिखे हुए पूर्ण व्यंजन में 'शामिल' सदा होता है, लेकिन 'उच्चरित' कहीं-कहीं नहीं होता। उदाहरण के लिए, 'धड़कनें' के 'ड़' के और 'धड़कनें' के 'क' के उच्चारण से यह ग़ायब है। 'अनवरत' और 'आमदनी'-जैसे शब्दों को इस 'अ' की गड़बड़ी के कारण ही दो-दो तरह से उच्चरित सुना जाता है—पहले को 'अनव्रत्' और 'अन्वरत्', तथा दूसरे को 'आम्दनी' और 'आमद्नी'।

ऐसे 'अ' और हलंत का 'चोर-चोर मौसेरे भाई' वाला संबंध समझिए। एक ओर, 'अनधिकार' ('न-अधिकार' अर्थात् अन्-अधिकार) की जगह 'अनाधिकार' ('अन-अधिकार' समझने का धोखा) और 'दुरवस्था' (दुर्-अवस्था) की जगह 'दुरावस्था' ('दुर-अवस्था' समझने का धोखा) लिखने की ग़लती, एवं दूसरी ओर, 'बदतमीज़' के बदले 'बद्तमीज़' ('द' के 'अ' का उच्चारण न होने से धोखा) और 'विगत' या 'गत' के बदले 'विगत्' या 'गत्' (अतिसंस्कृत करने के साथ-साथ 'त' के 'अ' का उच्चारण न होने से धोखा) लिखने की ग़लती के पीछे यही 'अ' और हल् का चक्कर है।

'विद्वान्' की जगह अब 'विद्वान' ने ले ली है, क्योंकि हमें 'विद्वानों' की भी जरूरत है। इसी प्रकार, हिंदी में 'महान्' को 'महान' मान कर 'महानता' को सही माना जाता है (अन्यथा यह 'महान्ता' और 'महांता' हो जाता) तथा 'पृथक्' को 'पृथक' लिख कर 'पृथकता' और 'पृथकत्व' को भी चलाया जाता है (अन्यथा इन्हें 'पृथक्ता' और 'पृथक्त्व' के रूप में ही चलाना होगा, जो संस्कृत के हिसाब से सही हैं)।

'तत्' को 'अनुसार' से जोड़ने पर 'तद्-अनुसार' होकर 'तदनुसार' बन जाता है, पर कोई-कोई छपैया इसे 'तद्अनुसार' छाप कर हिंदी के साथ आपत्तिजनक छेड़छाड़ कर डालता है।

'अनशन' और 'उपवास'

आजकल 'आमरण अनशन' पर बैठनेवाले अधिकतर भूख-हड़ताली वस्तुतः 'अमरण अनशन' पर बैठते हैं (खाते-डकारते हुए)। 'अनशन' शब्द 'अश्' धातु से बना है, जिस के माने हैं 'ग्रहण करना, पूरी तरह से भरना; उपभोग करना, खाना'। 'अनशन' का सामान्य अर्थ हुआ 'किसी संकल्प को ले कर न खाना'।

'अनशन' की बाह्य अर्थ-शृंखला में 'उपवास' भी मिलता है, जो अलग से या तो पुण्य के विचार से आहार त्यागना है या स्वास्थ्य-लाभ के लिए भूखा रहना है (या फिर स्वर्गीय प्रधानमंत्री लाल बहादुर शास्त्री वाला अन्न की बचत का फ़ॉरमूला है)।

यों 'उपवास' का शब्दखंडीय अर्थ 'आहार-त्याग' तक नहीं पहुँचता, क्योंकि उस में 'उप' के बाद स्थित 'वस्' का प्रत्यक्ष अर्थ भिन्न है—'बसना या रहना' (जैसे 'आवास' और 'निवास' में), लेकिन आलंकारिक रूप में कहा जा सकता है कि बिना खाए हुए रहना कोई रहना है, वह तो केवल 'उप-रहना' है यानी 'उप-वास' है। 'उपवास' का यह दूसरा अर्थ—बिना खाए हुए रहना (भोजन त्यागना)—संस्कृत-काल में ही प्रचलित हो चुका था।

'उपवास' का एक अर्थ कोशों में 'व्रत-रूप में भोजन-त्याग' भी दिया गया है। 'व्रत' किसी धार्मिक कृत्य या शुभ कार्य के लिए दृढ़ निश्चय या पवित्र संकल्प है। भोजन-त्याग भी एक संकल्प है, इसलिए एक ओर 'भोजन-त्याग की स्थिति में रहना' और 'उपवास रखना' तथा दूसरी ओर 'उपवास' और 'व्रत' अर्थांशों में समानार्थी हो गए।

वैसे 'व्रत' का मतलब 'एक ही तरह का पदार्थ खाने का संकल्प' भी होता है। "संपादक जी ने व्रत लिया है कि वे सुबह केवल फलाहार किया करेंगे और शाम को केवल लड्डू खाया करेंगे।"

'अनिवार्य' और 'आवश्यक'

ब्याह रचाने के लिए दूल्हा और दुल्हन दोनों का होना 'अनिवार्य' है।

'वार्य' माने 'वरण करने योग्य'। 'निवार्य' माने 'निवारण करने योग्य'। 'अनिवार्य' माने 'निवारण न करने योग्य'। 'अनिवार्य' वह है, जिस से बचा नहीं जा सकता।

'अनिवार्य' में विकल्प नहीं होता, पर 'आवश्यक' में विकल्प से काम चल सकता है।

स्वस्थ रहने के लिए व्यायाम 'आवश्यक' है, 'अनिवार्य' नहीं, क्योंकि व्यायाम न करनेवाले आदमी भी स्वस्थ रह सकते हैं।

'आवश्यक' में 'अवश्य' विद्यमान है, जिस का मतलब है 'जो वश में न किया जा सके'। वह 'जरूरी' है, पर 'अनिवार्य' उस से ज़्यादा जरूरी' है। 'अनिवार्य' को आप 'अत्यावश्यक', 'अवश्यंभावी', और 'अपरिहार्य' (अत्याज्य) के समकक्ष रख सकते हैं। अँगरेजी में 'आवश्यक' यदि 'नॅसॅसरी' है, तो 'अनिवार्य' 'कंपलसरी' है, 'इनॅविटेबिल' है, 'अनअॅवॉयडेबिल' है।

शैक्षणिक उपाधिवाले पाठ्यक्रमों में प्रायः कुछ विषय 'अनिवार्य' होते हैं और कुछ वैकल्पिक। वैकल्पिक विषयों में कौन-से 'आवश्यक' हैं और कौन-से अनावश्यक, यह विद्यार्थी का निजी चयन है। किसी के लिए कुछ 'आवश्यक' है, किसी के लिए कुछ।

कहते हैं कि गायक के पास अच्छा गला होना 'अनिवार्य' नहीं, 'आवश्यक'-मात्र होता है, इसीलिए तो कुछ लोग सड़े-गले गलों से भी गाते फिरते हैं।

शिशु के लिए माँ का दूध आवश्यक होता है (अनिवार्य नहीं)। जिंदा रहने के लिए हवा अनिवार्य होती है (आवश्यक-मात्र नहीं)।

कई बार अच्छी नौकरी हथियाने के लिए कोई योग्यता न तो आवश्यक होती है और न अनिवार्य !

नेता बनने के लिए आदमी में कई बातें 'आवश्यक' हैं, जिन में से चमड़ी का मोटा होना 'अनिवार्य' है।

'अनुकरण' और 'अनुसरण'

इन शब्दों की थोड़ी-बहुत चीर-फाड़ इस प्रकार होगी —

दोनों के आरंभ में 'अनु' है, जो अलग-अलग शब्दों के पहले जुड़ कर एक दरजन से अधिक अर्थों का वाहक बनता है। कुछ इस प्रकार हैं— 'के बाद, के साथ, के निकट, की ओर, की भाँति, पास-पास, साथ-साथ, फलस्वरूप, पश्चात्, पीछे'।

'अनुकरण' (और 'अनुकृति') में 'कृ' धातु है; 'अनुसरण' (और 'अनुसार') में 'सृ'

धातु है। 'कृ' माने 'करना' है; 'सृ' माने 'जाना' है।

यों ये शब्द 'समान आचरण' का आशय व्यक्त करनेवाले शब्द हैं, पर भेदकारी दृष्टि से 'अनुकरण' (कार्यावस्था) किसी की 'अनुकृति' (फलावस्था) है, जब कि 'अनुसरण' किसी का 'अनुगमन' है। कोई कार्य देखादेखी वैसे ही 'करना', जैसे अन्य व्यक्ति कर रहा है, 'अनुकरण' है; उस ओर लक्ष्यसहित 'जाना', जिस ओर आगेवाला व्यक्ति जा रहा है, 'अनुसरण' है। अनुकरण करने का अर्थ 'नक़ल करना' है, अनुसरण करने का अर्थ 'पीछा करना' है।

'अनुकरण' करनेवाले को 'अनुकर्ता' कहा गया है; 'अनुसरण' करनेवाले को 'अनुसारक' कहा गया है ('अनुसर्ता' नहीं; लेकिन सूरदास जी के हिसाब से 'अनुसरता' बन जाएगा--"बहुत पतित उद्धार किए तुम, हौं तिनकौं अनुसरतो")।

किसी वस्तु का, किसी की लिखावट का, शैली का, पेंटिंग आदि का 'अनुकरण' होता है। आदर्श व्यक्तियों के क्रिया-कलाप 'अनुकरण' के योग्य होते हैं। उन के रहन-सहन का, हाव-भाव का 'अनुकरण' होता है; लेकिन उन की बताई हुई बातों का, उन के सिद्धांतों का 'अनुसरण' होता है।' किन्हीं पूर्व-मान्यताओं के और किसी के उपदेशों के अनुसार चलना 'अनुसरण' होता है।

मालिक के इशारों का 'अनुसरण' करनेवाला नौकर अच्छा माना जाएगा, जब कि उस का 'अनुकरण' करनेवाला मार खाएगा।

'अफ़ीमची' और 'बावरची'

इन शब्दों में तुर्की भाषा के प्रत्यय 'ची' (अर्थ 'वाला') के अलावा कुछ भी समान नहीं है। इस 'ची' को 'तोपची, नक़लची, ख़जानची' आदि में भी देखा जा सकता है। 'बंदूक़ची' में यही है, पर 'संदूकची, देगची' का 'ची' (अर्थ 'लघुता') दूसरा है। ('लालची' में से 'ची' मत निकाल मारिए!)

'अफ़ीम' मूलतः ग्रीक का है। इस की कुंडली न जाननेवाले लोग जान लें कि यह पोस्ते के पौधे के डोंड़े (फल) से निकली हुई चिपचिपी चीज (गोंद) है, जो नशे, नींद, और दवा के काम में लाई जाती है।

'अफ़ीमची' मोटे तौर पर 'अफ़ीम खाने का आदी' हुआ और अर्थ-विकास के बाद 'सुस्त' या 'आलसी' हुआ। 'अफ़ीम' शब्द की यात्रा इस प्रकार है। ग्रीक में यह 'ओपियन' था, जो लैटिन में 'ओपियम' होता हुआ अँगरेज़ी की ओर चल निकला। दूसरी धारा अरबी की तरफ़ बढ़ी, जहाँ यह 'ओपियन' से 'अफ़यून' हो गया। चीनी भाषा में यह 'अफ़ुयुङ' है।

इधर संस्कृत के कोशों में 'अफेन' (बिना फेन या झागवाला) तथा 'अहिफन' (साँप की लार या विष) शब्दों का अर्थ 'अफ़ीम' मिलता है। जोड़-तोड़ करनेवाले लोग

'अफ़ीम' की पैदाइश इन शब्दों से जोड़ते हैं, लेकिन प्रसिद्ध कोशकार मोनियर विलियम्स का कहना है कि उन्हें ये शब्द 'अफ़ीम' के अर्थ में संस्कृत की किसी प्रकाशित कृति में नहीं मिले।

'बावर' (अर्थ 'विश्वास') फ़ारसी का है। 'बावरची' (वर्तमान अर्थ 'रसोइया') का आरंभिक अर्थ आप ने पकड़ लिया होगा—'विश्वासपात्र'। यद्यपि बावरची को निश्चित रूप से विश्वासपात्र होना चाहिए, पर शुरू के दिनों में वह रसोइया नहीं, बादशाहों आदि के रसोईघर में अधीक्षक-जैसा एक विश्वासपात्र अफ़सर होता था, जो अपने स्वामी की सुरक्षा की दृष्टि से भोजन को आरंभ में चखने का दायित्व भी निभाता था। उस अफ़सर की अनुपस्थिति या अभाव में यह काम रसोइया ही करने लगा, इसलिए उसे ही बावरची कहा जाने लगा। (सावधान—हुमायूँ के पिता 'बावर' नहीं, 'बाबर' थे।)

'अरारोट' और 'डालडा'

'अरारोट' नामक कंद का आटा तीखुर के समान खाने के काम आता है। (तीखुर हल्दी की जाति का एक पौधा होता है, जिस की जड़ को पीस कर उस के आटे से खीर, हलुआ, आदि भिन्न-भिन्न प्रकार की मिठाइयाँ बनाई जाती हैं।)

अमरीका के आदिवासी उपर्युक्त कंद का प्रयोग जहर में बुझे तीर के लगने से हुए घाव को ठीक करने और उस से फैले हुए जहर को दूर करने के लिए करते थे। 'कंद' क्या है ? 'कंद' है 'गूदेदार और बिना रेशे की जड़'। तो हिसाब लगाइए कि यदि 'तीर' बराबर 'ऐरो' है और 'जड़' बराबर 'रूट' है, तो 'तीर का जहर दूर करनेवाली जड़' का नाम हुआ 'ऐरोरूट'। अँगरेजी के इसी संयुक्त शब्द 'ऐरोरूट' से 'अरारोट' विकसित हुआ है, जिसे कुछ लोग 'अरारूट' भी कहते हैं।

'डालडा' प्रारंभिक दिनों में वनस्पति-तेल से बनाए गए एक वनस्पति-घी का केवल ट्रेड-नाम था (मात्र व्यक्तिवाचक संज्ञा) ! आजकल बाज़ार में वनस्पति-घी के अनेक ब्रांड बिक रहे हैं, जैसे 'सनफ़्लावर, वनसदा, रथ', पर 'डालडा' इन सब के लिए—वनस्पति-घी-मात्र के लिए—व्यक्तिवाचक संज्ञा से अर्थविस्तार करते हुए जातिवाचक संज्ञा भी हो गया है, जिसे 'देसी घी' का विपर्याय माना जा सकता है। स्वतंत्रता-प्राप्ति के दिनों में लोग 'डालडा' को 'विलायती घी' कहा करते थे (देसी घी की तुलना में रद्दी)। आज भी कुछ लोग कहते हैं कि 'देसी घी' को 'घी' कहिए और 'वनस्पति घी' को 'घी' नहीं, 'डालडा' या कुछ और कहिए। कहा जाता है कि 'डालडा' मूलतः 'डाल दा' (डाल दो) था, जिस के दो शब्दों को मिला कर लिखने से यह एक शब्द बन गया, और इसे अँगरेजी में लिखने से इस के 'द' का 'ड' हो गया।

'अरारोट' और 'डालडा' का संबंध भाषाज्ञान में रुचि रखनेवाले लोग

खींच-खाँचकर ही बता पाएँगे, जब कि कोई पाक-कला-विशेषज्ञ गृहिणी इन का मधुर संबंध शीघ्र ही स्पष्ट कर देगी !

'अवगुण' और 'दुर्गुण'

शब्दकोशों में इन दोनों शब्दों के एक-से अर्थ 'दोष, ऐब, बुराई' इत्यादि मिलते हैं, पर बहुतों की पिपासा इतने से नहीं शांत होगी। पिपासुओं को इन शब्दों के 'गुण' के पहले जुड़े हुए 'अव' और 'दुर्' के अर्थ-दान को परखना होगा। ये 'अव' और 'दुर्' ढेर के ढेर शब्दों की रचना में सहयोग देते हैं। कुछ नमूने देखिए—'अवज्ञा, अवतार, अवनति, अवमानना, अवरोध, अवमूल्यन' तथा 'दुर्गति, दुर्भावना, दुर्भिक्ष, दुर्लभ, दुर्व्यवस्था, दुर्व्यवहार'।

अपने मूल अर्थ में 'गुण' अच्छा भी हो सकता है और बुरा भी, क्योंकि यह वस्तुतः 'धर्म' या 'स्वभाव'-मात्र है; पर प्रचलन में यह केवल 'सुगुण' या 'सद्गुण' का काम निभा रहा है। उदाहरण के लिए, 'आप गुणों की खान हैं' कहने का यह मतलब नहीं है कि आप में अच्छे गुणों के साथ बुरे गुण भी भरे पड़े हैं (बल्कि अब तो 'गुण' के विशेषण के रूप में 'बुरा' शब्द बुरा लगने लगा है)।

'सुगुण' से 'सगुण' भिन्न है। 'सगुण' (सत्व, रज, तम गुणसहित) और 'निर्गुण' (गुणरहित) का संबंध साकार और निराकार ब्रह्म की उपासना से है।

'अवगुण' का भेदार्थ निकालने के लिए 'गुण' के साथ 'अव' के इन अर्थों में से कुछ जोड़ा जाएगा—अल्पता, दूर, नीचे, नीचापन, ह्रास।

इसी प्रकार, 'दुर्गुण' का भेदार्थ निकालने के लिए 'गुण' के साथ 'दुर्' के इन अर्थों में से कुछ जोड़ा जाएगा—कठिनाई, दुष्टता, निषेध, संकट, सदोषता।

तुलना से स्पष्ट होता है कि 'अवगुण' से 'दुर्गुण' ज़्यादा बुरे होते हैं। 'अवगुण' सामान्य आदमियों में होते हैं, 'दुर्गुण' दुर्जनों में होते हैं। अवगुणों का संबंध 'व्यक्ति' से अधिक है, दुर्गुणों का संबंध 'समाज' से अधिक है। "प्रभु मोरे 'अवगुन' चित न धरौ"—'काम, क्रोध, मद, लोभ, मोह, तृष्णा, स्वार्थ, परनिंदा, असत्य, चोरी, बेईमानी, प्रमाद, छल, कपट, ईर्ष्या, द्वेष, अहंकार'। हमारे समाज में ये-ये 'दुर्गुण' व्याप्त हैं—'अशिक्षा, ग़रीबी, असुरक्षा, कालाबाज़ारी, घूसखोरी, नफ़ाख़ोरी, हरामख़ोरी, नशेबाज़ी, दुराचार, व्यभिचार, लूटमार, शोषण, भ्रष्टाचार, दादागीरी (और नेतागीरी)'।

'अहम्' और 'अहंकार'

'अहम्' और 'अहम' एक-दूसरे से मीलों दूर हैं। पहला संस्कृत का है, दूसरा अरबी का है। पहला सर्वनाम और संज्ञा है, दूसरा विशेषण है। पहले का अर्थ 'मैं' और 'अभिमान' है, दूसरे का 'महत्वपूर्ण' है। पहले को 'अहं' भी लिखा जा सकता है (संस्कृत में इसे 'अहम्' का समासगत रूप बताया गया है, जैसे 'अहंकार' में), दूसरे को 'अहं' नहीं लिखा जा सकता (क्योंकि उस का 'म' हलंत नहीं है)।

'अहम्' के प्रयोग के उदाहरण हैं—'अहं ब्रह्मास्मि' (मैं ब्रह्म हूँ) और 'पत्रकारों के अहम् को कभी ठेस मत लगाइए, वरना वे आप की खटिया खड़ी कर सकते हैं।' 'अहम' के प्रयोग का उदाहरण है—'सब से अहम सवाल राष्ट्र की सुरक्षा का होता है'।

'अहं' माने 'मैं-पन'। यह उस धारणा का द्योतक है, जिस में व्यक्ति अपनी पृथक् और स्वतंत्र सत्ता के ज्ञान के साथ स्वयं को विशेष महत्व देता है।

'अहंकार' में व्यक्ति स्वयं को इतना अधिक महत्व देता है कि दूसरों को अपने सामने तुच्छ मानने लगता है। इस का एक अर्थ 'आत्मश्लाघा' या 'शेखी' भी है। इस स्वार्थपूर्ण मनोवृत्ति को गर्व का विकृत रूप समझिए। चूँकि इस में अभिमान की अति होती है, इसलिए इसे बुरा माना जाता है, और इसीलिए 'अहंकारी' को 'स्वाभिमानी' नहीं, 'घमंडी' या 'मग़रूर' कहा जाता है। 'अहम्मन्य' एक क़दम और आगे है। खुद को बड़ा और योग्य मानने के मामले में वह 'अहंकारी' को भी पछाड़ देता है। 'रावण' क्या था, इस का निर्णय आप कीजिए (वैसे, शब्द के वाच्यार्थ के हिसाब से वह 'दहाड़ने वाला; रुलाने वाला' था)।

अँगरेज़ी में 'अहं' को 'ईगो' कहिए, ('अहंवाद' को 'ईगोइज़्म'; 'अहम्मन्यता' को 'ईगोटिज़्म') और 'अहंकार' को 'सॅल्फ़-कंसीट'।

'आग' और 'आँच'

विश्वास है कि हिंदी का हर जानकार संस्कृत के 'अग्नि' से विकसित 'आग' के अर्थों और प्रयोगों को दूध और पानी की तरह जानता है। विद्वान लोग कहते आए हैं कि आग और धुएँ का चिरंतन साथ होता है, पर वास्तविकता यह है कि बिना धुएँ के भी आग हो सकती है (जैसे, गैस के चूल्हे पर) और बिना आग और धुएँ के भी आग हो सकती है (जैसे, पेट की आग)। इसी प्रकार आग और प्रकाश के पारस्परिक संबंध के बारे में कहा जा सकता है कि प्रकाश बिना आग के भी हो सकता है, पर आग बिना प्रकाश के नहीं हो

सक्ती ('पेट की आग' आदि को छोड़ कर)।

यहाँ समस्या 'आग' और 'आँच' के भेद की है। 'आँच' का बीज संस्कृत के 'अर्चिस्' में बताया गया है, जिस के अर्थ हैं 'आग की लपट , लौ, प्रकाशकिरण, प्रकाश, चमक, अग्नि'। 'आँच' का बहुप्रचलित अर्थ 'चूल्हे आदि की आग से मिलनेवाली गरमी' है; उदाहरणार्थ—यह सब्ज़ी अधिक आँच खा गई।

यदि कड़ाही चूल्हे पर चढ़ी हो, तो आप 'आग' और 'आँच' के प्रयोग में इस प्रकार अंतर करेंगे—"चूल्हे में आग ठीक से जल रही है" और "कड़ाही में आँच ठीक से लग रही है"।

आँच को गिन डालने का एक अनोखा उदाहरण—"दाल के पकने में अभी एक आँच की कसर है" (यहाँ 'आँच' बराबर है 'ताप की अनुमानित मात्रा की इकाई')।

"धीमी आँच पर खाना अच्छा पकता है" की जगह "धीमी आग पर खाना अच्छा पकता है" कहने से भी काम चल जाएगा, पर "आप पर आँच (विपत्ति) नहीं आने दी जाएगी" की जगह "आप पर आग नहीं आने दी जाएगी" कहना हास्यास्पद हो जाएगा।

'आज़ाद' और 'गुलाम'

सामान्यतया यह समझा जाता है कि 'आजाद' और 'आजादी' के बस 'स्वतंत्र' और 'स्वतंत्रता'-जैसे 'चंगे अर्थ' हैं, लेकिन उर्दू-हिंदी-शब्दकोश में फ़ारसी-मूल के इन शब्दों के 'नंगे अर्थ' 'निरंकुश' और 'निरंकुशता' भी दिए गए हैं। सचमुच जब 'स्वतंत्रता' बीमारी बन जाती है, तब वह 'बंधनमुक्ति' के कारण 'स्वच्छंदता' और 'स्वेच्छाचारिता' से बढ़ते-बढ़ते 'निरंकुशता' तक पहुँच जाती है।

'आजाद' के मानों में 'मुक्त, खुला हुआ, स्वाधीन, बेफ़िक्र, मनमौजी, निडर, उद्धत, स्पष्टवक्ता, रीति-नीति से परे' आदि बहुत-कुछ शामिल है। एक प्रयोग—कोई पागल या शराबी या साँड़ सड़क के बीच 'आज़ाद' घूम सकता है, आप नहीं घूम सकते ।

'आजाद' विशेष अर्थ में एक प्रकार के मुसलमान सूफ़ी फक़ीरों के लिए प्रयुक्त होता है, जो इस्लाम धर्म के अधिकतर बंधनों से मुक्त रहते हैं।

जेल से रिहा होना भी आज़ाद होना है।

आगामी उदाहरण में 'आज़ादी' का मतलब 'छूट' है—बच्चों को ज़्यादा आजादी नहीं दी जानी चाहिए।

देश की आजादी और आदमी की आजादी में फर्क़ है। ऐसा पूरी तरह संभव है कि आजाद देश में आजाद ख़्यालों के आदमी मौजूद न हों। इसी प्रकार, ऐसा भी संभव है कि गुलाम देश में आज़ाद तबियत के आदमी विद्यमान हों। हमारा देश गुलाम था, पर चंद्रशेखर 'आजाद' आज़ाद थे।

'गुलाम' का अर्थ अरबी में 'लड़का, बालक' भी है और 'दास, पराधीन व्यक्ति' भी। आप किसी 'रामगुलाम' को अवश्य जानते होंगे और किसी 'चिड़ी के गुलाम' और 'गुलामचोर' को भी।

'गुलामी' को नौकरियों में सब से निचले स्तर की नौकरी माना जाता है, इसीलिए किसी गुलाम देश को उस का अत्यंत निकृष्ट अवस्था में होना समझा जाता है।

अंत में एक सवाल—बताइए कि 'जोरू' का संबंध 'आज़ाद' से है या 'गुलाम' से ?

'आतिथ्य' और 'मुख्यअतिथित्व'

'आतिथ्य' का विशेषण के रूप में अर्थ है 'अतिथि के लिए उपयुक्त', जैसे 'आतिथ्य धर्म' में तथा संज्ञा के रूप में एक अर्थ है 'अतिथि-सत्कार; मेहमानदारी; पहुनाई'। यद्यपि रचना की दृष्टि से इस का दूसरा अर्थ 'अतिथि होने का भाव' भी निकलता है, पर प्रयोग की दृष्टि से यह शब्द 'अतिथि-सत्कार' वाले अर्थ के लिए प्रायः रूढ़ हो चला है।

दूसरी ओर, 'अतिथि-सत्कार', 'अतिथि की परिचर्या', या 'अतिथि का सत्कारपूर्वक स्वागत' के लिए 'अतिथित्व' शब्द शब्दकोशों में नहीं मिलता। लेकिन यदि इस का प्रयोग किया जाए, तो इस का अर्थ निकलेगा 'अतिथिपन'।

ये दोनों शब्द ('आतिथ्य' और 'अतिथित्व') भाववाचक संज्ञा होने की दृष्टि से बहुत समीप हैं, पर इन के अर्थों में महत्वपूर्ण अंतर है, जिसे निम्नलिखित वाक्यों में स्पष्ट किया जा सकता है—"गुरु जी ने मेरा आतिथ्य (अतिथि-सत्कार) स्वीकार कर के मुझ पर बड़ी कृपा की" और "मंत्री जी के अतिथित्व (अतिथि बनने) से महाविद्यालय को कई लाभ हुए"।

किसी समारोह में 'अतिथि' बहुत-से आते हैं, पर 'मुख्यअतिथि' केवल एक होता है (इसे 'मुख्यमंत्री' और 'प्रधानमंत्री' के समान एक शब्द बना कर लिखा जाना उपयुक्त है)।

'अतिथि' 'बिना तिथि दिए' भी आ सकते हैं; पर 'मुख्यअतिथि' से तिथि विशेष रूप से ली जाती है और कभी-कभी तो वे तिथि 'दे कर भी' नहीं आते ! ख़ैर। प्रश्न सामने यह है कि कोई समारोह किसी के 'मुख्यआतिथ्य' में संपन्न किया जाता है या 'मुख्यअतिथित्व' में ? इन दो प्रयोगों में से बादवाला सही है। ऊपर लिखा गया है कि 'आतिथ्य' का अर्थ है 'अतिथि-सत्कार' और 'अतिथित्व' का अर्थ है 'अतिथिपन'। यदि हम इन दो शब्दों के अर्थों के साथ 'मुख्य' शब्द लगा कर देखें, तो उदाहरण इस प्रकार बनेंगे—"मंत्री जी के मुख्यअतिथि-सत्कार (अर्थात् 'मुख्यआतिथ्य) में समारोह होगा" और "मंत्री जी के मुख्यअतिथिपन (अर्थात् 'मुख्यअतिथित्व') में समारोह होगा"। ज़ाहिर है कि कोई लेखक 'मुख्यआतिथ्य' को छोड़ कर 'मुख्यअतिथित्व' को स्वीकार करेगा। अंत में,

'मुख्यआतिथ्य' से यह भी भ्रम हो सकता है कि 'अतिथि-सत्कार' मुख्य है, 'मुख्यअतिथि-पन' वांछित नहीं।

'आपातकाल' और 'आपत्काल'

बात पौराणिक पक्षी 'संपाति' से शुरू करें, जो गरुड़ का पुत्र और जटायु का बड़ा भाई था—शाब्दिक दृष्टि से उड़ान-विशेष में 'गोल्ड-मॅडलिस्ट'। 'संपात' माने हैं 'उड़ान भरना, (पक्षी आदि का) उतरना, एक साथ गिरना, अधःपतन'। 'संपाति' और 'संपात' के समान 'आपात' में भी 'पतन' वाली 'पत्' धातु है, जिस का अर्थ है 'नीचे आना, गिर पड़ना, नरक में जाना'।

अब 'आपात' के 'पात' को 'प्रपात', 'गर्भपात', और 'उल्कापात' के 'पात' से मिलाइए। 'उत्पात' (छलाँग, उपद्रव, आदि) के 'पात' को भी याद कीजिए। बात सरल हो गई। 'आपात' का अर्थ हुआ—'(ऊपर से या बाहर से आ कर) गिरना, टूट पड़ना, आ धमकना, घटना का अचानक घटित होना, अकस्मात् आया हुआ गिराव'। 'आपातकाल' ऐसे ही काल का द्योतक है। (इसे 'आपात्काल' लिखना ग़लत है।)

'आपत्काल' इस से भिन्न है, जिस में मूलतः 'पत्' नहीं, 'आपद्-आपदा' और 'विपद्-विपदा' वाला 'पद्' है, जो समास के कारण 'पत्' शक्ल ले लेता है। यही 'पद्' 'आपत्ति' और 'विपत्ति' में है। 'आपत्काल' सीधा-सीधा 'आपत्ति या विपत्ति या संकट या कष्ट या मुसीबत का समय' है।

'संपदा' और 'संपत्ति' में भी यही 'पद्' है। ठीक ही तो है—जहाँ 'संपदा' नहीं है, वहाँ 'विपदा' है; जहाँ 'संपत्ति' नहीं है, वहाँ 'विपत्ति' है। कुछ और बढ़िए। 'संपन्न' और 'संपादन-संपादक' में भी यही 'पद्' है।

कथ्य 'संपाति' से 'संपादक' तक आ पहुँचा। अब शीर्षक की ओर वापस चल कर अन्य शब्दों में केवल इतना दुहरा लिया जाए कि 'आपातकाल' का संबंध 'इमर्जैंसी' से है और 'आपत्काल' (आफ़त-काल) का संबंध 'ऐडवर्सिटी' से है।

'आबरू' और 'रुआब'

'आबरू' में 'आब' भी फ़ारसी का है और 'रू' भी ।

'रूबरू' का अर्थ 'आमने-सामने' क्यों है ? क्योंकि 'रू' का अर्थ 'चेहरा' है।

'आबदार' (पानीदार, चमकदार, कांतिमान्), 'आब-पाशी' (सिंचाई), 'आबेहयात' (जीवन का जल यानी अमृत), और 'दोआब' (दो नदियों के बीच का प्रदेश) में प्रयुक्त

'आब' विविध रूपों में 'पानी' का प्रतिनिधित्व कर रहा है। इसे आप संस्कृत के 'आप' (पानी) से मिलाइए।

'आब' और 'रू' मिल कर 'चेहरे का पानी' अर्थात् 'इज़्ज़त, इस्मत, कीर्ति, नेकनामी, पाकदामनी, पातिव्रत्य, प्रतिष्ठा, यश, सतीत्व' हुआ।

एक बहुश्रुत भाषाविज्ञानी ने 'रुआब' को भी 'आबरू' समझा और समझाया है—यह कहते हुए कि 'रू' और 'आब' का क्रम उलट गया है। उनकी यह उड़ान ग़लत है, क्योंकि 'रुआब' (छोटे 'उ' के साथ) या 'रोब' मूलतः 'रुअब' (छोटे 'अ' के साथ) है और इस का स्रोत फ़ारसी नहीं, अरबी है। इस का अर्थ भी 'आबरू' नहीं, 'धाक' या 'दबदबा' है, जिसे 'रोब-दाब, रोबदार, रोबीला' के अगल-बग़ल रख कर शब्द-रस लिया जा सकता है।

'आबरू' के टुकड़ों से बने एक-दो शब्द और। 'जलवायु' के लिए 'आबोहवा' में वही 'पानी' है (और वही 'वायु')। 'ख़ूबरू' का अर्थ है 'ख़ूबसूरत' या 'सुरूप', और 'माहरू' का अर्थ है 'चाँद-जैसे चेहरेवाला ('वाली' क्यों नहीं)'—फ़ारसी में 'माह' (संस्कृत 'मास') का अर्थ 'चंद्रमा' भी है।

'आवेदन' और 'निवेदन'

'वेदन' पुल्लिंग है, 'वेदना' स्त्रीलिंग। इन के अर्थ हैं 'ज्ञान, अनुभूति, पीड़ा, विवाह'। जरा इन अर्थों के आपसी संबंधों का मजा लें। 'ज्ञान' का अर्जन कष्टसाध्य होता है, शायद इसीलिए इस का 'वेदना' और 'पीड़ा' से अर्थ-संबंध है। दूसरी ओर, 'वेदन' का अर्थ 'ज्ञान' के साथ-साथ 'विवाह' संभवतः इसलिए है कि 'विवाह' कर के व्यक्ति 'ज्ञान' से युक्त हो जाता है और 'वेदना' पाने का आदी हो जाता है !

'वेदन' और 'वेदना' के मूल में 'विद्' है, जो 'विद्या' में भी है और 'विद्वान' में भी है। इन दोनों का ही 'ज्ञान' से सीधा संबंध है।

'प्रतिवेदन' भी स्पष्टतः 'ज्ञान' से संबंधित है—किसी घटना या निरीक्षण का तथ्यात्मक या विश्लेषणात्मक विवरण अर्थात् रिपोर्ट।

'संवेदन' का संबंध 'अनुभूति' से है; अर्थात् जिस का इंद्रियों को अनुभव तो होता है, पर जिस की सायास अभिव्यक्ति नहीं हो पाती। यदि आप 'संवेदनशील' हैं, तो आप को अनुभूतिजन्य वेदना (इनसान होने के नाते महसूस होनेवाली वेदना) अकसर भुगतनी पड़ती होगी।

'आवेदन' और 'निवेदन' में 'नम्रतापूर्वक कोई बात कहना या लिखना तथा इस प्रकार कही या लिखी हुई बात अर्थात् प्रार्थना' तक तो अर्थों का पराच्छादन है, पर इन दो शब्दों की अपनी-अपनी अलग पहचान भी है। 'आवेदन' की घनिष्ठता 'ऐप्लिकेशन' या अर्ज़ी या प्रार्थनापत्र (अर्थात् 'आवेदनपत्र') से है, जब कि 'निवेदन' की घनिष्ठता

'सब्मिशन' या समर्पण या अर्पण या विनती और राय या सुझाव या उद्घोषणा से है ('लॅटर ऑफ़ रिक्वॅस्ट' को 'निवेदनपत्र' कहा जाएगा।)

'ऐप्लिकैंट' को आप 'आवेदक' या 'आवेदनकर्ता' कहेंगे, 'निवेदक' या 'निवेदनकर्ता' नहीं (भले ही 'आवेदक' 'निवेदन' भी करता है)। 'आवेदन' के भीतर 'निवेदन' रह सकता है, जैसे किसी 'आवेदनपत्र' में प्रायः 'निवेदन है कि ···' लिखा जाता है ('आवेदन है कि···' नहीं लिखा जा सकता)।

आगामी उदाहरण को केवल उदाहरण मानिए—आप से मेरा 'निवेदन' है कि आप चपरासी के पद के लिए अवश्य 'आवेदन' करें।

'ऑफ़िस' और 'हॉकी'

इन दो शब्दों में अगर कुछ समानता है, तो बस 'ऑ' और 'ॉ' की है।

'आ' और इस की मात्रा के ऊपर चंद्र के चिह्न का प्रयोग अँगरेज़ी से आए हुए दरजनों शब्दों में किया जा रहा है। किया भी जाना चाहिए, क्योंकि यह चिह्न स्वर को 'आ' और 'औ' दोनों से इतना अधिक भिन्न कर देता है कि यदि इसे न लगाया जाए, तो शब्द का अर्थ कहीं से कहीं पहुँच जाएगा। उदाहरण के लिए—'कॉफ़ी' (क़हवा) बदल कर 'काफ़ी' (पर्याप्त) हो जाएगा; 'बॉल' (गेंद) बदल कर 'बाल' (केश) हो जाएगा; और 'बॉस' (कार्यालय-प्रमुख) बदल कर 'बास' (बू) हो जाएगा। इसी प्रकार, 'चौक' (चौरस्ता, आँगन) की जगह 'चॉक' (खड़िया-मिट्टी), 'लौ' (दीपक की लपट) की जगह 'लॉ' (क़ानून), और 'हौल' (भय की धड़कन) की जगह 'हॉल' (बड़ा कमरा) हो जाएगा। बादवाले शब्दों को इन तीनों जोड़ों में क्रमशः 'चाक' (कुम्हार का), 'ला' (ले आ), और 'हाल' (दशा) जोड़ देने से अर्थविरोध त्रिमुखी हो जाता है।

आ-ऑ-औ के इस तिरंगे मतभेद को आगामी तिकड़ियों में भी देखिए—काल-कॉल-कौल (काल = मृत्यु ; कॉल = टेलीफोन-कॉल आदि; कौल = एक ब्राह्मण-उपजाति)। डाल-डॉल-डौल (डाल = शाखा, गिरा—'गिराना' में; डॉल = गुड़िया; डौल = ढब, डील-डौल)। सा-सॉ-सौ (सा = जैसा; सॉ = आरा—'सॉ-मिल' में, लंबी पट्टी पर दोनों छोरों पर बैठकर ऊपर-नीचे होनेवाले बच्चों के खेल 'सी-सॉ' में; सौ = शत)।

देवनागरी लिपि को ताक़तवर प्रमाणित करने के लिए निम्नलिखित शब्दों में भी चंद्र का चिह्न लगाइए (लेकिन ख़बरदार ! सूची यहीं समाप्त नहीं हो जाती)—ऑफ़िस, कॉलर, टॉफ़ी, टॉप, टॉपिक, टॉस, डॉक्टर, ड्रॉ, ड्रॉप, पॉप-कॉर्न, बॉडी, रॉड, लॉटरी, शॉल, और हॉकी।

'इष्ट' और 'अभीष्ट'

'इष्' (चाहना) धातु से 'इष्ट' बना और 'इष्ट' से 'अभीष्ट' ('अभि' धन 'इष्ट'), 'अनिष्ट' ('न'—'अन्' धन 'इष्ट'), 'यथेष्ट' ('यथा' धन 'इष्ट'), आदि बने।

'इष्ट' के विशेषण के रूप में अर्थ हैं 'चाहा हुआ, अभिलषित, प्रतिष्ठित, पूज्य, प्रिय'। इस शब्द के एक-दो उदाहरण देखिए—"आप अपने इष्टमित्रों सहित मेरे यहाँ चाय पर पधारिए।" (कृपया इस वाक्य के अर्थ को अमल में मत लाइए !) तथा "शिव जी मेरे इष्टदेव (अनुकूल देव, अभिभावक देव, आराध्य देव, कुलदेवता) हैं।"

'इष्ट' के संज्ञा के रूप में अर्थ हैं 'मनोवांछित कार्य' और 'प्रिय व्यक्ति या मित्र'।

'अभि' को जोड़ कर 'अभिमुख, अभिमान, अभ्युदय, अभिभाषण, अभीष्ट'-जैसे दरजनों शब्द बनाए जाते हैं, जिन में इस के 'सामने, अति, श्रेष्ठ, भली-भाँति'-जैसे अर्थ व्यक्त होते हैं।

'अभीष्ट' का प्रयोग भी विशेषण और संज्ञा दोनों प्रकार से होता है। इस के तद्वत् अर्थ हैं 'विशेष रूप से चाहा हुआ या इष्ट होने योग्य' तथा 'ध्येय'।

कहा जा सकता है कि अर्थ-सामर्थ्य के विचार से यदि 'इष्ट' 'प्रिय' है, तो 'अभीष्ट' 'प्रियतम' है।

'अभीष्ट' से स्त्रीलिंग 'अभिष्टा' (बहुत प्यारी चीज) बनाया गया। जरा ग़ौर कीजिए कि इस का एक मतलब है 'प्रेमिका' और 'गृहस्वामिनी' तथा दूसरा मतलब है 'पान'। अब पता नहीं कि 'पान' या 'तांबूल' स्त्रीलिंग कैसे हो गया !

'उद्देश्य' और 'ध्येय'

'ध्येय' की तुलना में 'उद्देश्य' बहुत व्यापक प्रयोगोंवाला शब्द है। संस्कृत में विशेषण के रूप में इस के अर्थ इस प्रकार हैं—स्पष्ट या इंगित किया जाने योग्य, अभिप्रेत, अभिलषित, इष्ट, उद्दिष्ट, संकेतित, तथा देखने योग्य ('उद्देश्य' के 'उद्' का मतलब 'प्रमुखता' है तथा 'दिश्' का मतलब 'दिखाना' है)। 'देखने योग्य' के लिए शब्द 'लक्ष्य' भी है जिस के संज्ञार्थ 'उद्दिष्ट चिह्न, निशाना, अनुमान का विषय, अभीष्ट वस्तु' आदि हैं। यों 'लक्ष्य' प्रायः सामने होने के कारण अपेक्षाकृत मूर्त और स्पष्ट, एवं 'उद्देश्य' उस की तुलना में अमूर्त और अस्पष्ट होता है, पर 'उद्देश्य यह है कि'- जैसी अभिव्यक्तियों में 'उद्देश्य' का अर्थ पनीला होते-होते चेतना के हलके स्तर पर स्थित 'मतलब, मंशा, प्रयोजन' तक पतला हो जाता है। (अँगरेज़ी में 'उद्देश्य' के सहचर 'ऑब्जेक्ट, ऑब्जेक्टिव, एम, गोल, टारगॅट, मोटिव' आदि हैं।)

यदि व्याकरण को आप ने कभी पसंद न किया हो, तो 'उद्देश्य' और 'विधेय' शब्दों

ने आप को जरूर तंग किया होगा। 'उद्‌देश्य' को 'किसी उक्ति या क्रिया का कर्ता' इत्यादि कहने के बदले आज बस इतना कहने की अनुमति दे दीजिए कि 'जिस के विषय में कुछ कहा जाए' वह उद्‌देश्य है (और 'जो कुछ कहा जाए' वह विधेय है)। उदाहरण—"हमारे बॉस बैंड बहुत अच्छा बजाते हैं" में 'हमारे बॉस' उद्‌देश्य है (और शेष वाक्यांश विधेय है)।

व्याकरण वाला 'उद्‌देश्य' कभी 'ध्येय' नहीं हो सकता। 'ध्येय' का विशेषणार्थ 'ध्यानयोग्य' या 'जिस का ध्यान रख कर प्रयत्न किया जाए' है। (यह शब्द 'ध्यान करना'-अर्थवाची धातु 'ध्यै' से बना है।) इस का संज्ञात्मक अर्थ 'ध्यान का विषय' है। यद्यपि इस के प्रयोग की सीमाएँ 'उद्‌देश्य' की अपेक्षा सिमटी हुई हैं, पर अन्यथा यह अधिक ऊँची चीज़ है, अधिक अमूर्त है, अधिक स्थाई है, अधिक निष्ठासाध्य है।

यदि आप का 'उद्‌देश्य' दो पैसे कमाना है, तो 'ध्येय' ईमानदारी से कमाना होना चाहिए।

'उल्लू' और 'गधा'

उल्लू और गधे आजकल की ही शान नहीं हैं, ये 'उलूक' और 'गर्दभ'-रूपों में संस्कृत के सुसंस्कृत काल से चले आ रहे हैं।

सभी जानते हैं कि यों इन में भारी अंतर है, पर एक बिंदु ऐसा है, जहाँ इन दोनों का अर्थ एक ही हो जाता है। वह बिंदु है आदमी का बुद्धि के स्तर पर नीचा मूल्यांकन या गाली। 'बेवकूफ़' के अर्थ में प्रयुक्त होने पर इन शब्दों का पक्षी और पशु का भेद लुप्त हो जाता है।

ये शब्द उस समय लाड़ के वाचक बन जाते हैं, जब कोई व्यक्ति गोद के बच्चे को खिलाते हुए उसे 'उल्लू है', 'गधा है' कह कर छेड़ता है।

उल्लू को लक्ष्मी जी की सवारी स्वीकार किया गया है तथा उसे अशुभ और निर्बुद्धि माना जाता है—शायद इसीलिए कि दिन के खुले प्रकाश में उसे कुछ भी दिखाई न देने के कारण उस की अक़्ल के दरवाज़े बंद रहते हैं। 'काठ का उल्लू' एकदम गतिशून्य होने के कारण और भी बड़े बेवकूफ़ (वज्र मूर्ख) के लिए प्रयुक्त होता है।

'गर्दभ' के मूल में 'गर्द' है, जिस का अर्थ 'शोर करना' है। यह शब्द 'गधा'-रूप में विकसित होने के पूर्व 'गद्‌दह' हो गया था (प्राकृत में)। उस परंपरा में कुछ लोग 'गधा' को 'गदहा' भी लिखते-बोलते हैं। लेकिन भाईसाहब ! यह अच्छी बात नहीं है, क्योंकि 'गदहा' का अर्थ 'वैद्‌य' भी है, जो 'गद' अर्थात् 'रोग' को हरनेवाला होता है।

'ए मुन्ना' और 'ए मुन्ने'

'ए मुन्ना' का प्रयोग एक ही स्थिति में संभव है, जब कि 'ए मुन्ने' का प्रयोग दो स्थितियों में संभव है—

पहली स्थिति—यदि किसी का नाम 'मुन्ना' है (जैसे 'मुन्ना लाल'), तो उसे 'ए मुन्ना' कह कर पुकारा जाएगा; और यदि किसी का नाम 'मुन्ने' है (जैसे 'मुन्ने ख़ाँ'),तो उसे 'ए मुन्ने' कह कर पुकारा जाएगा। नाम व्यक्तिवाचक संज्ञा होता है, उस में परिवर्तन करना सही नहीं है। 'इंद्र' 'इंदर' नहीं हो सकता। 'मुन्ना' मुन्ना ही रहेगा और 'मुन्ने' मुन्ने ही। 'मुन्ना' नामधारी व्यक्ति को 'ए मुन्ने' नाम से उसी प्रकार नहीं पुकारा जा सकता, जिस प्रकार 'सुदामा' नामधारी व्यक्ति को 'ए सुदामे' कह कर नहीं पुकारा जाता।

दूसरी स्थिति—यदि किसी बच्चे का नाम आप को मालूम नहीं है और उसे आप को संबोधित करना है, तो आप उसे 'ए मुन्ने' कह कर संबोधित कर सकते हैं, क्योंकि तब 'मुन्ना' शब्द व्यक्तिवाचक नहीं, जातिवाचक संज्ञा होने के कारण सामान्य 'बच्चा' अर्थ वाला होगा—सैकड़ों मुन्नों में से एक। यदि जातिवाचक संज्ञा-शब्द तत्सम (जैसे 'पिता, वक्ता, राजा') या द्विरुक्त ध्वनियों के साथ रिश्तेवाला (जैसे 'दादा, मामा, फूफा') न हो, तो संबोधन में उस के अंतिम 'आ' का 'ए' हो जाता है—अलबत्ता 'पुरुषवाची' मामलों में (यानी 'कमला' का 'कमले' नहीं होगा), उदाहरणार्थ 'लड़का' का संबोधन '(ए) लड़के' और 'गधा' का संबोधन '(ए) गधे'। इस आधार पर 'हाँ बेटा' कहना ग़लत है, सही है 'हाँ बेटे', और किसी साधु-बाबा के द्वारा कहे जानेवाले 'भोजन करा दे बच्चा' में 'बच्चा' मानक हिंदी के तराज़ू पर हलका (और बनावटी) है (लेकिन विशेषीकृत अर्थ के साथ बहुसंबोधित होते-होते प्रयोग में नाम-जैसा बन गया है)।

'भोला' और 'भोले' को भी व्यक्तियों का नाम होने पर ('भोलानाथ' और 'भोलेनाथ') 'ए भोला' और 'ए भोले' पुकारा जाएगा, लेकिन यदि 'भोला' नाम यानी व्यक्तिवाचक संज्ञा नहीं है, तो 'भोला (आदमी)' को संबोधन में '(ए) भोले (आदमी)' कर देना पड़ेगा, 'ए भोला आदमी' कहना ग़लत है।

'एवं' और 'तथा'

संस्कृत में 'एवं' के अर्थ हैं 'इस रीति से, ऐसा ही, ऐसे ही, और भी, इसी प्रकार, अतः'। इन अर्थों की 'तथा' के अर्थों से कुछ असमानता है और कुछ समानता।

'तथा' के मूल अर्थ हैं 'उस रीति से, वैसा ही, वैसे ही, और भी, इस प्रकार, इस प्रकार भी'। यह शब्द 'यथा' का सहसंबंधी है, जिस के अर्थ हैं 'जैसा कि, कथित रीति के अनुसार'। प्रसिद्ध कहावत याद कीजिए—'यथा नाम, तथा गुण'। इस में 'तथा' का मतलब

'और' नहीं है।

हिंदी में उपर्युक्त दोनों शब्दों 'एवं' और 'तथा' का सामान्य प्रयोग 'और' के अर्थ में किया जाता है। 'और' शब्द को संस्कृत के 'अपर' से विकसित कहा जाता है, जिस के 'और' के अतिरिक्त अन्य अर्थ हैं 'अतिरिक्त, अन्य, दूसरा, भिन्न'।

'और' के लिए एक फ़ारसी शब्द 'व' भी चल रहा है।

इन चारों शब्दों—एवं, तथा, और, व—के प्रयोग के लिए 'नियम' कोई नहीं है, केवल 'चयन' है, प्रयोक्ता की व्यक्तिगत रुचि है, लेखक का शैली-भेद है। आप स्वयं फ़ैसला कीजिए कि आप इन में से किस का प्रयोग कब और कहाँ करते हैं। (1) क्या बिना विचारे किसी का भी प्रयोग कहीं भी करते हैं? (2) या पुनरुक्ति बचाने के लिए इन्हें बदल-बदल कर प्रयुक्त करते हैं? (3) या गंभीर और औपचारिक लेखन में 'एवं' और 'तथा' का, तथा अनौपचारिक और बोलचाल की भाषा वाले लेखन में 'और' और 'व' का प्रयोग करते हैं? (4) या तत्सम शब्दों के साथ 'एवं' और 'तथा' को, तद्भव शब्दों के साथ 'और' को, और उर्दू के शब्दों के साथ 'व' को इस्तेमाल करते हैं? (5) या जब दो कथ्यों में निकटता दिखानी हो, तब 'व' और 'और' को, तथा उन के बीच कुछ दूरी दिखानी हो, तब 'तथा' और 'एवं' को प्रयुक्त करते हैं?

बहरहाल यह तो तय है कि इन शब्दों में लेखक और पाठक के दृष्टिभेद के अनुसार 'पानी' और 'जल' के समान भाषा की स्तरीयता और अर्थ की सम्मानजनक छटा का कुछ क्रम अवश्य है। शायद ये आगे दिए गए क्रम में अधिकाधिक औपचारिक और प्रतिष्ठित प्रयोग का आशय रखते हैं—व, और, तथा, एवं।

अंत में, इस लेख के शीर्षक के बारे में सोचिए कि क्या इस में प्रयुक्त 'और' की जगह 'एवं' या 'तथा', या 'व' इस्तेमाल किया जा सकता है।

'एव' और 'आशु'

ये दोनों शब्द हिंदी में सामान्यतया अकेले प्रयुक्त नहीं होते। 'एव' का प्रयोग किसी अन्य शब्द के बाद में होता है और 'आशु' का प्रयोग पहले होता है। इन शब्दों के साथ-साथ कुछ जाने, कुछ अनजाने संयुक्त शब्दों का जायजा लें।

'एव' किसी शब्द के द्वारा कहे गए विचार पर बल देने के लिए प्रयुक्त होता है। इस का अर्थ 'ठीक, बिलकुल, सही तौर पर, ही' आदि है। इसे 'तत्रैव, तथैव, तदैव, सदैव' में चिपका हुआ देखिए। इन के अर्थ इस प्रकार हैं—'तत्रैव' माने 'वहाँ ही, वहीं'; 'तथैव' माने 'वैसे ही, उसी ढंग से'; 'तदैव' माने 'तब ही, उसी समय'; 'सदैव' माने 'हमेशा ही, सर्वदा ही'।

'एव' 'अतएव' में भी है। चूँकि 'अतः' (अतस्) का मतलब 'इसलिए' या 'इस

कारण' है, इसलिए 'अतएव' का मतलब 'इस ही लिए' अर्थात् 'इसीलिए' या 'इसी से' हो गया।

'आशु' के विविध अर्थ इस प्रकार हैं—(विशेषण-रूप में) तेज़, फुर्तीला; (क्रियाविशेषण-रूप में) जल्द, जल्दी से, झट से, तेज़ी से, फ़ौरन, शीघ्र।

'आशुकवि' उस कवि को कहते हैं, जो कविता तत्क्षण बना दे। 'आशुग' और 'आशुगामी' विशेषण के रूप में 'जल्दी चलनेवाला' और संज्ञा के रूप में 'तीर, वायु, सूर्य' अर्थों के वाचक हैं। डाक-सेवा में 'ऍक्सप्रॅस-लॅटर' को 'आशुपत्र' कहा गया है। 'आशुलिपि' और 'आशुलिपिक' क्रमशः 'स्टैनोग्राफ़ी' (शॉर्टहैंड) और 'स्टॅनोग्राफ़र' हैं, जिन्हें क्रमशः 'शीघ्रलिपि' या 'त्वरालेखन' तथा 'शीघ्रलिपिक' या 'त्वरालेखक' भी कहते हैं।

'आशुतोष' का विशेषणपरक अर्थ है 'शीघ्र तुष्ट या प्रसन्न होनेवाला' और संज्ञापरक अर्थ है 'शिव'। यदि आप ने किसी का नाम 'आशुतोष' होने पर उसे पुकारा 'ए आशु', तो उस का शाब्दिक अर्थ हो जाएगा 'ए शीघ्र' !

यद्यपि 'आशु' और 'एव' को हिंदी ने इस लेख में प्रदत्त उदाहरणों की सीमा तक झेल और पचा लिया है, पर 'शीघ्र ही' अर्थ के लिए इन दोनों को आपस में जोड़ कर 'आश्वेव' का इस्तेमाल करने से हिंदी को अपच हो सकती है।

'क़ब्ज़' और 'क़ब्ज़ा'

हिंदी में हम 'क़ब्ज़' का मतलब केवल 'कोष्ठबद्धता' के लिए सीमित कर चुके हैं, जब कि अरबी में इस के अर्थ 'अजीर्ण, अधिकार, अवरोध, ऐंठन, खिंचाव, गिरिफ़्त, पकड़, बदहज़मी, सिकुड़न' आदि तक विस्तृत हैं। 'क़ब्ज़' के ही अर्थ में 'क़ब्ज़ियत' भी चलता है, पर यह समझ में आना मुश्किल है कि इन दो में से पहला शब्द पुल्लिंग क्यों है और दूसरे को स्त्रीलिंग-रूप देने की ज़रूरत क्यों पड़ गई। ऐसा तो है नहीं कि पुरुषों को केवल 'क़ब्ज़' होता हो और 'क़ब्ज़ियत' केवल स्त्रियों को होती हो !

अब 'क़ब्ज़ा' (अरबी में 'क़ब्ज़ः') देखें। यह शब्द व्यापक अर्थों में किसी वस्तु का उपभोग करने के अधिकार, क़ाबू, गिरिफ़्त, दख़ल, पकड़, पज़ॅशन, वश, आदि के लिए है। अर्थ-विशेषीकरण के साथ यह एक ओर किसी औज़ार या हथियार के दस्ते या मूठ के लिए (अर्थात् 'पकड़' के लिए) प्रयुक्त होता है और दूसरी ओर किवाड़ों को चौखट से जोड़ने के लिए (अर्थात् फिर 'पकड़' के लिए) लोहे या पीतल के उस पुरजे के लिए प्रयुक्त होता है, जिस के कारण किवाड़ घूमते हैं। संदूक के ढक्कन को यह 'क़ब्ज़ा' ही 'क़ब्ज़े' में (पकड़ में) रखता है।

'क़ब्ज़' और 'क़ब्ज़ा' दोनों को फिर से एक-दूसरे के पास लाने का काम 'क़ाबिज़' करता है। 'क़ब्ज़' (संज्ञा) से संबंधित 'क़ाबिज़' (विशेषण) वह (खाद्य पदार्थ या दवा)

है, जो पेट के मल का अवरोध करे यानी क़ब्ज़ करे; तथा 'क़ब्ज़ा' (संज्ञा) से संबंधित 'क़ाबिज़' वह है, जो किसी की वस्तु (जैसे ज़मीन या मकान) पर अधिकार जमा ले यानी क़ब्ज़ा कर ले।

परिशुद्ध लेखन के प्रेमी एक बात और जान लें कि यदि उन्होंने 'क़ब्ज़' में 'ज' के नीचे बिंदी नहीं लगाई, तो शब्द एकदम बदल जाएगा और अरबी में उस का अर्थ चंद्रमा का प्रेमी अर्थात् 'चकोर' हो जाएगा।

'कमबख़्त' और 'अभागा'

नीमहकीमों ने 'कमबख़्त' शब्द की व्याख्या इस प्रकार की है—'कम बख़त (वक़्त) बचा रह गया है जिस के जीवन का, अर्थात् अल्पायु'। बड़े हकीमों की व्याख्या अंत में देखिए। ('गाली' इसे अलबत्ता छोटे-बड़े सभी मानते हैं।)

अरबी के 'क़िस्मत' और 'तक़सीम' शब्दों के अर्थ 'विभाजन' और 'भाग (देना)' हैं। यह 'भाग' ही 'भाग्य' है। और 'अभागा' ? अभागा वह है, जिस के भाग में या हिस्से में कुछ न हो। 'भाग' और 'भाग्य' शब्दों में 'हिस्से करना' अर्थ देनेवाली धातु 'भज्' है ('विभाजन' में देखिए)। अरबी का 'नसीब' भी 'हिस्सा' और 'भाग्य' दोनों है। उदाहरण—आप के नसीब में ख़ुशियाँ ही ख़ुशियाँ हैं। (जब कि मेरे नसीब में 'मेरी पत्नी' हैं !)

संस्कृत के 'प्रारब्ध' और 'नियति', अरबी का 'मुक़द्दर', अरबी-फ़ारसी का 'तक़दीर', और फ़ारसी का 'बख़्त' सब 'भाग्य' हैं।

'बख़्त' से बना 'बख़्तवर' या 'बख़्तावर (सिंह)' नाम इसलिए रखा जाता है कि इस का अर्थ 'भाग्यशाली' है और 'कमबख़्त' नाम इसलिए नहीं रखा जाता कि इस का अर्थ 'कम तक़दीर वाला, हतभाग्य, या शामत का मारा' है। 'कमबख़्त' और 'अभागा' में अभागे का भाग्य अधिक ख़राब होता है, यह इन शब्दों के आरंभ में लगे 'कम' और 'अ' के अर्थों से स्पष्ट हो जाता है। कमबख़्त के प्रति प्रायः सहानुभूति नहीं होती, अभागे के प्रति होती है। किसी लापरवाह विद्यार्थी के फ़ेल होने पर आप कह सकते हैं "कमबख़्त फ़ेल हो गया", पर किसी पढ़नेवाले विद्यार्थी के फ़ेल होने पर उसे आप 'अभागा' कहेंगे।

'किनारा' और 'पुलिन'

'पुलिन' नदी या समुद्र का ऐसा किनारा है, जिसे पानी छू रहा हो और जिस की ज़मीन गीली हो। दूसरे शब्दों में, पानी के अंदर से कुछ ही समय पूर्व निकली हुई भूमि 'पुलिन'

है। इस भूमि का रेतीला होना ज़रूरी-सा है, क्योंकि कोशों में 'पुलिन' का एक अर्थ 'रेतीला किनारा' भी लिखा मिलता है। इस का एक अन्य अर्थ किनारे पर बना हुआ ऐसा लघु द्वीप है, जो नदी का प्रवाह हट जाने से बन गया हो। 'पुलिन' में 'पुल्' धातु है, जिस का अर्थ 'ऊँचा होना' है। 'पुलिन' को पानी से तो ऊँचा होना ही है !

जिस प्रकार पानी से बाहर निकलते ही 'पुलिन' मिलता है, उस प्रकार पुलिन से बाहर की ओर बढ़ते ही 'तट' मिलता है (यानी जल और तट के बीच पुलिन होता है।) 'तट' की 'तट्' धातु का भी अर्थ 'ऊँचा होना' है—'तट' का 'पुलिन' की अपेक्षा और ऊँचा होना आवश्यक है। यही कारण है कि 'तट' का अर्थ 'ढालू ज़मीन' या 'उतार' भी है, जो दूसरी ओर 'क्षितिज' तक जा पहुँचा है। संस्कृत में मानव-शरीर के अंगों के भी तट होते हैं ('किनारे' और 'ढलानें'), जैसे 'कंठतट, कटितट, कुचतट, जघनतट, ललाटतट, श्रोणितट' इत्यादि।

'तटस्थ' क्या है ? वह 'तट पर स्थित' है, 'बच कर खड़ा हुआ' है, 'उदासीन' है।

'कूल' भी 'तट, ढलान, उतार' है और 'छोर, कोर, सिरा' है। वह 'तालाब' और 'नाला' भी है। उस की 'कूल्' धातु का अर्थ 'आवृत्त करना' है।

'कूल' के पहले 'अनु' और 'प्रति' लगाइए। 'अनुकूल' व्यक्ति 'हमारे किनारे पर' होता है, 'प्रतिकूल' व्यक्ति 'दूसरे किनारे पर' होता है।

'तट' से और बाहर की ओर 'तीर' होता है (यानी पुलिन और तीर के बीच तट होता है)। संस्कृत के 'तीर' शब्द की 'तीर्' धातु का अर्थ है 'पार जाना'। तीर 'छोर' है, 'ख़ुश्क ज़मीन' है। बस्ती-विशेष नदी के 'तीर' पर बसी होती है ('तट' पर नहीं)—"यमुना-तीरे कुंज-कुटीरे।"

'बाण' वाला 'तीर' बिलकुल भिन्न है और फ़ारसी का है।

('तट, कूल, तीर' सब का क्रियाविशेषणात्मक अर्थ 'निकट' है।)

'किनारा' भी फ़ारसी से आया है, और अर्थों में बहुत समृद्ध है। वह 'पुलिन, तट, कूल, तीर' सब-कुछ है तथा 'सिरा, छोर, अंत, एकांत' भी है। वह नाव का भी होता है और गाँव का भी होता है। "अब आज्ञा दीजिए, मैं आपसे किनारा करता हूँ।"

'कुत्ता काटना' और 'कुत्ते का काटना'

समाचारपत्र में एक समाचार का शीर्षक देखा—'कुत्ता काटने से तबला-वादक घायल'। पढ़ कर दिमाग़ में हलचल मच गई कि तबला-वादक ने कुत्ता कैसे काट डाला !

'कुत्ता काटना' का मतलब है 'कुत्ते को काटना' (वैसे ही, जैसे 'पत्ता चाटना' का मतलब है 'पत्ते को चाटना' और 'गड्ढा पाटना' का मतलब है 'गड्ढे को पाटना')।

'कुत्ते को काटना' के दो अर्थ निकलेंगे। एक, 'कुत्ते के टुकड़े-टुकड़े कर देना' और

दूसरा, '(तबला-वादक के द्वारा) कुत्ते को काट खाना'। बहरहाल, समाचार के उस शीर्षक का इन दोनों अर्थों से कोई संबंध नहीं हो सकता।

शीर्षक को बदल कर 'कुत्ते के काटने से तबला-वादक घायल' पढ़िए। इस में 'कुत्ते के द्वारा काटा जाना' स्पष्ट है।

उसी समाचारपत्र का एक शीर्षक और देखिए—'साँप काटने से वृद्धा की मौत'। इस वाक्य में मज़े की बात यह है कि कट साँप रहा है और मौत वृद्धा की हो रही है ! वाक्य का सही रूप, उसी प्रकार, 'साँप' और 'काटने' के बीच 'के' रख देने से हो जाएगा—अर्थात् (साँप काटने से नहीं) 'साँप के काटने से वृद्धा की मौत'।

'लड़का देखना' और 'लड़के का देखना' में बड़ा फ़र्क है, जिसे आगामी वाक्यों में देखिए—'लड़की को लड़का देखना बुरा लगा' और 'लड़की को लड़के का देखना बुरा लगा'। इसी प्रकार, यदि आगामी वाक्यों में अंतर नहीं समझा गया, तो अच्छी-खासी गड़बड़ हो सकती है—'लड़की देखने से काम चल जाएगा' और 'लड़की के देखने से काम चल जाएगा'। पहले वाक्य के अनुसार 'लड़की को' देखा जाएगा, जब कि दूसरे के अनुसार 'लड़की के द्वारा' देखा जाएगा।

'केंद्रीय' और 'केंद्रीकृत'

दोनों विशेषण हैं। 'केंद्रीय' 'केंद्र' से बना है और 'केंद्रीकृत' 'केंद्रीकरण' से।

'केंद्रीय' का अर्थ है 'केंद्र से संबंधित' या 'केंद्र में स्थित'। कुछ प्रयोग देखिए—केंद्र-सरकार अर्थात् केंद्र की सरकार अथवा केंद्रीय सरकार, केंद्रीय हिंदी-निदेशालय, केंद्रीय हिंदी-संस्थान, केंद्रीय भाषा-संस्थान, केंद्रीय विश्वविद्यालय। इन सब का संबंध सीधे 'केंद्र' से है। ये सब 'केंद्र के' हैं। इन उदाहरणों में 'केंद्रीय' की जगह 'केंद्रीकृत' कहना अटपटा लगेगा।

'केंद्रीकृत' का अर्थ है 'केंद्रित किया हुआ' (जो पहले केंद्रित नहीं था)। जब चीज़ों को, बातों को, अधिकारों को, सत्ता को, या बिखरे हुए कार्य को समेट कर एक जगह या एक केंद्र में अथवा एक हाथ या एक संस्था में कर दिया जाता है, तब 'केंद्रीकरण' होता है।

केंद्रीय 'मूलतः केंद्र का' होता है, केंद्रीकृत 'बाद में केंद्रित किया हुआ' होता है।

'केंद्रीय' परिधीय और क्षेत्रीय का उलटा होता है, 'केंद्रीकृत' विकेंद्रीकृत का उलटा होता है।

आगे इन दो शब्दों की तुलनीयता को अधिक स्पष्ट करने के लिए पूर्वोक्त सामग्री के भावार्थ को समेटते हुए दो कथनांश और दिए जा रहे हैं—

(1) लोकतंत्र के लिए यह अत्यंत दुर्भाग्यपूर्ण स्थिति है कि 'केंद्रीय' सरकार बनाने वाले राजनैतिक दल का नेता प्रायः सभी प्रकार के अधिकार अपने हाथों में 'केंद्रीकृत' कर

लेता है।

(2) कुछ विश्वविद्यालयों में उत्तर-पुस्तिकाएँ परीक्षकों के घरों में भेज कर नहीं जँचवाई जातीं, उन्हें जँचवाने के लिए परीक्षकों को ही विश्वविद्यालय में बुलाया जाता है--ऐसे में व्यवस्था तो विश्वविद्यालय की ओर से 'केंद्रीय' रहती है, लेकिन मूल्यांकन का कार्य विश्वविद्यालय में 'केंद्रीकृत' होता है (जो घर-घर भेज कर करवाने से 'विकेंद्रीकृत' होता)।

'के बजाय' और 'की ख़ातिर'

बहुत बार पत्र-पत्रिकाओं में 'की बजाय' छपा हुआ देखने को मिलता है। 'बजाय' शब्द स्त्रीलिंग नहीं है, इसलिए इस के पहले स्त्रीलिंग-द्योतक 'की' नहीं लिखा जा सकता। यह शब्द-संकुल 'के अनुसार', 'के द्वारा', 'के लिए' के समान 'के बजाय' होगा। 'के अलावा' भी इसी वर्ग का उदाहरण है। 'के अलावे' लिखनेवाले बंधु नोट करें कि 'अलावे' कोई शब्द नहीं होता और 'अनुसार, द्वारा, लिए, अलावा' लिंग-वचन की दृष्टि से अविकारी या अव्यय अर्थात् 'सदा एकरूप' हैं।

अब 'के ख़ातिर' का 'के' देखिए। शायद ऊपर के उदाहरणों के 'के' के समकक्ष समझते हुए इसे जरूरत से ज़्यादा सावधानी के कारण ग़लत कर दिया जाता है। यह शब्द-संकुल 'की ख़ातिर' होगा, क्योंकि 'ख़ातिर' स्त्रीलिंग है। समतुल्यता के लिए 'की अपेक्षा' द्रष्टव्य है।

'के बजाय' का सदा एक प्रयोग है, जब कि 'की ख़ातिर' के दो हैं। उदाहरणों से बात आसान हो जाएगी। 'राम के बजाय श्याम को बुलाओ' और 'राम की ख़ातिर श्याम को बुलाओ' एक-जैसे हैं। इन में 'बजाय' और 'ख़ातिर' का एक-सा काम है (अव्यय का)। इस के विपरीत, 'पाणिनिपुत्र की पिटाई करनी होगी' के समतुल्य 'पाणिनिपुत्र की ख़ातिर करनी होगी' में 'की ख़ातिर' ऊपर के उदाहरण के 'की ख़ातिर' के समान एक संयुक्त इकाई नहीं है। 'राम की ख़ातिर (आवभगत) करना' में 'की' और 'ख़ातिर' के बीच 'ख़ूब' या 'लड्डुओं से' आ सकता है, जैसे 'राम की ख़ूब ख़ातिर करना: राम की लड्डुओं से ख़ातिर करना' में, जब कि 'राम के बजाय श्याम को बुलाओ' के समतुल्य 'राम की ख़ातिर श्याम को बुलाओ' में 'की' और 'ख़ातिर' के बीच कुछ नहीं आ सकता: यानी, उदाहरणार्थ, 'राम की ख़ूब ख़ातिर श्याम को बुलाओ' या 'राम की लड्डुओं से ख़ातिर श्याम को बुलाओ' हिंदी के लिए घिनौने वाक्य हो जाएँगे। यहाँ 'ख़ातिर' का काम शुद्ध संज्ञा का है, अव्यय का नहीं। 'की ख़ातिर' के अव्ययवत् और संज्ञावत् प्रयोगों का भेद एक बार और देखिए—'भौजाई की ख़ातिर यह काम कर देना' बनाम 'भौजाई की ख़ातिर में कमी न करना'।

'राम का बदला श्याम ने चुकाया' में पुल्लिंग शब्द 'बदला' शुद्ध संज्ञा है, जब कि 'राम के बदले श्याम को बुलाओ' में 'बदले' अव्यय है।

अब 'बग़ल' से संबंधित एक मज़ेदार उदाहरण देखिए। 'राम की बग़ल में' और 'राम के बग़ल में' में क्या अंतर है ? 'की बग़ल' ('बग़ल' संज्ञा) संयुक्त इकाई नहीं है, 'के बग़ल' ('बग़ल' अव्यय) संयुक्त इकाई है। 'राम की बग़ल में फोड़ा है, या फ़ाइल है, या डंडा है, या बाल हैं' में 'की बग़ल' सही है, जब कि 'राम के बग़ल में श्याम का मकान है' या 'पत्नी के बग़ल में बैठ जाओ' में 'के बग़ल' सही है। अब ज़रा 'राम की बग़ल में श्याम का मकान है' तथा 'पत्नी की बग़ल में बैठ जाओ' के अर्थ निकाल कर देखिए !

'खट्टा' और 'खट्टाश'

आप यह तो कहते हैं कि 'मामला खटाई में पड़ गया', पर यह कभी नहीं कहते कि 'मामला मिठाई में पड़ गया'। इसी प्रकार, आप के दाँत 'मीठे' कभी नहीं होते, 'खट्टे' कई बार हो जाते हैं। ऐसे ही, आप के मन के बारे में भी कहा जा सकता है कि वह 'मीठा' नहीं हुआ करता, पर 'खट्टा' जब चाहे हो जाता है।

हिंदी में 'खट्टा' (फ़ारसी में 'तुर्श') का मतलब यद्यपि 'खटास से युक्त' है, पर यह शब्द 'कटु' से विकसित माना जाता है, जो पहले 'खट्ट' बना, फिर 'खट्टा'। (एक ओर, 'कड़ुआ' और 'कड़वा' का विकास 'कटु' से नहीं, 'कटुक' से हुआ है, तथा दूसरी ओर, संस्कृत की धातु 'खट्ट' का अर्थ 'छिपाना' है।)

संस्कृत में 'खट्टा', और प्राकृत में भी 'खट्टा', एकदम कुछ और है। वहाँ उस का अर्थ 'चारपाई' है, अर्थात् संस्कृत-प्राकृत का 'खट्टा' हिंदी में 'खाट' ('चाहना' अर्थवाली 'खट्' धातु से निर्मित संस्कृत-'खट्वा') और 'खटिया' (संस्कृत-'खट्विका') है, जो आकार की लघुता के हिसाब से 'खटोला' और 'खटोली' की ओर बढ़ गया है। 'खाट' और 'खटोला' मिल कर, यानी 'खाट-खटोला' रूप में, 'बोरिया-बिस्तर' अर्थात् 'गृहस्थी का सामान' के लिए प्रयुक्त होता है।

'खटास' क्या है, यह हम सब को पता है, पर 'खट्टाश' (या 'खट्टास') के बारे में बहुतों को नहीं पता। संस्कृत के इस शब्द का संबंध न 'खट्टा' से है, न 'खाट' से। अब कुछ लोग पूछेंगे कि ऐसे अत्यल्प प्रयुक्त शब्द को जानने से क्या लाभ। तो भाई ! इसका जवाब शायद यह हो सकता है कि यदि इसे जानने से उन की हानि हो रही हो, तो वे लेखक को माफ़ कर दें।

इस शब्द का अर्थ है 'गंधबिलाव', जो बिल्ली, बल्कि बिल्ले, और नेवले से मिलता-जुलता एक 'यथानाम तथागुण' जंगली जंतु है, जिसे 'गंधमार्जार' और 'मुश्कबिलाव' (फ़ारसी में 'मुश्क' माने 'कस्तूरी') भी कहते हैं। इस शब्द की जड़ में ऊपर दूसरे पैरे के

अंत में बताई गई 'छिपाना' अर्थ वाली 'खट्ट' धातु है (तीसरे पैरे में संकेतित 'चाहना' अर्थ वाली 'खट्' धातु नहीं)। छिपा नहीं है कि 'खट्टाश' अपने अंग-विशेष में गंध छिपाए रहता है।

'खल' और 'शठ'

दोनों 'दुष्ट' हैं—अपने-अपने ढंग की नापाक हरकतों में माहिर। पर कुल मिला कर 'खल' बड़ा है।

'खल' क्रूर होता है, 'शठ' धोखेबाज़।

चाणक्य ने खल की तुलना साँप से कर के उसे साँप से अधिक क्रूर बताया है, क्योंकि साँप मंत्र और औषधि से वश में आ जाता है, पर खल नहीं। 'खलनायक' को याद कीजिए, जिस का इलाज पिटाई-धुनाई, जेल, या मृत्यु से ही हो पाता है।

खल निर्लज्ज होता है, चुग़लख़ोर होता है, नीच होता है। "मैं मूरख खल कामी, कृपा करो भर्ता।" ('खल्' धातु का एक अर्थ है 'गिरना'।)

'शठ' में 'शठ्' धातु है, जिस के अर्थ हैं 'धोखा देना' और 'चोट मारना'। यद्यपि नीति के नाम पर यह कहा जाता है कि शठ के साथ शठता बरतनी चाहिए (शठे शाठ्यं समाचरेत्), लेकिन यदि आप शठ नहीं हैं, तो ऐसा नहीं कर सकते, क्योंकि शठ छली होता है, चालाक होता है। वह ठग होता है।

साहित्य में 'शठ नायक' ऐसा धोखेबाज़ प्रेमी या बनावटी प्रेम करनेवाला पति होता है, जो अपना अपराध छिपाने में चतुर हो। चतुर होने के कारण वह झगड़ा करनेवालों (और 'वालियों') के मध्य समझौता करानेवाला (मध्यस्थ) भी होता है (कई बार ये 'वालियाँ' उस की पत्नी और प्रेमिका ही होती हैं।)

अंत में दो गालियाँ और। बेहया और धूर्त। इन में से पहली का नाता 'खल' से है और दूसरी का 'शठ' से।

'ख़लीफ़ा' और 'छुटपुट'

'ख़िलाफ़' अरबी का विशेषण-शब्द है, जिस का अर्थ है 'जो (व्यक्ति) किसी मत, विचार, आदि का विरोध करता हो या जो (बात) किसी सिद्धांत से मेल न खाती हो'। इस का सामान्य अर्थ है 'विरुद्ध'। अरबी में इस से संबंधित स्त्रीलिंग-संज्ञा-शब्द 'ख़िलाफ़त' का मतलब है 'मुहम्मद साहब के बाद उन का प्रतिनिधित्व'। आजकल हम इसे 'विरोध' के अर्थ में इस्तेमाल कर रहे हैं। 'ख़लीफ़ा' (अरबी 'ख़लीफ़ः') पुल्लिंग-संज्ञा-शब्द भी

'ख़िलाफ़त' (ख़लीफ़ा का पद; प्रतिनिधित्व) के समान 'प्रतिनिधि' के अर्थ में 'मुहम्मद साहब के उत्तराधिकारी' के लिए प्रयुक्त है। ज़ाहिर है कि ख़लीफ़ा जी अपने उसूलों के विरुद्ध आचरण करनेवालों के ख़िलाफ़ होंगे और वैसे सब लोग ख़लीफ़ा जी की ख़िलाफ़त करेंगे। नतीजा यह है कि इस के अर्थ यदि एक ओर 'अधिकारी, अध्यक्ष, बूढ़ा व्यक्ति, अनुभवी' हुए, तो दूसरी ओर 'नाई, दरजी, ख़ानसामा, खुर्राट' हो गए। तुलनीय है कि कुछ लोगों के लिए 'साधु' और 'पंडा' का मतलब 'ढोंगी' और 'धूर्त' होता है।

'सिपुर्द' सही है या 'सुपुर्द' ? हिंदी में ही नहीं, फ़ारसी में भी ये दोनों सही हैं। यही हाल 'छिटपुट' और 'छुटपुट' का है, जिनमें से कोई ग़लत नहीं है। हिंदी में ऐसे न जाने कितने पूर्व-रूप और विकसित रूप, तत्सम रूप और तद्भव रूप, तथा कम प्रचलित और अधिक प्रचलित रूप जोड़ों में उपलब्ध हैं, जिन्हें कोशों में समान स्तर पर मान्यता प्राप्त है। गाली खाने के लिए कौन कहेगा कि 'वर्ष' और 'बरस', या 'अंचल' और 'आँचल', या 'पिपासा' और 'प्यास' में से कोई एक शुद्ध है और दूसरा अशुद्ध। ऐसे मामलों में न तो हम (पाणिनि की संतानें तथा पाठक बंधु) लेखक/लेखिका की क़लम पकड़ सकते हैं और न कोशकार/कोशकारा (!) की, जो 'छिटपुट' को 'छिटकना' से जोड़ते हैं और 'छुटपुट' को 'छुटफुट' बता कर 'छूटा-फूटा' से जोड़ते हैं ! इन तीन शब्द-रूपों के अलावा शब्दकोश में एक और रूप 'चुटफुट' भी दिया गया है। अब यह आप की मरजी है कि 'छुटपुट, छिटपुट, छिटफुट, चुटफुट' में से आप किस का वरण करते हैं।

'गुरु' और 'गुरू'

यदि आप को उ-ऊ से संबंधित यह लेख बचकाना लगे, तो इसे बच्चों के लिए ही पढ़ लें। वैसे इस में संकेतित ग़लतियाँ 'बच्चोंवाले' भी करते पाए जा चुके हैं।

अर्थ की दृष्टि से 'वधु' और 'वधू' एक ही हैं (दोनों सही हैं), जब कि 'बहु' (बहुत) और 'बहू' एक-दूसरे से बिलकुल अलग हैं।

'आप लुटेंगे' और 'आप लूटेंगे' के जबरदस्त अंतर का भार 'उ' और 'ऊ' के ही कंधों पर है। 'बुढ़ा' (क्रिया) और 'बूढ़ा' (संज्ञा) भी एक-दूसरे के विकल्प नहीं हैं; उदाहरण—वह बूढ़ा सत्तर साल का होने पर भी नहीं बुढ़ाया है।

एक नियम। शब्दांत के 'ऊ' का 'उ' में परिवर्तन—पुल्लिंग 'आँसू' और 'कंगारू' विकारी बहुवचन बनते ही 'आँसु (ओं)' और 'कंगारु (ओं)' हो जाते हैं। स्त्रीलिंग 'बहू' और 'जोरू' भी बहुवचन बनते ही 'बहु (एँ)/(ओं)' और निस्संदेह 'जोरु (एँ)/(ओं)' हो जाते हैं।

सही शब्द 'उपर' नहीं, 'ऊपर' है; 'उँचाई' नहीं, 'ऊँचाई' है। इस के विपरीत, 'ऊगना' नहीं, 'उगना' है; 'ऊँगली' नहीं, 'उँगली' है।

एक-दो आदत्त शब्द--'हाऊस' की जगह 'हाउस' होगा और 'जुडो' की जगह 'जूडो' होगा।

ज़्यादा बुरा हाल 'रु' और 'रू' का है। कोई ग़लत-सलत 'नेहरू' लिख रहा है, कोई 'पुरूष'; कोई 'दुरुह' लिख रहा है, कोई 'विरुद्ध'; कोई 'जरुरी' लिख रहा है, कोई 'रूपया' (संस्कृत का 'रूप्यक' हिंदी में कब का 'रुपया (रु.)' हो चुका है)। हाँ, 'गुरु' और 'गुरू' में फ़र्क करना अब ज़रूरी हो गया है। शब्दकोशों में 'गुरू' 'गुरुघंटाल' के अर्थों में पहुँच चुका है। हिंदी भी कम उर्वर नहीं है। 'गुरुकुल, गुरुजन, गुरुता, गुरुवार' तो संस्कृत से हैं, पर 'गुरुआइन, गुरुआई, गुरुघंटाल, गुरुडम, गुरुद्वारा, गुरुभाई, गुरुमुखी' और 'गुरू' हिंदी की अपनी कमाई है।

'चिह्न/चिन्ह' और 'ब्राह्मण/ब्राम्हण'

वर्तनी की दृष्टि से 'चिह्न-चिन्ह' की, 'ब्राह्मण-ब्राम्हण' की, 'आह्वान-आव्हान' की, और 'आह्लाद-आल्हाद' की बहस अभी चल ही रही थी कि 'द्वारा-व्दारा' और 'बुद्ध-बुध्द' ने नया बखेड़ा शुरू कर दिया। इन दुहरे रूपों में से हर जोड़े का पहला रूप तत्सम होने के कारण मूलतः शुद्ध है, जिसे लिखने पर आप 'जानकार' माने जाएँगे। इन जोड़ों का हर दूसरा रूप नई वर्तनी वाला कहा जाएगा।

प्रयोग की आवृत्ति की दृष्टि से ऊपर संकेतित नए स्पेलिंगों में 'न्ह' और 'म्ह' अन्यों की तुलना में बहुत आगे हैं, जिन का उच्चारण भी वर्णों के क्रमानुरूप हो चुका है (उदाहरण--'चिन्ह, पूर्वान्ह, मध्यान्ह, अपरान्ह, वन्हि, अपन्हुति' और 'ब्राम्हण, ब्रम्हा, ब्रम्ह, ब्रम्हचर्य')।

'व्ह' और 'ल्ह' अपेक्षाकृत पीछे हैं, पर इन के उच्चारण में भी अनुकूल परिवर्तन सुनाई देने लगा है (उदाहरण--'आव्हान, जिव्हा, विव्हल, व्हाइट हाउस, व्हेल, व्हील, व्हेनसाँग' और 'आल्हाद')।

'व्द' और 'ध्द' लेखन में तो धँस चले हैं, पर इन के उच्चारण में इन के वर्णों का क्रम पूर्ववत् उलटा ही है (उदाहरण--'व्दारा, व्देष' और 'बुध्द, बौध्द, शुध्दि')।

ऊपर उदाहृत इन नए स्पेलिंगों वाले शब्दों में से 'न्ह' और 'म्ह' वाले रूपों को विकास और बहुप्रचलन के नाम पर उसी प्रकार स्वीकार्य मानना होगा, जिस प्रकार, उदाहरणार्थ, 'कृष्ण, कर्म, एकादश, मृत्यु' आदि तत्सम रूपों के साथ-साथ इन के तद्भव रूप 'कन्हैया (कान्ह), काम, ग्यारह, मौत' आदि को भी शुद्ध माना जाता है।

'व्ह' और 'ल्ह' वाले रूपों को कोशों में स्वीकार करवाने के लिए इन के पक्षधरों को अभी बहुमत तैयार करना पड़ेगा ('प्रह्लाद' ने तो 'प्रल्हाद' की शक्ल ग्रहण करना अभी शुरू भी नहीं किया है)।

'व्द' और 'ध्द' आज की स्थिति में बकवास हैं।

निष्कर्ष—'चिन्ह' और 'ब्राम्हण' आदि चलना सीख गए हैं; 'आव्हान' और 'आल्हाद' आदि खड़ा होना सीख रहे हैं (कभी-कभी लड़खड़ा जाते हैं); और 'व्दारा' और 'बुध्द' आदि का अभी नाजायज जन्म-मात्र हुआ है।

'चोर पकड़ाया' और 'बच्चा फेंकाया'

शीर्षक में दिए गए प्रयोग एक दैनिक समाचारपत्र से लिए गए हैं।

'कान काटा गया' और 'कान कट गया' में यह अंतर है कि इन में से पहला काम 'किसी के द्वारा' किया गया है, जब कि दूसरे काम को करनेवाले का कोई नामो-निशान नहीं है, वह मानो 'स्वयं' हो गया है। इस तथ्य को व्याकरण की शब्दावली में इस प्रकार कहेंगे कि पहला उदाहरण कर्ता की अज्ञात उपस्थिति के साथ कर्मवाच्य में है, जब कि दूसरा उदाहरण कर्मकर्तृवाच्य में है (जिस में कर्म ही कर्ता का काम करता है)।

मानक हिंदी में 'चोर पकड़ लिया गया' के आशय के साथ '(किसी के द्वारा) चोर पकड़ा गया ('पक' पर बलाघात)' सही है तथा 'चोर पकड़ में आ गया' के आशय के साथ 'चोर पकड़ गया (स्वयं)' भी सही है। इसी प्रकार, प्रेरणार्थक 'चोर पकड़ाया गया या पकड़वाया गया (किसी के द्वारा)' तो हो सकता है, पर 'चोर पकड़ाया' किसी भी साँचे के अनुसार नहीं हो सकता। 'चोर पकड़ गया' के अर्थ में 'ड़ा' पर बलाघात के साथ 'चोर पकड़ा गया (स्वयं)' मानक हिंदी के लिए अपाच्य है। इसी भावाभिव्यक्ति के लिए 'चोर पकड़ाया' लिख डाला जाता है।

दिल्ली आदि के आस-पास 'चोर पकड़ गया' के अर्थ में 'चोर पकड़ाया' सुन-पढ़ कर हिंदी-भाषी उसी प्रकार कूद पड़ेंगे, जिस प्रकार वे 'घर उजड़ गया' के लिए 'घर उजड़ाया' और 'बच्चा बिछुड़ गया' के लिए 'बच्चा बिछुड़ाया' सुन कर कूद पड़ेंगे।

यही हाल 'बच्चा फेंकाया (या फिंकाया)' का है। संबंधित सही अभिव्यक्तियों के लिए 'कान काटा गया' के वज़न पर '(किसी के द्वारा) बच्चा फेंका गया ('फें' पर बलाघात)' का इस्तेमाल करना होगा और 'कान कट गया' के वज़न पर 'बच्चा फिंक गया (स्वयं)' का प्रयोग करना पड़ेगा ('फिंका गया' का नहीं)।

'चोली' और 'दामन'

घनिष्ठ और स्थाई संबंधों के द्योतन के लिए हिंदी में 'चोली-दामन का साथ' बहुत दिनों से चला आ रहा है, यद्यपि हमारे कैंपस के मौलवी साहब और पंडित जी दोनों को इस

सच्चाई का आभास नहीं है कि 'चोली' शब्द अपने मूल को खोजते-खोजते संस्कृत तक जा पहुँचता है, जब कि 'दामन' शब्द फ़ारसी की ओर मुड़ जाता है।

संस्कृत में 'चिल्' धातु माने 'वस्त्र पहनना' है, 'चेल' माने 'वस्त्र' है, और 'चेलिका' माने 'चोली' है। संस्कृत के 'चोल', 'चोलक', और 'चोडक' का अर्थ भी 'चोली' है, लेकिन साथ-साथ 'चोला' भी है। 'चोली' छोटा-सा वस्त्र है (अँगिया, कंचुकी), 'चोला' लंबा-चौड़ा वस्त्र है (मुल्लाओं-साधुओं आदि द्वारा पहना जानेवाला लंबा-ढीला कुरता)। (फ़ारसी का 'चोग़ा' आगे से खुला हुआ लंबा-ढीला पहनावा है, जिसे अँगरेजी के 'गाउन' के समकक्ष रखा जा सकता है।)

सुना होगा—"मेरा रँग दे बसंती चोला।"

'चोला' का अर्थ 'शरीर' भी है (आत्मा का वस्त्र)। एक मुहावरा है 'चोला छोड़ना' (शरीर त्यागना)। एक और मुहावरा है 'चोला बदलना' (पुनर्जन्म लेना, रूप बदलना)। एक आशीर्वाद है 'चोला मगन रहे'।

'अँगरखा' ('अंगरक्षक' से व्युत्पन्न) एक लंबा बंददार मरदाना वस्त्र है, जिस के ऊपरी भाग का नाम भी 'चोला' है। अँगरखे के निचले झूलते हुए भाग को 'दामन' कहते हैं। एक साहब हैं, जो "प्यार में धोखा खा बैठे, 'दामन' में आग लगा बैठे।"

जनाने कपड़ों की तरफ बढ़ें, तो 'चोली' के साथ पहना जानेवाला कमर से नीचे का वस्त्र 'दामन' है (वह 'लहँगा' भी है, 'स्कर्ट' भी है, और साड़ी का लटकता हुआ छोर 'आँचल' भी है)।

"गुलों (फूलों) से ख़ार (काँटे) बेहतर हैं, जो 'दामन' थाम लेते हैं।"

'चोला' के समान 'दामन' के साथ भी कुछ मुहावरे चलते हैं। उदाहरण के लिए, 'दामन छुड़ाना' बराबर है 'संबंध छोड़ कर अलग होना' और 'दामन पकड़ना' बराबर है 'सहायता हेतु किसी को पकड़ना'। अंत में दुआ है कि ख़ुदा न करे, आप को किसी के सामने 'दामन फैलाना पड़े।'

'छुट्टी' और 'अवकाश'

कौन नहीं जानता कि स्कूल-कॉलिज में पढ़ने-पढ़ाने से 'छूट' मिलना और कार्यालय, फ़ैक्टरी, आदि में काम करने से 'छुटकारा' मिलना 'छुट्टी' है। आनेवाले को अनुपस्थित रहने की और आए हुए को वापस जाने की 'अनुमति' चाहिए, यानी 'छुट्टी' चाहिए। 'छूटना' और 'छुटकारा' का यह सगोत्र शब्द 'काम-बंदी का दिन' है—व्यक्ति-विशेष का भी और सार्वजनिक भी।

अँगरेजी के 'लीव' तथा 'हॉलिडे' या 'वैकेशन' वाला अंतर 'छुट्टी' और 'अवकाश' में नहीं है।

'अवकाश' के 'अव' के माने हैं 'कमी' और 'काश्' धातु के माने हैं 'चमकना, प्रकट होना, दिखाई देना' (याद कीजिए 'प्रकाश' का 'काश्', जिस का अर्थ 'दीप्ति' है)। टुकड़ों को जोड़ कर 'अवकाश' के प्रारंभिक अर्थ 'दिखाई देने में कमी या प्रकट न होने की स्थिति' समझे जा सकते हैं। इस का मतलब है कि 'अवकाश' बराबर है 'न होना या ख़ालीपन' और इसीलिए इस के प्रयोगार्थों में 'ख़ाली समय, .फ़ुरसत, अवसर' और 'ख़ाली स्थान, दरार, छिद्र, गुंजाइश, अंतर, फ़ासला, व्यवधान' आदि बहुत-कुछ शामिल हैं। सिद्ध है कि अर्थों के मामले में 'छुट्टी' से 'अवकाश' का दायरा बड़ा है।

'अवकाश' के माने 'छुट्टी' जरूर हैं, पर 'अवकाश-ग्रहण' (सेवा-निवृत्ति, रिटायरमेंट) तथा 'अवकाश-प्राप्त' (सेवा-निवृत्त, रिटायर्ड) में 'अवकाश' के बदले 'छुट्टी' का प्रयोग नहीं हो सकता, और इस के विपरीत, उदाहरणार्थ, "गावस्कर ने सारे बोलरों की छुट्टी कर दी" के बदले "गावस्कर ने सारे बोलरों का अवकाश कर दिया" नहीं कहा जा सकता।

'जहाज़' और 'दहेज'

पढ़ कर मजा आ जाएगा कि ये दोनों शब्द मूलतः एक ही हैं।

अरबी में 'जहाज़' 'ज्', 'ह्', और 'ज़्' से बनी 'इकट्ठा करना' अर्थ देनेवाली धातु से बना है, जिस का प्रारंभिक अर्थ '(इकट्ठा किया गया) सामान' है—यह सामान चाहे सामान्य यात्रा के लिए हो, चाहे शादी-ब्याह के लिए हो, और चाहे कफ़न-काठी के लिए हो।

आगे चल कर सामान्य मुसाफ़िर के साथ का सामान आज के 'जहाज़' की ओर मुड़ गया और दूल्हे को मिला सामान आज के 'जहेज़' की ओर मुड़ गया। 'जहेज' को उर्दू-हिंदी में 'जहेज़' के अलावा 'दहेज' भी बोला जाता है।—यहाँ संस्कृत-प्रेमियों ने 'दहेज' को एक ओर 'दाय' (वैवाहिक उपहार) से जोड़ने का उपक्रम किया है और दूसरी ओर 'दातव्य' (देने योग्य) से पैदा करने की कोशिश की है।

उधर मुसाफ़िर का सामान अर्थात् 'जहाज़' अरब में 'ऊँट की काठी पर रखे सामान' के लिए और फिर 'ऊँट की काठी' के लिए प्रयुक्त हुआ। फ़ारसी में आज भी ऊँट की काठी के लिए 'जहाज' शब्द प्रचलित है।

यह शब्द 'तख़्ते पर रखे सामान' से 'तख़्ते की गाड़ी पर रखे सामान' के लिए और उस से 'सामान ढोने की गाड़ी' के लिए प्रयुक्त होते-होते अरबवासियों द्वारा की जाने वाली समुद्री यात्राओं में सामान ढोने के वाहक के लिए चल निकला।

आजकल 'जहाज' पानी और हवा में सामान ही क्या, और भी क्या-कुछ नहीं ढो रहा है। यदि ऊपर विवेचित शब्दों का प्रयोग हिंदी में न हुआ होता, तब भी हमारी जेबें

संबंधित शब्दों से ख़ाली नहीं होतीं। याद कीजिए —जलयान और पोतः वायुयान और विमानः तथा यौतक (विवाह के अवसर पर कन्या को उपहार में दिया गया धन)⋯यानी दहेज की बीमारी संस्कृत-काल में भी विद्यमान थी।

'जायदाद' और 'दाद'

'जायदाद' का आजकल क्या अर्थ है, यह बताना जरूरी नहीं है। इसलिए सीधे इस की रामकहानी की तरफ बढ़ा जाए।

फ़ारसी में 'जा' का मतलब है 'जगह'। इस का यौगिक रूप 'जाए' हो जाता है, जिस के प्रयोग के लिए आगामी उदाहरण देखिए—जाएनमाज (नमाज पढ़ने की जगह), जाएपनाह (पनाह अर्थात् सुरक्षा की जगह)। 'जाएजरूर' का दिलचस्प मतलब निकलता है 'जरूरी जगह अर्थात् शौचालय'। इसी तरह 'जाएदाद'(जायदाद) का अर्थ निकलता है 'दी हुई जगह'। बादशाह द्वारा अपने अमीरों को सेना रखने में होनेवाले व्यय हेतु 'दी गई जमीन' को 'जाएदाद' कहा जाता था। बात बढ़िया है। कभी-कभी आप किसी की अधिकार-युक्त भूमि, मकान, सामान, धन आदि अचल-चल संपत्ति के लिए 'जायदाद' का नहीं, 'ज़मीन-जायदाद' का प्रयोग करते हैं।

फ़ारसी में (संस्कृत में भी) 'दाद' का अर्थ 'दान' (दिया हुआ) या 'बख़्शिश' है। 'ख़ुदादाद' माने 'ख़ुदा का दिया हुआ'। (संस्कृत में 'दादद' माने 'दान देनेवाला'।)

'दाद' माने 'न्याय' भी है। 'दादख़्वाह' माने 'न्याय की ख़्वाहिश करनेवाला, इंसाफ़ चाहनेवाला, फ़रियादी'।

'न्यायोचित प्रशंसा' भी 'दाद' है। "मैं आप के धैर्य की दाद देता हूँ कि आप अभी तक बोर नहीं हुए।" 'दाद' माने 'वाह-वाह'। "भले आदमियों को अपने दोस्त की सड़ी हुई कविता पर भी दाद देनी पड़ती है।"

एक 'दाद' और है—ऐसा चर्मरोग, जिस में उभरे हुए चकत्तों (ददोड़ों) में ख़ूब खुजली होती है। इस का जन्म संस्कृत के 'दद्रु' और प्राकृत के 'दद्दु' से माना जाता है।

दो 'दादों' (!) का एक फ़र्क़ और देखिए। स्त्रीलिंग 'दाद' (प्रशंसा) सब को अच्छी लगती है, पर पुल्लिग 'दाद' (चर्मरोग) केवल चर्मरोग के डॉक्टरों को अच्छा लगता है।

'जौहर' और 'जवाहर'

पहले हिंदी का 'जौहर' देखें, फिर अरबी का। ईसा की तेरहवीं से पंद्रहवीं शताब्दी तक

युद्ध में शत्रु की विजय निश्चित देख कर राजपूत-स्त्रियों का एक विशाल चिता में एक साथ घुस कर जल मरना (और साथ में पुरुष-वर्ग का स्वयं को युद्ध में झोंक कर शत्रु-संहार करते हुए वीरगति को प्राप्त होना) 'जौहर' कहलाता था। तदनुसार इस का सामान्य अर्थ 'आत्मसम्मान की रक्षा हेतु आत्महत्या' हो गया। इसे संस्कृत के 'जीव-हर' से भी जोड़ने की कोशिश की गई है और 'जतुगृह' (लाक्षागृह) से भी।

अरबी में 'जौहर' का अर्थ 'गुण' और 'रत्न' है (फ़ारसी में इस से संबद्ध 'गौहर' का अर्थ 'मोती' है)। 'जवाहर' 'जौहर' का बहुवचन है, लेकिन प्रायः एकवचन में ही इस्तेमाल होता है। 'जवाहर' का फिर से बहुवचन 'जवाहरात' बनाया जाता है (और कुछ मेहरबान एक पायदान और चढ़ कर 'जवाहरात' का भी विकारी बहुवचन 'जवाहरातों' बना डालते हैं)।

'जवाहरात' (रत्नसमूह) 'ज़ेवरात' (गहने) से बहुत भिन्न है। 'ज़ेवर' फ़ारसी का है।

आजकल जौहर दिखाने का मतलब वीरता, साहस, हेकड़ीः करतब, चतुराई, हथकंडाः उत्तमता, विशेषता, प्रावीण्य, आदि दिखाना है। "सब जानते हैं कि आप ने अपने छात्र-जीवन में कम जौहर नहीं दिखाए थे।"

'जौहर' से 'जौहरी' बना, जो 'जवाहरात' को परखने-बेचने का धंधा करता है। इसे कुछ लोग 'जवाहरी' भी कहते हैं। 'जौहरी' रत्नों के ही नहीं, गुणों, शब्दों, आदि के भी पारखी के लिए प्रयुक्त होता है।

'जवाहर' और 'जवाहिर' में यों अर्थ के मामले में कोई अंतर नहीं है, पर नेहरू जी 'जवाहर लाल' ही थे, 'जवाहिर लाल' नहीं।

'हीरे-जवाहरात' और "हीरे की परख जौहरी ही कर सकता है"-जैसे रोज़ के प्रयोगों से सिद्ध है कि 'हीरा' (संस्कृत 'हीरक') अरबी का न होते हुए भी इस लेख में विवेचित अरबी-शब्दों का बहुत गहरा दोस्त है।

'ठंड' और 'ठंडक'

जब अहिंदीभाषी-क्षेत्र से आई हुई नई बहू बोली, "ठंडी लग रही है", तो हिंदीभाषी-क्षेत्र के पति का उस से पूछा गया सवाल ग़लत नहीं था कि क्या चीज ठंडी लग रही है—सेज या कमरे की दीवार या हवा ? लेकिन बहू 'ठंड' को ही एकदम ग़लत 'ठंडी' कह रही थी।

'ठंडी' विशेषण है। पर "ठंडा चलेगा या गरम ?" में 'ठंडा' संज्ञावत् है ('ठंडा पेय' के अर्थ में)।

'ठंड' संज्ञा है—सरदी, यानी वातावरण में कम तापमान की स्थिति। 'ठंडक' उस का हलका और प्रिय रूप है (अल्पार्थक प्रत्यय '-क' लग जाने के कारण)।

'ठंड' खाने की चीज है ! उदाहरण—आप कल रात ठंड खा गए। 'ठंडक' दिल को पहुँचती है, राहत और तसल्ली के रूप में। 'ठंड' मौक़ा पा कर हड्डियों में घुस जाती है। 'ठंडक' पहुँचाने के लिए 'ठंडाई' (या 'ठंडई') पी जाती है।

'ठंड' प्रायः कष्टदायक होती है, 'ठंडक' सुखदायक होती है।

'ठंड' के लिए अँगरेज़ी में 'कोल्ड' है,'ठंडक' के लिए 'कूलनॅस' है।

'ठंडा' का मूल संस्कृत के 'स्तब्ध' में खोजने की कोशिश की गई है (पर प्रश्न-चिह्न मिटा नहीं है)।

'ठंडा' की अपेक्षा 'ठंढा' में, 'ठंड' की अपेक्षा 'ठंढ' में, या 'ठंडक' की अपेक्षा 'ठंढक' में अधिक 'ठंड' नहीं है ! ये वर्तनी के स्वच्छंद विकल्प-मात्र हैं। इन में से 'ढ' वाले रूप अब बुढ़ा गए हैं।

'डूब मरना' और 'डूब कर मरना'

एक प्रकाशित समाचार का शीर्षक पढ़िए—'नाव उलटी, दस डूब मरे'। इस में 'डूब मरे' का प्रयोग सही नहीं है (क्योंकि 'डूब मरने' के लिए इतने बड़े हादसे की ज़रूरत नहीं है, उस के लिए चुल्लू भर पानी ही पर्याप्त है)।

'डूब कर मरना' और 'डूब मरना' में बहुत अंतर है। 'डूब मरना' एक मुहावरा है, जिस का अर्थ है 'लज्जा के मारे मर जाना' या 'शरम के मारे मुँह न दिखाना'।

ऊपर संकेतित शीर्षक के 'डूब मरे' से यह भी लगता है कि डूबनेवाले व्यक्ति जान-बूझ कर डूबे होंगे।

समाचार के अनुसार शीर्षककार का आशय एकदम सामान्य था कि नाव उलट जाने से दस व्यक्ति डूब कर मर गए। इस आशय को 'दस डूबे' अथवा 'दस मरे' लिखने-मात्र से स्पष्ट किया जा सकता था (जिस का विस्तृत रूप 'दस डूब कर मरे' या 'दस डूब कर मर गए' बनाया जा सकता है)।

अर्थ-भेद के लिए 'कर' का बीच में आवश्यकतानुसार प्रयोग किया जाना कितना ज़रूरी है, यह इन उदाहरणों में भी देखिए—'आ कर जाना' बनाम 'आ जाना'; 'देख कर लेना' बनाम 'देख लेना'।

'बिना मुहावराने सामान्य कथन' और 'मुहावरे वाले विशिष्ट कथन' से संबंधित एक प्रकाशित शीर्षक का उदाहरण और देखिए—'आग लगी, चार जल मरे'। यहाँ ('जल कर मर गए' या) 'जल कर मरे' (या केवल 'मरे') के लिए 'जल मरे' लिखने से मरनेवालों की असमर्थता नहीं, स्वेच्छा व्यंजित हो रही है। 'वे जल मरे' से लगता है कि मरनेवालों ने आत्महत्या की है, जैसे 'शादी न हो पाने के कारण प्रेमी-प्रेमिका जल मरे' में।

दूसरी बात यह है कि 'जल मरना' मुहावरा 'डाह से कुढ़ना' अर्थ देता है। आगे

लिखे गए उदाहरण की वास्तविकता पर ग़ौर कीजिए—आप का तथाकथित मित्र आप की तरक़्क़ी देख कर जल मरा।

'थोड़ा-बहुत' और 'बहुत-कुछ'

आप इन शब्द-युग्मों का प्रयोग 'थोड़ा' या 'थोड़ा-बहुत' या 'बहुत-कुछ' नहीं, 'बहुत' जानते हैं।

'थोड़ा' से 'थोड़ा-बहुत' थोड़ा ज़्यादा है और 'बहुत' से 'बहुत-कुछ' कुछ कम है।

'थोड़ा' की जड़ें संस्कृत के 'स्तोक' में हैं, 'बहुत' की 'प्रभूत' में हैं, और 'कुछ' की 'किंचित्' में हैं।

'थोड़ा' अर्थों में बहुत-कुछ है—'कुछ, अल्प, कम, किंचित्, न्यून, जो परिमाण या मात्रा में अधिक न हों'।

'थोड़ा-सा' के 'सा' से सदृशता का भाव और 'लगभग' का निहितार्थ व्यक्त होता है। इस 'सा' को 'जैसा' का लघु रूप मानिए। 'थोड़ा-सा' का भोटा अर्थ है 'जरा-सा' या 'तनिक'।

'थोड़ा-बहुत' के अर्थ इस प्रकार हैं—'कुछ-कुछ, कुछ-न-कुछ, किसी क़दर कम या अधिक, ('थोड़ा' से ज़्यादा, पर 'बहुत' से कम)'।

'बहुत' का अर्थ चालाकी से समझाने के लिए कहिए—'जो संख्या में कम न हों' (जैसे 'रायपुर में बहुत गधे हैं' में) और 'जो मात्रा में कम न हो' (जैसे 'क्षमा करें, आप बहुत गधे हैं' में)।

'कुछ' विशेषण के रूप में 'थोड़ा'-सदृश है, जैसे 'कुछ पानी, थोड़ा पानी' में, पर यह अलग से सर्वनाम भी है, जैसे 'आप को कुछ खिलाऊँ क्या' में।

'कुछ का कुछ' कुछ और है। वह 'और का और' है, 'उलटा' है।

'बहुत-कुछ' कितना है ? जो 'थोड़ा नहीं' है, 'काफ़ी' है, 'अच्छी तरह से कामचलाऊ' है।

उदाहरण—आप ने तबला बजाना सीख तो 'बहुत-कुछ' लिया है, पर आप बजाते 'थोड़ा-बहुत' ही हैं।

'दरअसल' और 'दरवेश'

'दर' दोनों शब्दों में है, पर एक-दूसरे से अलग-अलग है। (यहाँ हमें न 'रेट' वाले 'दर' से मतलब है और न 'सूद-दर-सूद' वाले या किसी और 'दर' से।

'दरअसल' के 'दर' का मतलब 'अंदर' या 'में' है। 'दर' और 'अंदर' दोनों फ़ारसी के हैं, पर 'अस्ल' अरबी का है। अर्थ है 'यथार्थ'। दोनों को जोड़ कर बनाए गए 'दरअस्ल' या 'दरअसल' का शब्दांशक्रमिक अर्थ 'में वास्तव' होता है, पर हिंदी में शब्द-क्रम के हिसाब से 'में' अपने से संबंधित शब्द के पूर्व में नहीं, बाद में ही आता है और वहाँ इतनी स्थिरता के साथ आता है कि कुछ लोग 'वास्तव में' अर्थ व्यक्त करने के लिए 'दरअसल' के बाद भी 'में' लगा मारते हैं, जिस का मतलब हो जाता है 'वास्तव में में'। उन लोगों से निवेदन है कि वे या तो 'असल में' बोला-लिखा करें या केवल 'दरअसल'।

अब 'दरवेश' वाला 'दर' देखिए, जो 'दरवाज़ा' और 'दरबान' में भी दिखाई दे रहा है और 'दर-दर भटकना' में भी। 'दरवेश' का काम है 'दर-दर घूमना (और सब का भला करना)' फ़ारसी के इस शब्द में बड़ी इज़्ज़त भरी है। इस का अर्थ है 'साधु, सन्यासी, भिक्षुक, पुनीत आत्मा, ख़ाकसार, विनम्र': इस सूची में एक अर्थ यह भी जोड़ा जाना ज़रूरी है—'किसी पुर की डायरी लिखने के लक्ष्य से दर-दर घूम कर तथ्यपरक सामग्री संकलित कर के उसे दिलचस्प ढंग से पेश करनेवाला पत्रकार'।

'दहकना' और 'तपना'

पहले आग 'सुलगती' है, फिर 'दहकती' है, और उस के बाद 'धधकती' है।

'सुलगना' का मतलब है 'जलने लगना' या 'आग पकड़ना'। 'धीरे-धीरे जलते रहना' को भी 'सुलगना' कहते हैं, जिस के लिए 'बीड़ी का सुलगना' अच्छा उदाहरण है। 'भीतर ही भीतर जलना' भी 'सुलगना' है। जब आदमी के भीतर आग सुलगती है, तो वह या तो कुढ़ रहा होता है या बदले की भावना या क्रोध से उबल रहा होता है। 'आग भड़कना' तब होता है, जब 'सुलगा हुआ वैमनस्य' प्रबलता के साथ प्रकट हो जाता है या कोई उपद्रव खड़ा हो जाता है।

'दहकना' इस प्रकार जलना है कि लपट या आँच बाहर निकले। "लू से सड़क दहक रही है" ग़लत है; "भट्ठी दहक रही है" सही है। 'लंका-दहन' में पहले आग दहकी होगी, फिर धधकी होगी, क्योंकि 'धधकना' में वह ऊँची-ऊँची लपटों के साथ जलती है, धू-धू कर के जलती है। (एक अनाड़ी के अनुसार 'धूँ-धूँ' कर के, अर्थात् धुआँ-धुआँ कर के!) 'धू-धू' का अर्थ है 'वस्तु के जलते समय होनेवाला अनुकरणात्मक शब्द'। साहित्यिक 'धधकना' में न लपटों का होना ज़रूरी है और न धू-धू होना, जैसे "हृदय में ज्वाला धधक रही है" में।

'तपना' बिलकुल भिन्न है। वह 'जलना' नहीं है, 'तप्त होना' है। उस में लपटें नहीं होतीं। संस्कृत के 'तप, तपन, ताप, तापक्रम, तापमान' और फ़ारसी के 'तपिश' में से किसी

में भी लपट नहीं है।

"लू से सड़क तप रही है" सही है। कुछ सही प्रयोग और देखिए—दहकती हुई अँगीठी के ऊपर रखा बरतन तप चुका है; ज्वर से बदन तप रहा है; आतप से छत तप गई है; मुसीबतों में तपने के बाद अब आप खरा सोना हो गए हैं।

अंगारे दहकते हैं, पर उन के पास बैठा हुआ आदमी तपता है। विरह की अग्नि दहकती है, पर विरही तपता है।

'दुबला' और 'पतला'

'दुर्बल' से 'दुबला' बन गया, पर 'निर्बल' से 'निबला' नहीं बना। 'दुर्बल' और 'निर्बल' के अर्थ शिथिल लेखन में परस्पर गड्ड-मड्ड हैं, पर चुस्त लेखन में 'निर्बल' को 'निर्-' के अर्थ के साथ 'बलहीन' या 'शक्तिरहित' कहा जाएगा और 'दुर्बल' को 'दुर्-' के अर्थ के साथ 'कमजोर' या 'क्षीणकाय' कहा जाएगा। "निर्बल के बल राम" होते हैं, दुर्बल के बल वे नहीं होते ! ('दुर्बल' को 'दुर्बाल' से अलग रखिए: उस का मतलब 'गंजा, गंजापन, गंज नामक रोग' है।)

'दुबला' शब्द द्रव पदार्थ और अन्य बेजान चीज़ों के लिए प्रयुक्त नहीं होता, जैसे 'दुबला दूध, दुबली खीर, दुबला डंडा, दुबली चादर' में।

'दुबला' कौन है ? जो मोटा (संस्कृत 'मुष्ट') नहीं है। उदाहरण—दुबला प्रेमी, मोटी प्रेमिका। शहर के अंदेशे से दुबले क़ाज़ी जी, मोटी काया।

'दुबला' से 'पतला' (संस्कृत 'पत्राल') का प्रयोग-क्षेत्र बहुत बड़ा है। 'पतला' क्या है ? (वह भी) जो मोटा नहीं है। उदाहरण—पतली धार, मोटी धार। पतला गद्दा, मोटा गद्दा। पतला छिलका, मोटा छिलका। पतला तार, मोटा तार। पतला ओठ, मोटा ओठ। पतली कमर, मोटी कमर।

'पतला' और क्या है ? जो गाढ़ा (संस्कृत 'गाढ') नहीं है, अधिक तरल है, जिस में जलांश अधिक है। उदाहरण—पतला दूध, गाढ़ा दूध। पतली दाल, गाढ़ी दाल।

पुनः, 'पतला' और क्या है ? जो चौड़ा नहीं है। उदाहरण—पतली गली, चौड़ी गली। (चेहरे का) पतला नक़्शा, चौड़ा नक़्शा।

आदमी दुबला होता है, 'दुबला-पतला' होता है, पर उसे केवल 'पतला' नहीं होना चाहिए। उस की हालत 'पतली' होती है, 'दुबली' नहीं होती।

'देखने (के लिए) चलूँ' और 'देखने के लिए कहूँ'

'देखने चलूँ' सही है, 'देखने कहूँ' ग़लत है। क्यों ?

आगे दिए गए दो सही वाक्यों की तुलना कीजिए—"मैं तुम्हें यह किताब देखने दूँगा" और "मैं तुम्हें यह किताब देखने के लिए दूँगा"। दूसरे वाक्य में 'देखने' के बाद 'के लिए' के कारण ही उस का पहले वाक्य से अर्थ-भेद है। इस का मतलब यह है कि कहीं 'के लिए' का लिखा जाना ज़रूरी नहीं होता और कहीं ज़रूरी होता है।

अब कुछ अन्य प्रकार के वाक्य देखिए—"वह उसे देखने सदा तैयार रहता था। जब तक मैं जाने न कहूँ, तब तक मत जाना। वह हाथ बँटाने प्रस्तुत हुआ है। हमारा विभाग आप को सहभागी होने आमंत्रित करता है।" इन उदाहरणों में 'देखने', 'जाने', 'बँटाने', और 'होने' (क्रियार्थक संज्ञाओं) के बाद 'के लिए' या समानार्थी 'को' का प्रयोग करना आवश्यक है।

शीर्षक में दिए गए 'देखने के लिए कहूँ' में भी 'देखने' के बाद 'के लिए' या 'को' का प्रयोग आवश्यक है, जब कि 'देखने के लिए चलूँ' में उस का ऐच्छिक लोप संभव है।

नियम इस प्रकार है—'आना', 'चलना', 'जाना', 'पहुँचना', आदि गंतव्यसूचक क्रियाओं के साथ आने पर उन के पूर्व के प्रयोजनवाची 'के लिए' या 'को' का ऐच्छिक लोप होता है। उदाहरण के लिए, "वह मुझ से मिलने के लिए मेरे घर पहुँचा","वह मुझ से मिलने को मेरे घर पहुँचा", और "वह मुझ से मिलने मेरे घर पहुँचा" तीनों सही हैं, लेकिन "वह पास होने के लिए बहुत परिश्रम करेगा" वाक्य में 'करेगा' क्रिया के साथ 'के लिए' का लोप संभव नहीं है, इसलिए "वह पास होने बहुत परिश्रम करेगा" वाक्य अशुद्ध है।

इस लेख में प्रदत्त उदाहरणों में 'देखने', 'जाने', 'बँटाने', और 'होने' के बाद 'के लिए' का ऐच्छिक लोप इसलिए संभव नहीं है कि इन के बाद प्रयुक्त हुई क्रियाएँ ('कहना', 'रहना', 'होना', 'करना') गंतव्यसूचक नहीं हैं।

'दो शब्द' और 'दो लोटे'

'दो शब्द' का एक मतलब है गिन कर 'तीन से एक कम शब्द' और दूसरा सामान्य अर्थ है 'कुछ वाक्य'। पहला अर्थ शाब्दिक है, दूसरा मुहावराना और रूढ़। जब किसी सभा-समारोह में किन्हीं साहब से निवेदन किया जाता है कि वे 'दो शब्द' कहें, तो उस के पीछे यह भावना रहती है कि वक्ता महोदय लंबा भाषण न झाड़ें। लेकिन समय की कमी को ध्यान में रख कर प्रयुक्त किए गए इस सब से छोटे निवेदन का अवसर पाते ही कुछ महाशय आशीर्वाद के दो शब्दों को भी इतना लंबा खींच देते हैं कि 'दो शब्द' के अर्थ का

अनर्थ हो जाता है। किसी-किसी पुस्तक के 'प्राक्कथन' के स्थान पर प्रस्तुत विचारों के लिए भी 'दो शब्द' शीर्षक दिया जाता है। इस प्रकार इस के सामान्य अर्थ का विशेषीकरण हो गया है।

'दो' का अर्थ कई बार 'दो' नहीं होता। 'किसी से दो-चार होना' में देखिए। एक नमूना और पेश है—बस, मैं दो लोटे पानी से नहा कर आया। यहाँ 'दो लोटे पानी' से आशय—'जल्दी' का निकल रहा है, दो लोटों के बराबर पानी से नहाना या लोटे से ही नहाना अभीष्ट नहीं है। इस तरह के प्रयोगों में लेखक को कोई शब्द बदलने की छूट नहीं रहती। उदाहरण के लिए, वह 'दो लोटे' की जगह 'तीन जग' या 'आधी बालटी' लिख कर वैसा अर्थ संप्रेषित नहीं कर सकता।

'दो शब्द' और 'दो लोटे' में 'दो' अपने आगे के शब्द के पास तो काफ़ी आ गया है, पर इतना पास अभी नहीं आया है, जितना यह, उदाहरणार्थ 'दोपहर' और 'दोगाना' में आगे के शब्द से चिपक जाने की स्थिति तक आ चुका है।

'नारंगी' और 'टमाटर'

'संतरा' फ़ारसी के 'संगतरः' से विकसित है, जब कि 'नारंगी' और अँगरेज़ी का 'ऑरिंज' एक ही शब्द के दो धाराओं में विकसित रूप हैं। वह शब्द क्या है ?

नरेश कुमार ने 'हिंदी-व्युत्पत्ति-कोश' में लिखा है कि हिंदी के 'नारंगी' शब्द का मूल अरबी का 'नारंज' है। (लेकिन इसे आप सही मत मानिए।)

ऑक्सफ़ोर्ड डिक्शनरी के अनुसार अँगरेज़ी के 'ऑरिंज' शब्द का भी मूल अरबी का 'नारंज' है। (इसे भी सही मत मानिए।)

टर्नर ने 'नेपाली डिक्शनरी' में खुद 'नारंगी' शब्द को मूलतः फ़ारसी का माना है। (आप इस बात को भी महत्व मत दीजिए, क्योंकि मद्दाह के 'उर्दू-हिंदी-शब्दकोश' में फ़ारसी-शब्द 'नारंगी' नहीं, 'नारंज' दिया गया है।)

यदि उपर्युक्त किसी मत को स्वीकार कर लिया गया, तो यह मानना पड़ेगा कि 'नारंगी' किसी विदेशी शब्द से संबंधित है, जब कि गैलेशियो की खोजों के अनुसार इस नाम के पेड़ और फल का मूल स्थान भारत ही है, जिस की जंगली जातियाँ सिलहट, कुमायूँ, सिक्किम, और नीलगिरि की पहाड़ियों पर आज भी पाई जाती हैं। परिणामतः इस का मूल शब्द किसी भारतीय भाषा का ही होना चाहिए।

रामचंद्र वर्म्मा ने 'मानक हिंदी कोश' में 'नारंगी' को संस्कृत के 'नागरंग' (सिंदूरी) से उद्भूत माना है। आप्टे के 'संस्कृत-हिंदी कोश' में 'नागरंग, नारंगक, नारंग' सब का अर्थ नारंगी और संतरे के पेड़ या फल पर जा कर टिकता है। ('नारंग' का एक अर्थ 'गाजर' भी है। नारंगी और गाजर का सिंदूरी रंग मिलाइए।)

उधर 'वॅब्स्टर्स न्यू वर्ल्ड डिक्शनरी' में 'ऑरिंज' को भी संस्कृत के 'नारंग' से विकसित लिखा गया है।

इस शब्द की यात्रा इस प्रकार है। भारत का 'नारंग' फ़ारसी में 'नारंज' हुआ, जो उसी शक्ल के साथ अरबी में टिक कर यूरोप की ओर बढ़ा और वहाँ की विभिन्न भाषाओं में अलग-अलग रूपों में गृहीत हुआ। स्पेनी में यह 'नारंज' ही रहा, पुर्तगाली में 'लारंज' हो गया। लैटिन में इस का रूप 'ओरेंजिया' मिलता है, फ़्रांसीसी में 'औरेंज', और अँगरेजी में 'ऑरिंज'।

'टमाटर' मूलतः दुनिया के दूसरे छोर की चीज़ है, जिस की शुरुआत जानने के लिए मेक्सिको तक पहुँचना होगा, जहाँ बोली जानेवाली आदिवासी भाषा नहुअत्ल में इस के लिए ' तोमात्ल' शब्द है। उस क्षेत्र में बसे हुए स्पेनिश-भाषियों ने इसे 'टोमाटो'-रूप में उधार ले कर इसे यूरोप का रास्ता दिखाया, जहाँ इस का प्रचार सन् 1550 ई. के लगभग हुआ। अँगरेजी ने इसे 'टमाटो' पुकारा और हिंदी ने इसे 'टमाटर' कर दिया।

'पत्र' और 'पत्रिका'

अध्यापक महोदय 'पत्रिका' का आधुनिक मतलब 'पाक्षिक, मासिक, आदि पुस्तिका या मैगज़ीन' तथा 'पत्र' का मतलब 'चिट्‌ठी' और ' समाचारपत्र'-मात्र बता कर छुटकारा पा लेने की सोच रहे थे, पर 'आवेदनपत्र, ताम्रपत्र, दानपत्र, प्रपत्र, प्रमाणपत्र, प्रश्नपत्र, भूर्जपत्र, या भोजपत्र, शपथपत्र, और शोधपत्र' आदि के तथा आगे की गई चर्चा के कारण उन्हें जल्दी छुट्‌टी नहीं मिल पाई।

'पत्र' बना 'पत्' (गिरना) से; अर्थ हुआ '(वृक्ष का) पत्ता'। फिर 'कमल का पत्ता' और 'फूल की पत्ती'। फिर ' वह पत्ता, जिस पर कुछ लिखा जाए (भूर्जपत्र); यानी आज का काग़ज़'। फिर 'लिखी हुई ख़ास चीज़ ; यानी चिट्‌ठी'। पत्र के उपर्युक्त मानों के बीच-बीच में निम्नलिखित शब्द भी अपनी-अपनी जगह फ़िट होते गए—'तेजपात, वरक़, पन्ना, पट्‌टा, दस्तावेज़'।

'पत्रिका' लघु रूप होने की वजह से आरंभ में 'पत्ती' रही; फिर 'काग़ज़ का टुकड़ा, पन्ना, प्रलेख, छोटा लेख, चिट्‌ठी' हुई। फिर शादी से संबंधित 'लग्नपत्रिका' बनी; और ज्योतिष से संबंधित 'जन्मपत्रिका' (जन्मकुंडली) बनी, जो 'जन्मपत्री' या 'पत्री' भी कहलाई। 'पत्री' शब्द 'चिट्‌ठी-पत्री' में 'चिट्‌ठी' का अविशेष अर्थ के साथ साथ निभा रहा है।

'पत्रा' भी ज्योतिष से संबंधित हो कर जन्मपत्रियों के 'निर्देशक' के रूप में 'पंचांग' का वाचक बन गया।

'पत्र' के पुराने अर्थों में सादृश्यजन्य 'पक्षी का पर' और 'बाण का पंख' भी

सम्मिलित हैं। इन अर्थों के तथा चिट्ठी ले जाने के काम में लाए जाने के कारण 'पक्षी' और 'बाण' को 'पत्रवाह' और 'पत्रवाहक' कहा गया। आज 'पत्रवाह' सीधे-सीधे 'डाकिया' है।

'पत्र' की अर्थधारा में 'कटार और तलवार का फल' तथा 'चाकू, छुरी' भी बह चुके हैं। इस तथ्य से आज का 'पत्तर' शब्द (किसी धातु की पतली पत्ती या टुकड़ा) जुड़ता है। ' पत्तर' पर भी लेख-प्रलेख खुदने का चलन प्राचीन काल से रहा है।

'पत्र' यदि 'समाचारपत्र' न होता, तो हमें 'पत्रकार' के बदले 'समाचारपत्रकार' कहना पड़ता। महिला-पत्रकार भी पत्रकार ही होती है, 'पत्रकारा' नहीं। 'पत्रिकाकार' भी कोई नहीं होता। 'पत्रिका' चाहे कितनी ही मोटी हो, लंबाई-चौड़ाई के नाम पर 'पत्र' से सदा मात खाती है।

'परिव्यय' और 'परिणय'

'व्यय' माने 'ख़र्च', और 'परिव्यय' माने 'किसी वस्तु के निर्माण में होनेवाला कुल व्यय अर्थात् लागत (कॉस्ट)'। 'शुद्ध' माने 'ख़ालिस' और 'परिशुद्ध' माने 'पूरी तरह शुद्ध या एकदम ठीक (ऐक्युरेट)'।

'परि' विभिन्न शब्दों के पहले जुड़ कर उन के अर्थ के साथ ख़ूब खेल खेलता है। यदि 'हास' हँसी है, तो 'परिहास' हँसी-मजाक या बहुत जोरों की हँसी है। कभी 'परि' का मतलब 'आस-पास, इधर-उधर, इर्द-गिर्द, चारों ओर' होता है, जैसे 'परिक्रमा' और 'परिप्लुत (जिस के चारों ओर जल ही जल हो)' में; कभी इस से 'पूर्णता' का अर्थ निकलता है, जैसे 'परिपक्व' और 'परित्याग' में।

'कैंपस' के लिए हम 'परिसर' शब्द प्रयुक्त करते हैं, जिस का मतलब है 'किसी के चारों ओर बहने या चलनेवाला, किनारा, सामीप्य, पर्यावरण, फैला हुआ मैदान'।

'परितुष्ट' माने 'ख़ूब तुष्ट', 'परिपुष्ट' माने 'ख़ूब पुष्ट'।

'परिवर्धन' और 'परिश्रम' में 'परि' 'अतिशय' का वाचक है तथा 'परिपूर्ण ' और 'परीक्षा' (ईक्ष् 'देखना') में 'अच्छी तरह' का।

'परि' से होनेवाली अर्थ-समृद्धि के उदाहरणों के लिए इस के 'परिवार' के कुछ अन्य सदस्य देखिए—'परिचर' सेवक है, 'परिजन' आश्रित या पोष्य वर्ग। 'परिपत्र' किसी विषय का सूचनापत्र है, 'परिभाषा' स्पष्ट कथन या संशय-रहित बात। 'परिवेश' सूर्य-चंद्र-मंडल या 'परिधि' है, 'परिशेष' जो अब भी शेष हो। 'परिवर्तन' रूपांतर है, 'परिवहन' वहन का कार्य (जिस के साधन हैं रेलगाड़ी, ट्रक, आदि)।

'परिषद्' माने 'चारों ओर से घेर कर या घेरा बना कर बैठना, सभा, सम्मिलन, काउंसिल' हैं, और 'पर्यावरण' 'परि' धन 'आवरण' है। 'परियोजना' (स्कीम, प्रोजॅक्ट)

कार्य-रूप में परिणत की जानेवाली योजना के बारे में व्यवस्थित रूप से स्थिर किया हुआ विचार और स्वरूप है, 'परिनिष्ठित' पूर्ण कुशल या सुनिश्चित (भाषा के संदर्भ में 'चरम अवस्था या पराकाष्ठा या पूर्णता तक पहुँची हुई', जैसे 'परिनिष्ठित हिंदी')।

'परिणति' नत होना, काया पलट होना, पूर्णता, या परिणाम है और 'परिणय' विवाह। वह कैसे ? —प्रदक्षिणा करना अर्थात् 'चारों ओर' इस प्रकार चक्कर लगाना कि वह (?) अपने दाहिने हाथ की ओर ही रहे और उसे (?) 'पूरी तरह से' दूर ले जाना (संस्कृत में 'परि' + नी + अच् = परिणयः 'नी' माने 'ले जाना')।

'पहला' और '101वाँ'

'पहला, दूसरा, तीसरा, चौथा' को कुछ लोग '1ला, 2रा, 3रा, 4था' लिख देते हैं, जो उपयुक्त नहीं है, क्योंकि इन्हें क्रमशः 'एकला, दोरा, तीनरा, चारथा' पढ़ा जा सकता है। हाँ, 'पाँचवाँ' को '5वाँ' लिखा जा सकता है, क्योंकि इसे किसी दूसरी तरह से नहीं पढ़ा जा सकता।

'एक' से 'एकवाँ' नहीं बनता, पर 'एक सौ एक' से 'एक सौ एकवाँ' बनता है और इसे '101वाँ' लिखा जा सकता है। यही स्थिति '102वाँ, 103वाँ, 104वाँ' की है, जो '105वाँ' अर्थात् 'एक सौ पाँचवाँ' के समान क्रमशः 'एक सौ दोवाँ', 'एक सौ तीनवाँ', 'एक सौ चारवाँ' उच्चरित होंगे, भले ही लेखन में 'दोवाँ, तीनवाँ, चारवाँ' दिखाई नहीं पड़ते। विचित्र तथ्य हैं कि (1) 'पहला' को 'एकवाँ' नहीं कह सकते, (2) 'एक सौ एकवाँ' को 'एक सौ पहला' भी कह सकते हैं, (3) 'पहला' को '1ला' लिखना अनुपयुक्त है, और (4) 'एक सौ एकवाँ' की अपेक्षा '101वाँ' लिखा जाना अधिक संगत है। यही स्थिति 'दूसरा, तीसरा, चौथा' की है, जिन्हें (1) 'दोवाँ, तीनवाँ, चारवाँ' नहीं कह सकते, (2) 'एक सौ दोवाँ' को 'एक सौ दूसरा' भी, 'एक सौ तीनवाँ' को 'एक सौ तीसरा' भी, और 'एक सौ चारवाँ' को 'एक सौ चौथा' भी कह सकते हैं, (3) 'दूसरा, तीसरा, चौथा' को '2रा, 3रा, 4था' लिखना अनुपयुक्त है, और (4) 'एक सौ दोवाँ', 'एक सौ तीनवाँ', 'एक सौ चारवाँ' की अपेक्षा अंकों के साथ क्रमशः '102वाँ, 103वाँ, 104वाँ' लिखा जाना अधिक संगत है (क्योंकि 'दोवाँ, तीनवाँ, चारवाँ' कहीं लिखे हुए दिखाई नहीं पड़ते)।

'सातवाँ' से 'सौवाँ' तक के शब्द 'पाँचवाँ' के समान समरूप हैं, जिन्हें अंक के साथ '5वाँ' के समान '7वाँ' से '100वाँ' तक बिना दुविधा के लिखा जा सकता है।

'छठा' ('छठवाँ' नहीं) 'पहला, दूसरा, तीसरा, चौथा' के समान है, जिसे 'छहवाँ' नहीं कह सकते, पर '106वाँ' लिख कर 'एक सौ छहवाँ' कह सकते हैं, साथ ही 'एक सौ छठा' ('106 ठा' लिखना अनुपयुक्त) भी चला सकते हैं।

'पानी' और 'पानी-पानी'

शब्द को दुहरा कर हम अपना मतलब 'तरह-तरह' से निकाला करते हैं। 'बच्चों को पाँच रुपए दे दो' और 'बच्चों को पाँच-पाँच रुपए दे दो' का अंतर बच्चे भी अच्छी तरह से जानते हैं। इसी प्रकार, 'घर में धूम मची है' और 'घर-घर में धूम मची है' का भी अंतर सुस्पष्ट है। लेकिन 'ख़ास बात', 'ख़ास बातें', और 'ख़ास-ख़ास बातें' पर कुछ चर्चा अपेक्षित है। यदि विशेष बात केवल एक हो, तो वह खास बात होगी; यदि मिलती-जुलती विशेष बातें एक सामूहिक इकाई में हों, तो वे 'ख़ास बातें' होंगी; और यदि एकाधिक विशेष बातें अलग-अलग प्रकार की हों, तो वे 'ख़ास-ख़ास' बातें होंगी। इस आधार पर किसी समाचारपत्र में 'मुख्य समाचार (एकवचन)' तो हो सकता है (सब से मुख्य अकेला होने पर), पर अन्यथा समाचारपत्रों में सामान्यतया 'मुख्य-मुख्य समाचार' ही हुआ करते हैं (एक अमुक मुख्य, दूसरा अमुक मुख्य, इत्यादि कई मुख्य समाचार होने के कारण)। आकाशवाणी और दूरदर्शन के सामान्य बुलेटिन के अधिक महत्ववाले समाचारों को 'मुख्य' नहीं, 'मुख्य-मुख्य' कहा जाना चाहिए।

'सिर के टुकड़े होना' से 'सिर के टुकड़े-टुकड़े होना' ज्यादा ख़तरनाक और दर्दनाक है।

'क़रीब' शब्द प्रमुखतः 'निकट' के लिए है; 'लगभग' के लिए अधिक सटीक 'क़रीब-क़रीब' है।

"उसने घी खा लिया और दाल छोड़ दी" कथन से लगता है कि घी अलग था और दाल अलग थी, पर "उसने घी-घी खा लिया और दाल-दाल छोड़ दी" कथन से पता चलता है कि घी दाल में पड़ा हुआ था।

अंत में 'पानी' और 'पानी-पानी' के रोज़मर्रा के 'दो' नहीं, 'दो-दो' उदाहरण :—

उसका ख़ून पानी हो गया। आप का सारा किया-कराया पानी हो गया।

बाढ़ के बाद सब तरफ़ पानी-पानी हो गया। अपनी प्रेमिका के सामने साइकिल से गिर पड़ने पर प्रेमी पानी-पानी हो गया।

'प्राच्य' और 'पाश्चात्य'

आज 'पूर्व-पश्चिम' को 'पहले-बाद' और 'पुराने-नए' से जुड़ा हुआ देखा जाए।

'प्राक्कथन' के 'प्राक्' और 'प्रागैतिहासिक' के 'प्राग्' का अर्थ 'पहले, पूर्व' है। 'प्राच्य', 'प्राची', और 'प्राचीन' में इस की शक्ल 'प्राच्' है।

'प्राच्य' माने 'पहले का, पूर्व दिशा में रहनेवाला, पूर्वाभिमुख, सामने विद्यमान'।

'प्राची' माने 'पूर्व दिशा'।

'प्राचीन' माने 'पूर्व दिशा की ओर का, पूर्व का'। 'प्राचीन' को पहले का होने के कारण 'पुराना' होना ही चाहिए। 'पुरातन' का भी पहला अर्थ 'पुरा' के कारण 'पहले का' है।

'प्राच्य' को 'पौर्वात्य' ('पाश्चात्य' के अनुकरण पर बनाया गया शब्द) और 'पौरस्त्य' भी कहते हैं। प्राच्य देशों में तुर्की, ईरान, पाकिस्तान, भारत, बरमा, मलाया, चीन, आदि पूर्वी देश आते हैं।

'पौर्व' माने 'पूर्व दिशा से संबंध रखनेवाला, बहुत दिनों का, भूतकाल-संबंधी'।

'पूर्व' का अर्थ पहले और सामने की ओर इसीलिए है कि सूर्य सब से पहले उसी ओर दीखता है। 'पूर्व' पहले का होने के कारण 'पिछला' और 'विगत' भी है। '(भूत) पूर्व-प्रधानमंत्री' (पिछले प्रधानमंत्री) और 'पूर्वज' (पहले जो जन्मे)-जैसे शब्दों में इस का काम देखिए।

'पाश्चात्य, पश्चात्, पश्चिम, पश्च' सब में 'बाद का' भाव है। 'पश्चिम' में सूर्य बाद में पहुँचता है। 'पाश्चात्य' परवर्ती होने के कारण 'नया' है। उस में 'आधुनिकता' है।

पाश्चात्य फ़ैशन सामान्यतया किन्हें अच्छा लगता है ? जो नए हैं, बाद के हैं, कम-उम्र हैं। प्राच्य सभ्यता की तरफ़दारी सामान्यतया कौन करते हैं ? जो पुराने हैं, पहले के हैं, अधिक उम्र वाले हैं। (इस का मतलब यह मत लगाइए कि पाश्चात्य लोग सिर्फ़ जवान या नौसिखिया होते हैं और प्राच्य लोग सिर्फ़ बुड्ढे या बुजुर्ग।)

'प्रेक्षक' और 'दर्शक'

(1) प्रेक्षक, पर्यवेक्षक, अंकेक्षक; (2) परीक्षक, समीक्षक, निरीक्षक, अन्वीक्षक, अधीक्षक; (3) प्रतीक्षा, परिवीक्षा, पुनरीक्षा; (4) अपेक्षा, उपेक्षा। इन सब शब्दों में एक चीज कॉमन है—ईक्ष्, जिस का केंद्रीय अर्थ है 'ध्यानपूर्वक देखना'। ज़ाहिर है कि 'ताकना, टकटकी लगाना, विचार करना, अच्छा-बुरा पहचानना' आदि अर्थ ऊपर लिखे गए केंद्रीय अर्थ के इर्द-गिर्द घूमते हैं।

(1) 'प्रेक्षक' से 'प्रेक्षागृह' और 'प्रेक्षालय' का संबंध है, जो नाट्यशाला या रंगशाला के लिए इस्तेमाल होते हैं। यों प्रेक्षक को हम हलके-फुलके ढंग से भले ही 'प्रतिष्ठित तमाशबीन' कह दें, पर वस्तुस्थिति यह है कि हर सामान्य दर्शक (ऑनलुकर, स्पॅक्टेटर) प्रेक्षक (ऑब्ज़र्वर) नहीं हुआ करता।

'पर्यवेक्षक' चारों ओर नजर रखता है, निगरानी करता है, वह 'सुपरवाइज़र' है।

'अंकेक्षक' अँगरेजी में ऑडिटर है, वह अंकों और लेखे की जाँच करता है।

(2) 'परीक्षक' अच्छी तरह से 'देखता-भालता' है और निर्णय कर के छुट्टी पा लेता है।

'समीक्षक' समालोचना-विवेचना करता है, वह 'रिव्यूअर' है।

'निरीक्षक' मुआयना करता है, वह 'इंस्पॅक्टर' भी है और 'इनविजिलेटर' भी है।

'अन्वीक्षक' बारीकी से देखता है, वह सूक्ष्मदर्शी है, अन्वेषक है। ('अन्वीक्ष' का अर्थ ख़ुर्दबीन या माइक्रोस्कोप है।)

'अधीक्षक' अपने मातहत कर्मचारियों के काम की देख-रेख करता है, वह 'सुपरिनटॅडॅंट' है।

(3) 'प्रतीक्षा' क्या है ? बंद दरवाज़े की तरफ़ देखते रहना···देखते रहना कि वह कब खुले।

'परिवीक्षा' नई-नई सर्विस पाए हुए व्यक्ति की कार्य-क्षमता और व्यवहार आदि को उस के परीक्षण-काल में देखा जाना है। परिवीक्षाधीन व्यक्ति 'प्रोबेशनर' होता है। ऐसे व्यक्ति को संस्कृत के युग में 'परीक्ष्यमाण' कहा जाता था (यानी सर्विस और प्रोबेशन का चक्कर उस समय भी था।)

'पुनरीक्षा' का मतलब 'फिर से देखना' है। वेतन पानेवाले प्रायः सभी लोग 'पुनरीक्षित' शब्द का जाप करना जानते हैं।

(4) 'अपेक्षा' इधर-उधर देखना या किसी आकांक्षा की पूर्ति के लिए उस पर दृष्टि रखना है।

'उपेक्षा' का अर्थ नज़र-अंदाज़ करना है; देखते हुए भी ध्यान न देना है, अवहेलना करना है।

ऊपर 'प्रेक्षक' शब्द के साथ काफ़ी शब्दों की पलटन जुड़ गई और शीर्षक में दिया गया 'दर्शक' छूट गया। यद्यपि 'दर्शक' भी 'देखनेवाला' है, पर उस का किसी दृश्य आदि को 'प्रेक्षक' के समान 'ध्यानपूर्वक' देखना ज़रूरी नहीं है। दूसरे, 'दर्शक' 'देखनेवाला' होने के अलावा 'दिखानेवाला' भी होता है, जैसे 'मार्गदर्शक, प्रदर्शक, दिग्दर्शक, निदर्शक' आदि में।

एक-दो परेशानियाँ देखिए—मैं शीघ्र ही आप के दर्शन करूँगा, फिर भी आप का 'दर्शक' नहीं कहलाऊँगा। इसी प्रकार, आप 'दूरदर्शन' के 'दर्शक' हैं, फिर भी आप 'दूरदर्शक' नहीं कहलाएँगे, क्योंकि आप 'दूरदर्शक' के अर्थों में से न तो 'दूरबीन' हैं और न 'जटायु' हैं)।

'फूलना' और 'फलना'

पहले फूल, फिर फल। संस्कृत 'फुल्ल्' के माने हैं 'कली आना, फूल का खिलना' और 'फल्' के माने हैं 'फल आना, सफल होना'। 'फूलना' बराबर है 'फूलों से युक्त होना'; 'फलना' बराबर है 'फलों से युक्त होना'। 'फूलना' का अर्थ है 'खुला और फैला होना';

'फलना' का अर्थ है 'फलित और लाभदायक होना'।

'फूलना' माने 'ख़ुश होना, गर्व करना' (आप अपनी तारीफ़ सुन कर फूल जाते हैं, फूल कर कुप्पा हो जाते हैं, फूले नहीं समाते हैं, फूले-फूले फिरते हैं); 'फलना' माने 'माफ़िक आना', 'परिणाम अच्छा होना' (दुआ है कि आप का धंधा खूब फले)—लेकिन परिवार-नियोजन के बिगुल ने हमारे बुज़ुर्गों के आशीर्वाद 'दूधों नहाओ, पूतों फलो' के उत्तरार्ध की ऐसी की तैसी कर दी है।

आगामी उदाहरणों में 'फूलना' बिलकुल अलग रंग लिए हुए है—गुब्बारा फूलना (हवा भरने से फैल और तन जाना)। पेट फूलना (हँसते-हँसते भी और गैस से भी)। शादी के बाद लल्लू काफ़ी फूल गया है (मोटा हो गया है)। आज आप का मुँह क्यों फूला हुआ है (गुस्से से या लड्डुओं से)? आप के हाथ-पैर क्यों फूल रहे हैं (नर्वस होने के कारण शिथिल हो रहे हैं)?

कभी-कभी 'फलना' भी अर्थ को कहीं से कहीं पहुँचा देता है, जैसे—मरीज़ का सारा बदन फल गया है (बदन में बहुत-से दाने या फुंसियाँ निकल आई हैं)।

'फूलना' और 'फलना' मिल कर मुहावरे का रूप धारण कर लेते हैं, जिस का अर्थ निकलता है 'सुखी और संपन्न होना'। उदाहरण—सभी सामान्य माता-पिता चाहते हैं कि उन के बच्चे फूलें-फलें (या 'फलें-फूलें'—यहाँ 'फूल' से पहले ही 'फल' आ जमा है)।

'बाज़' और 'बाज़ी'

एक 'बाज़' फ़ारसी-संज्ञा है, जिस का अर्थ 'एक शिकारी चिड़िया' है और जिस के लिए संस्कृत में 'श्येन' शब्द है। लेखन में सूक्ष्म अंतर के लिए 'बाज़' और 'बाज' का अंतर नीचे की बिंदी पर निर्भर है। 'बाज' का अर्थ 'घोड़ा' है।

दूसरा 'बाज़' अरबी-विशेषण है; जिस का मतलब 'किसी' और 'कतिपय' है, जैसे 'बाज वक़्त' और 'बाज लम्हे' में। (अरबी में इस में आ की मात्रा के लिए 'अलिफ़' की जगह 'ऐन' है।)

"तुम अपनी इस हरकत से बाज नहीं आओगे" में बाज कुछ और है। यहाँ 'बाज आना' मुहावरा है, जिस का आशय निम्नानुसार है—स्वत्व का त्याग करना, वंचित होना, रहित होना। "अपनी इस हरकत से बाज आओ" का अर्थ निकलेगा "अपनी इस हरकत से रहित हो जाओ" अर्थात् "अपनी यह हरकत छोड़ दो"। "मैं तुम से बाज आया" में 'तुम से रहित' होने का भाव इतना तीव्र है कि वक्ता मानो कह रहा हो कि मैं तुम से तंग आ गया, मेरे पास मत रहो।

एक और '-बाज़' फ़ारसी-प्रत्यय है, जो शब्द के बाद जुड़ कर 'करनेवाला, देनेवाला, बनानेवाला, चलनेवाला, खेलनेवाला, (शौक़) रखनेवाला' का अर्थ देता है, जैसे

क्रमशः नशेबाज़, दग़ाबाज़, गुटबाज़, चालबाज़, पतंगबाज़, कबूतरबाज़ में।

'बाज़ी' का मतलब 'तमाशा' है, जैसे 'बाज़ीगर' में। '-बाज़' का संबंध 'बाज़ी' से है, जिस का बढ़ा हुआ अर्थ है 'शर्त या शर्त पर लगाया गया रुपया आदि'। प्रत्येक '-बाज़' का संबंध उस की '-बाज़ी' से है—'कलाबाज़' का 'कलाबाज़ी' से और 'गलेबाज़' का 'गलेबाज़ी' से।

'बुद्धि' और 'प्रतिभा'

मुन्ने की माँ 'अक़्ल' का अर्थ 'बुद्धि' बता कर सोच रही थीं कि उन्हें छुट्टी मिल गई, पर मुन्ने ने 'बुद्धि' का भी अर्थ पूछ लिया ! (अरबी के 'अक़्ल' के नीचे यदि बिंदी नहीं लगाई गई, तो उस भाषा में उस का अर्थ 'खाना, भोजन करना' हो जाएगा।)

'बुद्धि' के 'बुध्' का मतलब है 'जानना, सोचना, समझना'; तदनुसार 'बुद्धि' का स्थूल अर्थ निकलता है 'जानने और विचार करने की शक्ति'।

इस शब्द का सूक्ष्म अर्थ जानने के लिए इस के विविध प्रकारों पर दृष्टि डालनी पड़ेगी, जो इस प्रकार हैं—

स्मृति, मेधा, मति, विवेक, प्रज्ञा।

'स्मृति' वह बुद्धि है, जो बीती घटनाओं और बातों को याद रखती है।

'मेधा' स्मरण रखने की धारणात्मक शक्ति है अर्थात् वह स्मृति को दीर्घ काल तक बनाए रखती है। (मंत्रों को आजीवन कंठस्थ रखनेवाले ऋषि-मुनि मेधावी हुआ करते थे।)

'मति' समझने की शक्ति है। कोई व्यक्ति 'प्रत्युत्पन्न मति' होता है (तत्काल अच्छा उत्तर या उपाय सोच लेनेवाला), और किसी की 'मति मारी जाती है'।

'विवेक' भेद-विभेद करने और भले-बुरे का निर्णय लेनेवाली बुद्धि होती है। इस का संबंध विवेचन और गवेषणा से है।

'प्रज्ञा' उच्च कोटि की विवेक-शक्ति है। बुद्धिमती स्त्री को भी प्रज्ञा कहा जाता है। 'प्रज्ञा' का अर्थ 'बुद्धिमत्ता' और 'अंतर्दृष्टि' से ले कर 'सरस्वती' तक है।

अब आइए 'प्रतिभा' पर। यों इस का मतलब 'प्रभा, प्रकाश, दीप्ति, चमक, दृष्टि, दर्शन' आदि है, पर 'बुद्धि' के संदर्भ में यह उपर्युक्त सब प्रकारों की बुद्धि की उत्तम अवस्था में विद्यमानता है अर्थात् यह बौद्धिक शक्तियों का पुंज है। अगर आप प्रखर और विलक्षण बुद्धिवाले हैं, तो आप को हम प्रतिभा से युक्त कहेंगे। (यह अलग बात है कि 'प्रतिभा' नाम ऐसी लड़की का भी हो सकता है, जिस का बुद्धि से कोई संबंध न हो !)

'बुलाना' और 'मँगाना'

"पेठा बुलाया है; सूची बुलाई है; कपड़े बुलाए हैं; किताबें बुलाई हैं।" इन उदाहरणों में 'बुलाना' क्रिया का प्रयोग 'जमानत ज़ब्त करा देनेवाला' है। कारण यह है कि 'बुलाया' सामान्यतः 'प्राणी' को जाता है, जो ख़ुद चल कर आ सके। अब वह चाहे आदमी हो, चाहे बिल्ली का बच्चा। परवानों को भी शमा जला कर और मक्खियों को भी मिठाई खुली छोड़ कर बुलाया जा सकता है। जब तक कोई विशेष प्रकरण न हो, तब तक इन्हें 'मँगाया' नहीं जा सकता, जैसे विशेष प्रकरण में इन्हें 'पैकेट में भर कर मँगाया जा सकता है'। मुहावरे में, अर्थात् सामान्य प्रयोग से ऊपर, 'मुसीबत' भी 'बुलाई' जाती है—क्योंकि शायद वह प्राणी के समान ख़ुद चल कर आती है ! और 'बैठक' या 'मीटिंग' भी 'बुलाई' जाती है।

पेठे, सूची, कपड़े, और किताब, आदि को 'मँगाया' जाता है। हर बेजान चीज चूँकि ख़ुद चल कर नहीं आ सकती, इसलिए उसे 'बुलाने' की जगह 'मँगाना' पड़ता है। आदमी भी जब लाश बन जाता है और अन्यत्र पड़ा होता है, तब उसे 'मँगाया' जाता है, 'बुलाया' नहीं जाता।

इन दो शब्दों का अंतर कुछ अन्य उदाहरणों में और पेश है—गाय यदि सामने खड़ी हो, तो उसे अपने पास 'बुलाइए', लेकिन यदि वह किसी शहर में हो, तो उसे रेलवे-वैगन के जरिए 'मँगवाइए'। बुद्धिमान शत्रु और बुद्धिहीन मित्र को 'बुलाइए', लेकिन बुद्धि को उधार 'मँगवाइए'। कभी सामने न आ सकनेवाले भूत-प्रेत या भगवान को 'बुलाइए', और यदि वे किसी को मिल जाएँ, तो उन के हस्ताक्षर 'मँगवाइए'। चाय कभी मत 'बुलवाइए', चाय पीनेवाले को बुलवाइए। भीड़ को 'बुलाइए', पर उस से संबंधित ख़बरें और सूचनाएँ 'मँगाइए'। कुछ लोग भाव-पत्र और दरें 'बुलवाते' हैं ! हो सकता है कि ये चीज़ें उन के 'अॅकाउंट' तक ख़ुद चल कर पहुँचती हों !

'भजन-कीर्तन' और 'नात-क़व्वाली'

ये ऐसे शब्द हैं, जिन्हें लोग समझते तो हैं, पर प्रायः समझा नहीं पाते।

ऐसा गेय पद, जिस में भगवान या किसी देवी-देवता की स्तुति या उस की लीलाओं का गुणगान हो अथवा संसार की नश्वरता आदि आध्यात्मिक विषयों का उल्लेख हो, 'भजन' कहलाता है। यह शब्द संस्कृत की 'भज्' धातु से बना है, जिस के दरजन भर अर्थों में से एक है 'आराधना करना' (एक अन्य अर्थ 'विभाजन' शब्द में देखिए—'भाग या खंड करना')।

'स्तोत्र' सीधा-सादा स्तुत्यात्मक श्लोक है, श्लोकबद्ध स्तुतिपरक दीर्घ रचना है (जैसे 'शिवस्तोत्र', 'दुर्गास्तोत्र'), किसी उपास्य के प्रति पद्यबद्ध प्रशस्ति-कथन है।

विशेष प्रकार के 'भजन' का आश्रय ले कर सामूहिक रूप से गाते-बजाते हुए किसी अलौकिक विभूति का कीर्ति-वर्णन 'कीर्तन' है। 'भजन' और 'स्तोत्र' शांत प्रकृति के हो सकते हैं, पर 'कीर्तन' में शोर होना जरूरी है।

'क़व्वाली' (या 'क़ौवाली') को 'कीर्तन' ('कीर्त्तन' भी) के क़रीब समझिए, क्योंकि वह भी प्रायः सामूहिक रूप से मज़ारों आदि पर गाया जानेवाला धार्मिक (इसलामी) या हक़्क़ानी (ईश्वरीय) गाना है।

'क़व्वाली' अरबी शब्द है; 'मज़ार' फ़ारसी में 'किसी पीर-फ़क़ीर की क़ब्र या दर्शन का स्थान' है; 'हक़्क़ा' का अर्थ 'ईश्वर की शपथ' है और 'हक़्क़ानी' ऐसे गाने के लिए प्रयुक्त होता है, जिस में ख़ुदा और रसूल का ज़िक्र हो।

'रसूल', 'नबी', और 'पैग़ंबर' (पैग़ामबर 'ईश्वर का पैग़ाम यानी संदेश पहुँचाने वाला') का मतलब 'ईशदूत' है।

'क़व्वाली' को 'सूफ़ियाना नग़मा (गाना, गीत)' भी कहा जाता है। 'सूफ़ी' बराबर है 'संत'।

'नात' भी धार्मिक चीज़ है—'हज़रत मुहम्मद की छंदोबद्ध स्तुति'; पर 'ग़ज़ल' एकदम अलग दुनियावी मसाला है, वह मूलतः 'प्रायः पाँच से ग्यारह शेरों में प्रेमिका से वार्तालाप' है।

'भवदीय' और 'आप का'

हिंदी में पत्रों के अंत में बहुत बार 'भवदीय', 'आप का', या 'तुम्हारा'-मात्र लिख कर छोड़ दिया जाता है। तुम्हारा 'कौन' ? और तुम्हारा 'क्या' ? सीधे-सीधे तुम्हारा 'हस्ताक्षरकर्ता'।

यों तो 'भवदीय' का अर्थ 'आप का' है, पर आप "मैं आप का काम कर दूँगा" के लिए "मैं भवदीय काम कर दूँगा" कभी नहीं कहेंगे। ('आप' और 'का' को अलग-अलग लिखने के दिन आ चुके हैं, देखिए 'आप तक का' में।)

'भवदीय' का प्रयोग पत्र-समाप्ति के स्थान पर 'यौर्स फ़ेथफ़ुली' के लिए सीमित है—औपचारिक और सामान्यतया कार्यालयीन पत्रों में। यह शब्द अकेला रहता है, जब कि 'आप का' के बाद मौक़े-बेमौक़े 'विश्वासपात्र' रह सकता है ('फ़ेथफ़ुली' के समकक्ष 'विश्वासपूर्वक' नहीं)।

'आप का' अपेक्षाकृत कम औपचारिक है और प्रायः 'यौर्स सिनसियरली' के लिए प्रयुक्त होता है—अकेला। 'आप का निष्ठापूर्वक' कोई नहीं लिखता। हाँ, कभी-कभी 'भवन्निष्ठ' देखने को मिल जाता है।

'बेहतर अर्ध' (! बॅटर हाफ़) की दुनिया में 'भवदीया' और 'आप की' चलते हैं,

पर कभी-कभी कोई महिला, प्रायः कम उम्रवाली और अविवाहित, हर किसी को 'आप की' लिखने में संकोच करती है !

'भवदीय' की अपेक्षा 'आप का' में थोड़ा व्यक्तिगत पुट है और 'तुम्हारा' से तो और भी अधिक निकटता सूचित होती है। 'आप का' और 'तुम्हारा' में पर्याप्त सीमा तक बड़े-छोटे का भी संबंध है। 'आप का बेटा' और 'तुम्हारा पिता'। 'तुम्हारा बेटा' भी, लेकिन सामान्य संस्कृति के अनुसार 'आप का पिता' नहीं। 'भवदीय बेटा' और 'भवदीय पिता' दोनों नहीं।

एक सज्जन 'आप का शुभचिंतक' के वज़न पर 'आप का भवदीय' लिखा करते हैं!

'भूति' और 'विभूति'

'भूत, प्रभूत, भूति, प्रभूति, विभूति' सब में 'होना' अर्थवाली 'भू' धातु विद्यमान है। 'भूत' का मतलब है 'जो हो चुका हो'; 'प्रभूत' का मतलब है 'जो अच्छी तरह हो चुका हो, प्रचुर'; और 'प्रभूति' का मतलब है 'प्रचुरता'।

यद्यपि 'भूति' और 'विभूति' दोनों के अर्थ स्थूल प्रयोगों में निम्नानुसार समान हैं—'महिमा, संपत्ति, समृद्धि, विपुलता, सफलता, मुक्ति, भस्म, तपस्या या अष्ट सिद्धियों से प्राप्त दिव्य शक्ति', पर आधारभूत अंतर की दृष्टि से भूति 'होने की अवस्था' है, जब कि विभूति 'बहुत अधिक होने की अवस्था' है।

'भूति' से बना हुआ शब्द 'भूतिकाम' वैभव की चाह करनेवाला राजा का मंत्री होता था (यह अर्थ आजकल के मंत्री पर भी फ़िट बैठता है)। 'भूतिदा' गंगा है (समृद्धि देने वाली)। 'भूतिद' शिव का वाचक है। 'भूतिकृत्, भूतिभूषण, भूतिवाहन' भी 'शिव' के लिए हैं और 'भूतिसित' भी (वह, जो भस्म लगाने के कारण श्वेत हो)।

अकेले शब्द के रूप में 'भूति' का प्रयोग हिंदी में विरल है,. पर 'विभूति' प्रचलन में है, विशेषकर दो अर्थों में—

नंबर एक—भारी-भरकम व्यक्तित्व। उदाहरणार्थ, राष्ट्रकुल-सम्मेलन में विश्व की कई विभूतियाँ (हस्तियाँ) पधारी थीं।

नंबर दो—चिता की भस्म (जिसे शिव जी धारण करते हैं) या यज्ञ आदि के बाद की भस्म (जिसे शैव लोग अपने शरीरांगों पर लगाते हैं)। उदाहरणार्थ, हवन के बाद पुरोहित जी ने सब के माथे पर विभूति (भभूत,भबूती) लगाई।

यों विभूति राख ही है, पर सादी राख को 'विभूति' नहीं कहेंगे, उसे महिमा-मंडित जरूर होना चाहिए।

'मंद (बुद्धि)' और '(अक़्ल) मंद'

'मंदबुद्धि' का मतलब 'मूर्ख' है, 'अमंद' का मतलब 'बुद्धिमान' है, 'फुर्तीला' है।

'मंदोदरी' (रावण की पटरानी) मंद उदर वाली अर्थात् ज़रा-से पेट वाली थी।

'मंदाग्नि' का बाहरी अर्थ 'मंद अग्नि' है और भीतरी अर्थ 'पाचन-शक्ति की मंदता की बीमारी' है।

'मंदाकिनी' गंगा की स्वर्ग में बहनेवाली (मंद गति वाली) धारा है।

जिस प्रकार आप कभी-कभी कुनकुने या गुनगुने पानी से नहाते हैं, उस प्रकार संस्कृत के एक पंडित जी 'मंदोष्ण' (मंद उष्ण) जल से स्नान करते हैं।

हवा के 'मंद-मंद' चलने और आप के 'मंद-मंद' मुस्कुराने में भी यही 'मंद' है और बाजार या धंधे में 'मंदी' में भी यही 'मंद' है।

उपर्युक्त सामग्री के आधार पर इस शब्द के ये अर्थ निकलते हैं—'सुस्त, छोटा, दुर्बल, धीमा, थोड़ा, शिथिल'।

'मंद' में संस्कृत की धातु 'मंद्' है, जिस के मानों का आनंद लीजिए—'पी कर धुत्त होना, धीरे-धीरे चलना, शिथिल होना, सुस्त पड़ना'।

'अक़्लमंद' का मंद बिलकुल दूसरा है। वह फ़ारसी का है और प्रत्यय है, जिस का अर्थ 'वाला' है। वह अरबी के बहुत-से संज्ञा-शब्दों के साथ जुड़ कर विशेषण बनाता है, जैसे—अक़्लमंद, एहसानमंद, ग़रजमंद, जरूरतमंद, दौलतमंद, फ़ायदेमंद (फ़ाइदः मंद), फ़िक्रमंद, रजामंद (रिजामंद)।

जरा सोचिए कि क्या 'मंदअक्ल' और 'बुद्धिमंद' संभव हैं?

'मत करो' और 'न करें'

'(तुम) न करो' रचना सही है, '(आप) मत करें' रचना सही नहीं है।

संस्कृत के प्रतिषेधबोधक अव्यय 'मा' से विकसित 'मत' के कुछ अन्य ग़लत प्रयोग आगामी उदाहरणों में देखिए—"बस, इतनी ऊँचाई से गिरूँ कि मरूँ मत; हम अपने को धोखा मत दें; कहीं वह बुरा मत मान जाए; अगर वे चाहें, तो मत खाएँ; कह दीजिए कि लड़के शोर मत करें; कोई आए मत और आप सोएँ मत।" इन उदाहरणों में 'मत' के स्थान पर 'न' (अथवा अर्थ एकदम सामान्य होने पर 'नहीं') होगा। कारण आगामी पैरे के बाद मिलेगा।

'मत' के सही प्रयोग के कुछ उदाहरण इस प्रकार हैं—"तू मत जा; तुम मछली मत खाना; तुम लोग ऐसा मत करो; आप वहाँ मत जाइए; आप सब उसे अपना मत मत दीजिएगा।"

यद्यपि 'मत' और 'न' दोनों निषेधवाची हैं, पर इन में महत्वपूर्ण अंतर यह है कि 'मत' प्रत्यक्ष और दृढ़ आज्ञा / विनय के आशय और क्रिया-रूपों-सहित 'तू, तुम, आप (मध्यम पुरुष सर्वनामों)' के साथ ही प्रयुक्त होता है, जब कि 'न' प्रत्यक्ष और अप्रत्यक्ष दोनों प्रकार की 'शिथिल' आज्ञा / विनय वाला है तथा 'मैं, हम (उत्तम पुरुष सर्वनामों)' और 'वह, वे आदि (अन्य पुरुष सर्वनामों)' के साथ भी प्रयुक्त होता है और संभावनार्थ, संकेतार्थ, संदेहार्थ, आदि में भी, जैसे क्रमशः "संभव है कि मैं न जाऊँ; यदि तू न देखता; उस ने शायद न खाया हो" इत्यादि में। ('नहीं' प्रमुखतः सामान्य निश्चयार्थ में प्रयुक्त होनेवाला शब्द है, जैसे "मैं नहीं हूँ; क्या तुम नहीं जानते; आप ने नहीं देखा; वह क्यों नहीं जाएगा" इत्यादि में।) इस के अलावा, किसी प्रश्न के उत्तर में अकेला 'न' (और 'नहीं') प्रयुक्त हो सकता है, जब कि अकेला 'मत' नहीं।

संबद्ध ग़लती करने में माहिर लोग सिर्फ़ 'मत' के प्रयोग में ग़लती करते हैं। आप ऐसा 'न करें'। आप ऐसा 'मत कीजिए'।

'मत्त' और 'मस्त'

'मत्त' संस्कृत का है, 'मस्त' फ़ारसी का है। दोनों के अर्थों में काफ़ी हद तक समानता है—नशे में चूर, मतवाला। ('मतवाला' में प्रयुक्त 'मत' का भी संबंध 'वोट' या 'संप्रदाय' से नहीं, कुछ विद्वानों के अनुसार 'मत्त' से ही है और कुछ के अनुसार 'मदवाला' के 'मद' से है। 'मदवाला' वह मस्त हाथी है, जिस की कनपटी से 'मद' झरता है।)

'मत्त' के भीतर 'मद्' है, जिस के माने हैं 'नशे में चूर होना, मस्त होना, प्रसन्न होना, पागल होना'।

'मदिर' (नशीला) और 'मदिरा' में भी 'मद्' है।

'मदन' में भी 'मद्' है। 'मदन' का मतलब है 'कामदेव, आनंददायक, पागलपन लाने वाला, मादक'। ('मादक' में भी 'मद्' है।)

'मद्य' में भी 'मद्' है। 'मद्य' के सेवन से मन में होनेवाला विकार 'मद' है।

'मद' बराबर 'मादकता' है, 'मस्ती' है, 'उन्माद' है। ('उन्माद' में भी 'मद्' है।)

'मदोन्मत्तता' 'मद' के और भी पास है। इसमें दो बार 'मद्' है। ('मत्त' से 'उन्मत्त'; उस से 'मदोन्मत्त'; और उस से 'मदोन्मत्तता'।) हाँ, अरबी भाषा का 'मद' (या 'मद्द') निश्चय ही उपर्युक्त हर 'मद' से दूर है, जिस का अर्थ है 'खाते का शीर्षक या एकांश (आइटम)'; जैसे —अमुक 'मद' में कितना ख़र्च आएगा ?

'मत्त' यदि एक ओर 'विक्षिप्त' अर्थवाला है, तो दूसरी ओर 'घमंडी' अर्थवाला भी है। इस के विपरीत, 'मस्त' यदि एक ओर 'बहुत ज़्यादा ख़ुश' अर्थवाला है, तो दूसरी ओर

'बेख़बर' या 'बेसुध' और 'बेफ़िक्र' अर्थवाला भी है। इसी कारण 'मस्ती' के मानों में 'नशा' और 'उन्माद' के साथ 'बेख़बरी' और 'बेख़ुदी' भी शामिल हैं।

'देवकीनंदन' और 'वैशाखनंदन' आदि सब 'मस्त' हो जाते हैं; 'निगाहें, अदाएँ, फ़िज़ाएँ' भी 'मस्त' हो सकती हैं; पर दिल्ली के आस-पास के हिंदीभाषी "यह पेड़ बहुत मस्त है" और "खाना बहुत मस्त बना है"-जैसे वाक्यों में 'मस्त' का प्रयोग सुन कर उचक जाते हैं।

'मा' और 'माँ'

संस्कृत में 'मा' का अर्थ 'लक्ष्मी' है, इसलिए 'माधव' का अर्थ 'लक्ष्मीपति' या 'विष्णु' है ('धव' माने 'पति')। इसी 'मा' का अर्थ माता, मातृ, माँ, दुर्गा या काली है।

एक शब्दकोशकार ने हिंदी 'मा' का जन्म प्राकृत के 'माउआ' (दुर्गा, पार्वती) से माना है, जो संस्कृत के 'मातृका' से उद्भूत है। लेकिन हिंदी में 'मा' है ही कहाँ ? हिंदी में तो 'माँ' है या 'अम्माँ' है।

संस्कृत के 'मा' का अर्थ 'प्रकाश, दीप्ति' भी है तथा 'माप, नापतोल करना' भी है। जब 'मा' बराबर 'तोलना' है, तो उस के पहले 'उप' जोड़ कर उस से बनाए गए 'उपमा' का मतलब 'समीप रख कर तुलना करना' हो गया।

संस्कृत में 'मा' प्रतिषेधबोधक अव्यय भी है, जो 'नहीं, मत' का वाचक है।

कमाल है कि अरबी में भी 'मा' अव्यय का अर्थ 'नहीं' है। सर्वनाम-रूप में अरबी 'मा' 'क्या, कौन, जो, जो कुछ' अर्थों का वाहक है तथा संज्ञा-रूप में 'पानी, अरक़' का अर्थ देता है। अरक़ वाले इस अर्थ को एक अत्यल्प प्रयुक्त शब्द 'माउल्लहम' में देखिए, जिस का मतलब है 'हकीमी इलाज-पद्धति में ऐसा अरक़, जो दवाओं में गोश्त मिला कर खींचा जाता है'।

'माँ' को एक ओर फ़ारसी से आया हुआ माना जाता है, जिस के अर्थों में 'माता' या 'अम्माँ' के अलावा 'जननी' भी जुड़ा हुआ है; दूसरी ओर, इसे 'माता' या 'अम्बा' से विकसित बताया जाता है। 'माँ' का 'अम्बा' से जो भी संबंध हो, पर 'अम्माँ' और 'अम्बा' के समीपी संबंधों के बारे में किसी को शक नहीं होगा।

'माँ' किसी भी देवी (सरस्वती, लक्ष्मी, दुर्गा, संतोषी, बंजारी, आदि) के लिए प्रयुक्त होता है। हर बुजुर्ग और सम्माननीय महिला भी माँ है।

माँ के प्रकारों में 'बड़ी माँ', 'दादी माँ', और 'भारत माँ' आदि भी शामिल हैं। ये सब धार्मिक और सामाजिक माँएँ हैं; लीगल माँ केवल पिता की पत्नी को मानिए।

'मुख्य' और 'प्रधान'

'मुख्य' का अर्थ है 'मुख-संबंधी'। इस आधार पर 'मुख्य' वह है, जो मुख के समान सब से ऊपर या सब से आगे रहनेवाला हो। वह 'प्रथम' है, 'प्रधान' है। 'प्रमुख' भी 'मुख सामने किए हुए' है, 'मुख्य' है, 'प्रथम' है, और 'प्रधान' है। शब्द-रचना की दृष्टि से 'प्रधान' वह है, जो आगे या सामने स्थित हो। जब 'मुख्य' और 'प्रधान' दोनों का भावार्थ 'प्रमुख, बड़ा, उत्तम, श्रेष्ठ' है, तो इन में अंतर क्या है ?

'मुख्यमंत्री' और 'प्रधानमंत्री' की तुलना करने पर अंतर साफ़ दीखने लगता है कि 'मुख्य' से 'प्रधान' अधिक भारी है। यह तथ्य इन दो शब्दों के अर्थ-क्षेत्रों की तुलना करने से और जल्दी स्पष्ट हो जाएगा। एतदर्थ 'प्रधान' के अन्य अर्थों का जायज़ा लीजिए—'मुख्य रूप से प्रबल, प्रचलित, या अंतर्हित, सब से बड़ा, सर्वोच्च, विशेष, मूल, मुखिया, नेता, अध्यक्ष, सचिव, सरदार, सभापति, सेनापति'। शब्द का अर्थ किस ओर मुड़ जाए, इस का कोई ठिकाना नहीं है। 'प्रधान' एक ओर 'परमात्मा' के अर्थ तक पहुँच गया है, जब कि दूसरी ओर यह 'महावत'-वाची बन चुका है। आप ने देखा कि 'प्रधान' के अर्थों में विशेषणों के साथ संज्ञाएँ भी शामिल हैं, यानी 'प्रधान' संज्ञा भी है। दूसरी ओर, 'मुख्य' केवल विशेषण है। (उस से संबंधित संज्ञा 'मुखिया' है।)

"आप गाँव के प्रधान हैं" तो ग्राह्य रूप में कहा जा सकता है, पर "आप गाँव के मुख्य हैं" कहने से अधूरापन है कि मुख्य 'क्या' हैं। (सिपाही या अपराधी ?)

आगामी उदाहरण से 'मुख्य' और 'प्रधान' के प्रयोग की सीमाएँ स्पष्ट हो रही हैं—"मुख्य बात ('प्रधान बात' नहीं) यह है कि प्रधानाचार्य ('मुख्याचार्य' नहीं) श्री प्रधान (श्री 'मुख्य' नहीं) आजकल मुख्यालय ('प्रधानालय' नहीं) में मौजूद नहीं हैं।"

'मूर्धन्य' और 'जघन्य'

इन शब्दों के इतिहास और रचना के विषय में किसी को ज्ञान हो या न हो, इन के प्रयोग में कोई हिंदीभाषी ग़लती नहीं करता। (न तो कभी 'मूर्धन्य अपराध' सुनने में आता है और न कभी 'जघन्य विद्वान्'।) सब जानते हैं कि 'मूर्धन्य' सब से ऊँचा है और 'जघन्य' सब से बुरा है।

आइए, इन शब्दों की शैक्षणिक छान-बीन करें—

'मूर्धन्य' के भीतर 'मूर्धन्' है, जिस के अर्थों में यह सब शामिल है—'सिर, मस्तक, भौं; शिखर, गुंबद, मुख्य भाग; अग्रणी, नेता, मुखिया'।

'जघन्य' के भीतर 'जघन (म्)' है, जिस के अर्थों का विस्तार इस प्रकार है—'कूल्हा, पुट्ठा, नितंब; स्त्रियों का पेड़ू; सेना का पिछला भाग, सेना का सुरक्षित

भाग'।

'मूर्धन्य' सिर पर विद्यमान अर्थात् शीर्षस्थानीय है। संस्कृत के ऋ, ॠ, ट्, ठ्, ड्, ढ्, ण्, र्, और ष् को 'मूर्धन्य' कहा जाता है, क्योंकि इन का उच्चारण तालु के सब से ऊँचे भाग 'मूर्धा ' से किया जाता है। 'मूर्धन्य' प्रमुख है, उत्तम है, श्रेष्ठ है।

'जघन्य' सब से पीछे विद्यमान अर्थात् निकृष्ट है। व्यभिचार-जैसे अपराधों को 'जघन्य' कहा जाता है, क्योंकि उन का संबंध 'जघन'- अंगों से रहता है। ('व्यभिचारिणी' को 'जघनचपला' कहा गया है।) 'जघन्य' निंद्य है, दुष्ट है, नीच है।

(भ्रामक-व्युत्पत्तिकार 'मूर्धन्य' का संबंध 'धन्य' से और 'जघन्य' का संबंध 'घिन' से जोड़ मारते हैं।)

'मेरा फ़ोटो' और 'मेरी फ़ोटो'

जिस ने 'फ़ोटो' को 'चित्र' (पुल्लिग) माना, उस ने कह दिया 'मेरा फ़ोटो', और जिस ने उसे 'तसवीर' (स्त्रीलिंग) माना, उस ने कह दिया 'मेरी फ़ोटो'।

"आप की मुन्ने ने चड्ढी गीला कर दिया।" इस वाक्य के 'की', 'गीला', और 'दिया' शब्दों में लिंग-संबंधी ग़लती है (न 'मुन्ना' ग़लत है और न 'चड्ढी'), लेकिन ऐसी ग़लती से अर्थ-संबंधी कोई भ्रांति नहीं होती। मुन्ना 'आप की' है या 'आप का', अथवा चड्ढी 'गीला कर दिया' या 'गीली कर दी'; इस से इस बात में—तथ्य में—कोई तात्विक अंतर नहीं पड़ता; हाँ, स्थिति हास्यास्पद ज़रूर बन जाती है।

लिंग के विपरीत, वचन (एकवचन और बहुवचन) में अदला-बदली होने से अर्थ में काफ़ी हद तक भ्रांति हो सकती है, जैसे 'बैल है' और 'बैल हैं' में भारी अंतर है; इसी प्रकार, '(दो) आँखों वाले' को आप '(एक) आँख वाला' नहीं कह सकते।

हिंदी में लिंग की व्याकरणिक धारा का सामाजिक महत्व तो है, जिस का संबंध हँसी उड़ने-मात्र या न उड़ने, अथवा ग़लत लिखने-मात्र या उच्च स्तर तक शुद्ध लिखने से है, पर लिंग-भेद का अर्थ-संबंधी महत्व तब तक नहीं है, जब तक आधार-शब्द ही न बदल जाए, जैसे 'बैल' का 'गाय' न कर दिया जाए। ऊपर शुरू में दिए गए उदाहरण में इस दृष्टि से आधार-शब्द 'मुन्ना' और 'चड्ढी' हैं। जब तक, उदाहरणार्थ, 'मुन्ना' की जगह 'मुन्नी', और 'चड्ढी' की जगह 'पाजामा' न कर दिया जाए, तब तक वाक्य के अर्थ में कोई तथ्यात्मक अंतर नहीं पड़ेगा।

यहाँ अँगरेज़ी और छत्तीसगढ़ी की एक बात करें। उन में 'मुन्ना-मुन्नी' वाला लिंग-भेद तो मिलता है, पर 'गया-गई', 'जाता है-जाती है', और 'जाएगा-जाएगी' वाला भेद नहीं मिलता (क्योंकि इन शब्द-युग्मों के अर्थ के लिए उन में केवल एक-एक शब्द रहता है)। सिद्ध है कि क्रियाओं के लिंग की व्याकरणिक धारा का होना अपरिहार्य नहीं

है। यद्यपि हिंदी में यह धारा विद्यमान है, पर ऐसा नहीं है कि इस के बिना काम नहीं चल सकता। काम चल जाता है, इसी कारण संज्ञाओं के लिंग से अन्वित क्रियाओं (और कुछ विशेषणों) के लिंग-प्रयोग से संबंधित ग़लतियों की हिंदी में भरमार रहती है। वक्ता और श्रोता अधिक सावधान उसी प्रयोग के बारे में रहते हैं, जिस से अर्थ में भेदक अंतर पड़ता है; जैसे—वे 'माला चाहिए' को 'माली चाहिए', और 'घरवाली पहलवान है' की जगह 'घरवाला पहलवान है' कभी बरदाश्त नहीं करेंगे (लेकिन 'सारा मैल धुल गया' को 'सारी मैल धुल गई' के रूप में मन-बेमन से स्वीकार कर लेंगे)।

चूँकि हिंदी में लिंग-संबंधी अन्विति की ग़लतियाँ उपर्युक्त आधार पर सहनीय हैं, इसीलिए बहुत-से आधार-शब्दों को भी कोई वक्ता पुल्लिग मानता है और कोई स्त्रीलिंग। आगे के पैरे में दिए गए शब्दों के बारे में विचार कीजिए कि 'आप' इन्हें पुल्लिग-रूप में इस्तेमाल करते हैं या स्त्रीलिंग-रूप में। इन का मानक रूप जानने के लिए किसी अच्छे शब्दकोश का सहारा लीजिए। यदि किसी शब्द के लिंग के बारे में दो कोशकारों में ही मतभेद हो, तो आप वह करें, जो आप को पसंद हो, और ऊपर की चर्चा की लाइट में विवाद से बच कर दूसरों को वह करने की छूट दें, जो आप को पसंद न हो।

अब कुछ ऐसे शब्द, जो किसी के लिए पुल्लिग हैं, किसी के लिए स्त्रीलिंग—कीचड़, गाजर, ग़ुस्सा, चर्चा, झंझट, तुक, तोंद, दलदल, दीमक, पोस्टिंग, प्याज़, फ़्रॉक, बॉल, मज़ाक, मात, मैच, रिक्शा, शतक, शोध, सलवार, साँस, सामर्थ्य, स्कूल, स्ट्राइक, हठ।

दो बच्चे एक साथ खड़े थे। मैं ने उन से पूछा, "ट्रक अच्छी है या अच्छा ?" जवाब में एक पूछता है, 'कौन-सी' और दूसरा पूछता है 'कौन-सा' !

'मैल' और 'मल'

'मैल, मैला, मलिन' सब 'मल' के भाई-बंधु हैं।

'मैल' का कोशीय अर्थ है 'शरीर या कपड़े से चिपका हुआ मल' (लेकिन कान या बनियान में 'मल' नहीं, 'मैल' होता है)। किसी-किसी के मन में भी मैल मिलता है—किसी के प्रति इकट्ठा दुर्भाव।

संज्ञा के रूप में 'मैला' सीधा 'मल'-अर्थी है और विशेषण के रूप में 'मैला' वह है, जिस पर मैल जमा हुआ हो। 'मैला' प्राकृत में 'मइलअ' और संस्कृत में 'मलिन' था। 'मलिन' बराबर है 'मलयुक्त' या 'समल' (मलसहित)।

'मलरहित' अर्थवाले संस्कृत-मूल के 'अमल', 'निर्मल', और 'विमल' शब्दों में 'मल' शब्द विद्यमान है। अरबी-मूल के 'अमल' (व्यवहार) में वह नहीं है। 'कमल' में भी (कीचड़ को याद कर के) उसे मत ढूँढिए, क्योंकि 'कमल' शब्द 'चाहना' अर्थवाली 'कम्'

धातु से बना है।

राजा टोडर मल और लाला कल्लू मल में ऊपर से 'मल' दिखाई दे रहा है, पर यह गंदगी, विष्ठा, या मैल का वाचक नहीं है, यह है 'मल्ल' (द्वंद्व-युद्ध में निपुण एक प्रसिद्ध जाति, पहलवान) का शेषांश।

'मलबा' (कूड़ा-करकट) को कुछ अनुभवी 'मल-भार' से उद्‌भूत मानते हैं और कुछ संस्कृत के 'मर्दितव्यक', प्राकृत के 'मलेअव्वअ' (नष्ट किया जाने योग्य) से।

'मलमल' में 'मल' बहुत नीची तह में छिपा हुआ है। ज़रा गौर कीजिए और अर्थ से अर्थ निकालिए कि 'मलमल' शब्द संस्कृत के 'मलमल्लक' से निकला है, जिस का अर्थ है 'लँगोट'।

'मौर' और 'मौलि'

आम की मंजरी को 'मौर' या 'बौर' कहा जाता है। एक मत है कि यह संस्कृत के 'मुकुल' से 'मुउड़' और 'मउल' होते-होते वर्तमान शक्ल तक पहुँचा है। (यों तो 'मुकुल' के माने दस्त करानेवाली दवाओं का सरताज 'जमालगोटा' भी है, पर यहाँ इसे सिर्फ़ 'कली' मानिए।)

'मौर' विवाह के समय पहने जानेवाले एक शिरोभूषण को भी कहते हैं। इस शब्द के अन्य अर्थों में 'शिरोमणि', 'श्रेष्ठ', 'सब में मुख्य', 'प्रधान' आदि सम्मिलित हैं। 'सिर के मुकुट' या 'सिरताज' (या 'सरताज') के लिए 'सिरमौर' शब्द चलता है। कई बार हम सुनते-कहते हैं कि अमुक आदमी अपनी टोली का, या अपने क्षेत्र का, 'सिरमौर' है।

'मुकुट' के अर्थों का विस्तार इस प्रकार है—राजा आदि के द्वारा धारण किया जाने वाला एक प्रसिद्ध शिरोभूषण, किरीट, ताज, शिखर, शिखा, सिरा, नोक। अर्थ और ध्वनियाँ गवाह हैं कि 'मुकुट' ही 'मउड' होता हुआ 'मौर' बना है, जो किसी पदार्थ के सब से ऊँचे भाग के रूप में प्रायः सभी अर्थों में व्याप्त है।

एक शब्द 'मौलि' है, जिस के बारे में लगता है कि 'मौर' डबल रोल कर रहा है! आगे दिए गए इस के अर्थों को देख कर बहुत-से लोग इस अनुमान की गिरफ़्त में आ सकते हैं—'शिरोमणि, प्रधान, सरदार, नेता, मुकुट, किरीट, ताज, सिर, चोटी, जटाजूट, जूड़ा, उच्चतम बिंदु'। लेकिन संस्कृत के 'मौलि' और हिंदी के 'मौर' की वास्तविक ऐतिहासिक दूरी शब्दकारों ने 'मौलि' को 'मूल' से जोड़ कर स्थापित कर दी है। अब देखिए 'मौली'। संस्कृत में 'मौली' वह है, जिस के सिर पर 'मौलि' अर्थात् 'मुकुट' हो, जब कि हिंदी में 'मौली' लाल रँगा हुआ वह मांगलिक डोरा या सूत है, जो मुकुट,मस्तक, कलाई, आदि के चारों ओर पूजा-विशेष के समय बाँधा जाता है।

इन शब्दों के चक्कर में हम कहाँ से कहाँ पहुँच गए!

'यहाँ (पर)' और 'अंदर (में)'

'यहाँ बैठिए' और 'यहाँ पर बैठिए' में अर्थ-संबंधी कोई अंतर है क्या ? नहीं। फिर 'यहाँ' के बाद कुछ लेखक 'पर' क्यों लगाते हैं ? शायद 'कुरसी पर बैठिए' और 'ज़मीन पर बैठिए' के सादृश्य के कारण। 'कुरसी' और 'ज़मीन' संज्ञाएँ हैं, जिन के बाद 'पर' स्थान-द्योतक परसर्ग है। 'पर' का काम संज्ञा से क्रिया का स्थान-विषयक संबंध (अधिकरण कारक) दिखाना है। 'यहाँ' स्वयं स्थानवाची क्रियाविशेषण है, जो 'पर' के बिना ही क्रिया की स्थान-संबंधी विशेषता बता देता है। क्रिया की विशेषता बतानेवाला यह काम 'कुरसी' और 'पर' मिल कर (क्रियाविशेषण-पदबंध बन कर) करते हैं। ग़लती करने वाला लेखक 'यहाँ' का संज्ञा के समान प्रयोग कर देता है। वस्तुतः 'यहाँ', 'वहाँ', 'कहाँ', 'जहाँ', 'यहीं', 'वहीं', 'कहीं' के बाद 'पर' नहीं लगाया जाना चाहिए।

'अंदर आइए', 'बाहर जाइए','ऊपर देखिए', 'नीचे झाँकिए' उदाहरणों के पहले शब्द क्रियाविशेषण हैं और दूसरे क्रिया। जब ये तथाकथित क्रियाविशेषण क्रिया के विशेषक के रूप में प्रयुक्त न हो रहे हों, तब संज्ञा का काम कर सकते हैं। उदाहरण के लिए, 'अंदर से आइए', 'बाहर की ओर जाइए', 'ऊपरवाला कमरा', 'नीचे के दरवाजे से' में ये शब्द संज्ञा के रूप में प्रयुक्त हैं। इन को संज्ञाओं से स्थानापन्न कर कें इस प्रकार दिखाया जा सकता है—'घर से आइए', 'आँगन की ओर जाइए', 'छतवाला कमरा', 'स्कूल के दरवाजे से' में।

अब 'अंदर में' की शुद्धि-अशुद्धि का परीक्षण करें। 'के अंदर' का अर्थ है 'में', जैसे 'घर के अंदर' बराबर 'घर में'। जाहिर है कि 'घर के अंदर में देखो' और 'अंदर में रख दो' में 'में' की जरूरत नहीं है (क्योंकि जब 'अंदर' संज्ञा के रूप में प्रयुक्त न हो, तब उस के आगे उसी अर्थ का वाचक शब्द द्विरुक्ति-दोष के कारण निरर्थक है)। निष्कर्षतः 'घर के अंदर में देखो' का सही रूप 'घर के अंदर देखो' होगा और 'अंदर में रख दो' का सही रूप 'अंदर रख दो' होगा।

'राक्षस' और 'दैत्य'

'राक्षस' रक्षक थे कुबेर के कोष के। वे असुरों (अर्थात् सुरा का सेवन न करनेवालों) से भिन्न जाति के थे। 'दैत्य' असुर थे।

दैत्यों और दानवों के पूर्वज कश्यप थे, जिन की दिति नामक पत्नी (दक्ष प्रजापति की एक कन्या) के गर्भ से उत्पन्न हुए पुत्र 'दैत्य' (या दैतेय) कहलाए तथा उन की दनु नामक पत्नी (दक्ष प्रजापति की अन्य कन्या) के गर्भ से उत्पन्न हुए पुत्र 'दानव' कहलाए। इन दोनों के गुरु शुक्राचार्य थे।

'महाभारत' में 'अंधकार के मूर्त रूप' वृत्र को शुक्राचार्य द्वारा 'असुर' (दैत्य) भी कहा गया है और 'दानव' भी, जिस से इन दो की प्रचलित सन्निकटता की पुष्टि होती है। दूसरी ओर, वाल्मीकि-'रामायण' के अनुसार विश्वामित्र ने शंकर जी से विभिन्न अस्त्र प्राप्त करने के लिए वर माँगते समय 'दानवों' और 'राक्षसों' के पास उपलब्ध अस्त्रों का पृथक्-पृथक् उल्लेख किया था, जिस से दानवों और राक्षसों के एक-दूसरे से अलग बने रहने की बात सिद्ध होती है। लेकिन उपर्युक्त तीनों जातियों में मेल-जोल था और तीनों ही का देवताओं के साथ युद्ध हुआ था।

देव या देवता 'सुर' (अर्थात् सुरा का सेवन करनेवाले) थे। वे भी सृष्टि-विस्तारक कश्यप की ही संतान थे और उन की एक अन्य पत्नी अदिति के गर्भ से उत्पन्न हुए थे, जिन्हें क्रूरकर्मा कहा गया है।

रावण राक्षस जाति का था (उस की माँ कैकसी के पिता सुनाली राक्षस थे)।

हिरण्यकशिपु दैत्य था।

ऊपर लिखी गई सारी बातें 'था' वाली हैं। आज के संदर्भों में यदि आप से बाध्यता के साथ विकल्प पूछा जाए कि आप 'राक्षस' बनना पसंद करेंगे या 'दैत्य', तो उम्मीद है कि आप का उत्तर 'दैत्य' होगा, क्योंकि अब 'राक्षस' का केंद्रीय अर्थ अत्यंत दुष्ट प्रकृति का व्यक्ति तथा 'दैत्य' का अर्थ अत्यंत विकट डील-डौल वाला व्यक्ति हो चला है।

'रेलपेल' और 'मारधाड़'

अमुक श्रीमान् जी 'रेलपेल' के लिए 'रेल' का संबंध 'रेलगाड़ी' के 'रेल' शब्द से जोड़ रहे थे, जो ग़लत है। उस का संबंध है 'रेला' से, जिस का मतलब है 'प्रबल प्रवाह; भीड़भाड़' (उदाहरण—पानी का रेला; शत्रुओं का रेला)।

शब्द-रचना का आनंद लेने के लिए निम्नलिखित प्रयोगों का तुलनात्मक अंतर देखिए—मेले में बड़ी 'रेलपेल' थी। इसे कुछ लोग कहेंगे, मेले में बड़ी 'रेलठेल' थी। अन्य लोग कहेंगे, 'ठेलमठेल' या 'ठेलाठेल' थी। इन उदाहरणों में उद्धरण-चिह्नों के भीतर लिखे गए पाँचों शब्दों का अर्थ 'धक्कम-धक्का' या 'धक्का-मुक्की' निकल रहा है और ज़ाहिर है कि ये शब्द 'रेलना (धक्का देना), पेलना (बलपूर्वक आगे बढ़ाना), ठेलना (धकेल कर आगे खिसकाना)' और 'धकेलना' के अंशों को जोड़-जाड़ कर बनाए गए हैं।

अब ऐसा अन्य दुमुखी शब्द देखें । 'मार-पीट' में एक-दूसरे को मारना-पीटना चलता है (प्रायः दुतरफ़ा), पर 'मारधाड़' में क्या चलता है (प्रायः इकतरफा)? इस में 'धाड़' क्या है? यह कोई ऊटपटाँग शब्द नहीं है, इसे निम्नांकित बिंदुओं से स्पष्ट किया जाएगा—

संस्कृत के 'धाटी' से प्राकृत-अपभ्रंश में 'धाडी' और 'धाड़ी' होता हुआ हिंदी में

'धाड़' बना, जिस का अर्थ है 'धावा, आक्रमण'। 'मारधाड़' में 'धाड़-धाड़' आवाज़ का होना ज़रूरी है।

हिंदी का अनुकरणात्मक शब्द 'दहाड़' एक ओर शेर के समान गरजने का और दूसरी ओर चिल्ला-चिल्ला कर रोने का वाचक है, जो अन्यों के लिए 'धाड़' है।

बात को हलका बना कर इस प्रकार कहा जा सकता है कि जब कोई व्यक्ति 'मार धाड़' करता है, तो दूसरा व्यक्ति 'धाड़ मार कर' रोता है।

'लड़कियाँ देखीं' और 'लड़कियों को देखा'

'वे अपनी इच्छा पूरी करना चाहते हैं' और 'वे अपनी इच्छा को पूरा करना चाहते हैं'। इन दो शुद्ध वाक्यों में रूपगत क्या अंतर है ? पहले वाक्य में 'को' नहीं है, दूसरे में है, तथा पहले में 'पूरी' है, दूसरे में 'पूरा' है। बात मजेदार है कि 'को' का प्रयोग होने पर आगे के संबंधित शब्द का रूप बदल कर पुल्लिग-एकवचन ('पूरी' से 'पूरा') हो जाता है।

'आप ने लड़की देखी, आपने लड़कियाँ देखीं, आप ने लड़के देखे' में 'को' कहीं नहीं है, इसलिए 'देखी, देखीं, देखे' का संबंध इन के पूर्ववर्ती शब्दों 'लड़की, लड़कियाँ, लड़के' से लिंग-वचन के स्तर पर बना हुआ है, पर जैसे ही इन शब्दों के बाद 'को' लगाया जाता है, वैसे ही इन के बाद की क्रिया लिंग-वचन से तटस्थ हो कर सर्वदा 'देखा' (पुल्लिग-एकवचन) बन जाती है। उदाहरण—आप ने लड़की को देखा, आप ने लड़कियों को देखा, आप ने लड़कों को देखा।

अब हमारे दैनिक समाचारपत्रों में छपे कुछ ऐसे वाक्य देखिए, जिन में 'को' का प्रयोग होने पर भी बाद के संबंधित शब्द को लिंग-वचन के मामले में तटस्थ अर्थात् पुल्लिग-एकवचन नहीं किया गया है—

(1) उन्हें उस जमीन को ख़रीद लेनी चाहिए। ('लेनी' की जगह 'लेना' सही होगा। या फिर 'को' को हटा कर लिखना पड़ेगा—उन्हें वह जमीन खरीद लेनी चाहिए।)

(2) वे दूसरों की कोठी को अपनी बता कर चले गए। ('अपनी' की जगह 'अपना' होगा। या फिर 'को' के बिना वाक्य होगा—वे दूसरों की कोठी अपनी बता कर चले गए।)

(3) आप उस सभा को बोट-क्लब की सभा जितनी सफल बनाएँ। ('जितनी' की जगह 'जितना' होगा। या फिर 'को' को हटा कर लिखा जाएगा—आप वह सभा बोट-क्लब की सभा जितनी सफल बनाएँ।)

(4) वे दोनों टाँगों को बुरी तरह झुलसी हुई देख कर घबरा गए। ('झुलसी हुई' के बदले 'झुलसा हुआ' होगा। या फिर 'को' का प्रयोग न होने पर 'झुलसी हुई' रहेगा—वे

दोनों टाँगें बुरी तरह झुलसी हुई देख कर घबरा गए।)

'को' का उपर्युक्त जादू आगामी उदाहरणों में 'लंबाई और चौड़ाई के साथ' फिर से देखिए—'किताब फटी हुई पाई गई', लेकिन 'किताब को फटा हुआ पाया गया' (चार शब्दों से एक साथ स्त्रीलिंग साफ़)। 'लड़के पकड़े गए थे', लेकिन 'लड़कों को पकड़ा गया था' (तीन शब्दों से एक साथ बहुवचन साफ़)। 'आप ने मक्खियाँ उड़ाईं', लेकिन 'आप ने मक्खियों को उड़ाया' (क्रिया से स्त्रीलिंग और बहुवचन दोनों साफ़)।

'लड़ाई' और 'झगड़ा'

शब्दों के इस जोड़े पर ध्यान कैसे गया ?

एक पापा जी 'वहाँ लड़ाई-झगड़ा चल रहा है' का मतलब यह कह कर समझा रहे थे कि वहाँ 'लड़ाई' भी चल रही है और 'झगड़ा' भी चल रहा है !

'लड़ाई' हाथापाई के निकट है और 'झगड़ा' तू-तू मैं-मैं के निकट है। 'लड़ाई' का मतलब एक-दूसरे पर प्रहार है, जब कि 'झगड़ा' विवाद है, तकरार है। लड़ाई के सहयोगी हाथ-पैर और अस्त्र-शस्त्र आदि हैं, झगड़े के साथी जबान और दस्तावेज आदि हैं।

यों झगड़ा लड़ाई से छोटी चीज़ है, पर वह दो महादेशों के बीच भी हो सकता है (जैसे 'सीमा-विवाद'); दूसरी ओर, 'लड़ाई' केवल दो व्यक्तियों के बीच भी हो सकती है (जैसे 'द्वंद्व-युद्ध')।

झगड़ा बढ़ा और लड़ाई छिड़ी।

लड़ाई की तरफ़दारी करनेवाले ये शब्द हैं—युद्ध, संग्राम, समर, रण, जंग, भिड़ंत, मुठभेड़, दंगा, फ़साद, संघर्ष, द्वंद्व, टक्कर, कुश्ती, मार-पीट।

झगड़े के तरफ़दार शब्द कुछ कम हैं—झंझट, झमेला, बखेड़ा, टंटा, अनबन, कलह, हुज्जत, कठिनाई, मुक़दमेबाजी।

'लड़ाई' को संस्कृत की 'लड्' (तंग करना) धातु से जोड़ा जाता है, 'झगड़ा' को प्राकृत के 'झगड' से जोड़ा जाता है।

अब कुछ लाइनें लड़ाई और झगड़े के 'विशेष प्रकार के युद्धों' से संबंधों पर—

देश के विभिन्न वर्गों की आपसी लड़ाई 'गृहयुद्ध' है। अंदर ही अंदर सुलगती हुई विध्वंसात्मक लड़ाई 'शीतयुद्ध' है। गालीगलौज तक सीमित झगड़ा 'वाग्युद्ध' है। पति-पत्नी का एक-दूसरे से न बोलने का झगड़ा 'मौन युद्ध' है।

‘लाला’ और ‘ललित’

संस्कृत की ‘लल्’ धातु में बहुत लाड़-प्यार-दुलार भरा हुआ है, इसीलिए ‘लला’ और ‘लल्ला’ दुलार से पला लड़का है तथा ‘लली’ और ‘लल्ली’ दुलार से पली लड़की है। ‘लल्लू’ लगता है अधिक दुलार से बिगड़ कर अब ‘भोंदू’ हो गया है। ‘लालन-पालन’ के ‘लालन’ में भी ‘लल्’ (लाड़-प्यार करना) मौजूद है। कोई भाभी जब देवर से ‘लाला’ कह कर बात करती है, तब वह इसी अर्थ के पास रहती है; और ‘लल्ला लल्ला लोरी’ में भी लाड़ (से सुलाने) के अलावा कुछ नहीं है। और ‘लाल’ (प्यारा पुत्र) में क्या है !

‘लल्’ माने ‘जीभ लपलपाना’ भी है, इसलिए ‘ललन’ का एक मतलब ‘जीभ बाहर निकालना’ है और ‘ललना’ का एक मतलब ‘जीभ’ है। ‘लल्लो’ का मतलब भी ‘जीभ’ है, जिस के कारण ‘लल्लो-चप्पो’ का मतलब ‘चाटुकारिता’ है, तथा संस्कृत के ‘लाला’ (‘कायस्थ’ और ‘व्यापारी’ या ‘सेठ’ अर्थवाला हिंदी का ‘लाला’ नहीं) का मतलब ‘लार’ या ‘थूक’ है। ‘लल्’ के ही कारण ‘लल’ का एक अर्थ ‘लपलपानेवाला’ है तथा ‘लल्लर’ का अर्थ ‘हकलानेवाला’ है।

‘लल्’ खेलने और आमोद-प्रमोद करने का भी वाचक है, इसलिए ‘लल’ का अर्थ ‘खेल में लीन’ और ‘विनोदप्रिय’, तथा ‘ललन’ का अन्य अर्थ ‘खेल’ भी मिलता है।

‘ललक’ (इच्छा) शब्द ध्यान में लाइए और ‘लल्’ का एक अर्थ ‘इच्छा करना’ भी याद कीजिए। इस दृष्टि से संस्कृत में ‘लल’ का एक अन्य अर्थ ‘इच्छुक’ तथा ‘ललना’ का अन्य अर्थ ‘कामिनी’ के अलावा ‘स्वेच्छाचारिणी स्त्री’ द्रष्टव्य है।

‘लल्’ के उपर्युक्त सारे अर्थों को ‘ललित’ पर घटित किया जा सकता है, इसी कारण ‘ललित’ के ये सब अर्थ हैं—प्रिय, सुंदर, मनोहर, मनचाहा, ईप्सित, अभीष्ट, रुचिकर, सुहावना, सरल, निर्दोष, मृदु, शृंगारप्रिय, क्रीड़ाशील, हिलता-डुलता, यथेच्छाचारी, आदि।

यह शब्द ‘कला’ और ‘निबंध’ आदि के पूर्व लग कर उन का परिभाषित विशेषीकरण कर देता है। ‘ललित कला’ काव्य, संगीत, आदि का द्योतक है तथा ‘ललित निबंध’ वैचारिक निबंध से भिन्न ऐसा निबंध है, जिस में आत्मानुभव हो और जो लालित्यपूर्ण शैली में लिखा गया हो। अब आप यह मत पूछिए कि ‘लालित्यपूर्ण शैली’ क्या है, क्योंकि आप जानते हैं कि उस का संबंध ‘ललित’ से है।

‘विलवणीकरण’ और ‘नवीनीकरण’

महासागर-विकास-विभाग से संबंधित साहित्य में ‘विलवणीकरण’ शब्द ख़ूब इस्तेमाल होता है, जिस का अर्थ है ‘खारे पानी को पीने के पानी में बदलना’। ‘लवण’ से बने

'लवणीकरण' का मतलब है 'जो चीज़ नमकीन नहीं है, उसे नमकीन करना', जिस के पहले लगनेवाले 'वि' का काम है अर्थ को उलट देना। यह 'वि' अन्यत्र भी अर्थ को विपरीत करने के लिए प्रयुक्त होता है, जैसे 'क्रय' (ख़रीदना) से 'विक्रय' (बेचना) में, 'पक्ष' (अनुकूलता) से 'विपक्ष' (प्रतिकूलता) में, 'मल' (गंदगी) से 'विमल' (मलरहित) में, 'योग' (मिलन) से, 'वियोग' (पार्थक्य) में, और 'स्मृति' (याद) से 'विस्मृति' (भूलना) में। लेकिन हर जगह 'वि' का मतलब 'विपरीत' नहीं हुआ करता, वरना 'विजय' का मतलब 'पराजय' हो जाता। यहाँ 'वि' का मतलब 'विशेष' है (जैसे 'विशुद्ध' में भी)।

यद्यपि 'विलवणीकरण' का संबंध सीधे-सीधे नमक-विहीन कर देने से है, पर अन्य किसी वस्तु से नमक निकालने के काम को सामान्यतः 'विलवणीकरण' नहीं कहा जाएगा, क्योंकि इस शब्द के अर्थ का विशेषीकरण हो गया है। (आज का यह बहुप्रचलित शब्द 'विशेषीकरण' अधिकतर शब्दकोशों में नहीं मिलता; 'स्पेशलाइज़ेशन' के लिए 'विशिष्टीकरण' मिलता है।)

'नवीनीकरण' (रिन्यूअल) का सामान्य अर्थ 'नवीन' रूप देने का भाव या क्रिया है, जिस का विशेषीकरण इस प्रकार हो चला है—किसी चीज़ या बात, जैसे अनुज्ञा-पत्र, संधि, आदि की अवधि समाप्त होने पर उसे फिर से जारी या नियमित किया जाना। दूसरी ओर, 'नवीकरण' (रिनोवेशन) किसी भी चीज़ को फिर से नया कर देना है। शब्द 'नूतनीकरण' और 'नवीयन' भी हैं, पर लेखक लोग इन के प्रयोग पर उतने मेहरबान नहीं हैं।

'विषैला' और 'विषाक्त'

दोनों शब्दों का मोटा-मोटा अर्थ 'विषयुक्त' या 'ज़हरीला' है। इन का अंतर खोजिए।

'विषैला' (विषवाला) शब्द संस्कृत में नहीं है (उस में 'विषालु' है)। 'विषैला' में विशेषणवाची 'ऐला' प्रत्यय हिंदी का है। इस '-ऐला' को 'गँधैला' (दुर्गंधयुक्त, गंधीला), 'धब्बैला' (धब्बों से युक्त, दाग़ी), 'बनैला' (वन्य, जंगली), 'मटैला' (मिट्टी-जैसा, मटियाला), 'मुछैला' (मुच्छल, मुछंदर) में भी देखा जा सकता है।

'विषैला' शब्द कृषिशास्त्र में (जैसे, विषैला पौधा), चिकित्साशास्त्र में (जैसे, विषैली ड्रग), जीवशास्त्र में (जैसे, विषैला साँप), और रसायनशास्त्र में (जैसे, विषैली गैस) इस्तेमाल होता है।

'विषाक्त' के '-अक्त्' का अर्थ है 'सना हुआ' या 'अभिषिक्त'। ('अभिषिक्त' माने हैं 'छिड़का हुआ, आर्द्र किया हुआ'। 'अभिषिक्त' वह हैं, जिस का अभिषेक हो चुका हो, प्रतिष्ठापित, पदारूढ़। 'अभिषेक' का मतलब है 'छिड़कना, जलसिंचन द्वारा राजा या मूर्ति

आदि का प्रतिष्ठापन, तिलक करना'।) 'विषाक्त' का अर्थ हुआ विष छिड़का हुआ, विष से आर्द्र किया हुआ, विष से सना हुआ, विषमिश्रित। इन सभी अर्थों में विष 'बाद में' मिलाया गया है।

अब अंतर पकड़ में आ गया। कोई वस्तु 'विषैली' आरंभ से ही होती है, पर 'विषाक्त' वस्तु मूल रूप से विषहीन होती हैं। जब वह बाद में विषयुक्त हो जाती या कर दी जाती है, तब 'विषाक्त' कहलाती है। उदाहरण—विषाक्त भोजन ('विषैला भोजन' कोई नहीं पकाएगा)। जब दो विरोधी राजनैतिक दलों के सदस्य बहस करते हैं, तब वातावरण प्रायः 'विषाक्त' (दूषित) हो जाता है।

आप के मस्तिष्क को कोई व्यक्ति 'विषैला' तो कभी नहीं कर सकता, पर सावधान रहिए, 'विषाक्त' ज़रूर कर सकता है।

'व्यवसाय' और 'व्यापार'

इन दो शब्दों का भेद पकड़ने में मुझे शुरू में नानी याद आ गई। कोशों में समान रूप से दोनों के अर्थ 'आचरण, उद्योग, कर्म, क्रिया, पेशा, प्रयत्न, रोज़गार, वाणिज्य' आदि दिए हुए हैं। 'व्यवसाय' माने 'व्यापार' दिया हुआ है और 'व्यापार' माने 'व्यवसाय' दिया हुआ है। दोनों ही 'काम' और 'काम-धंधा' हैं, दोनों 'कारोबार' हैं, दोनों 'बिज़नॅस' और 'ट्रेड' हैं।

कोशों में इन के कुछ अलग-अलग अर्थ भी दिए गए हैं, जो ऐसे हैं कि उन का 'आज की हिंदी' में प्रयोग समझने के लिए दूर-दूर से खींच कर जबरदस्ती के वाक्य गढ़ने पड़ेंगे। ऐसे अर्थ इस प्रकार हैं—'व्यवसाय' बराबर है 'इच्छा, छल, धैर्य, प्रस्ताव, संकल्प' तथा 'व्यापार' बराबर है 'अभ्यास, नियोजन, प्रक्रिया, प्रभाव, संलग्नता'।

इन की भेदात्मकता को पकड़ने के लिए बात इस वाक्य से शुरू की जा सकती है—आप का व्यवसाय व्यापार करना है। (जब कि 'आपका व्यापार व्यवसाय करना है' नहीं हो सकता।) 'व्यापार' से 'व्यवसाय' का क्षेत्र अधिक व्यापक है; वह अँगरेजी में 'वोकेशन' है (कोई भी ट्रेड, प्रॉफ़ेशन, या ऑकुपेशन है)। बहुत-से व्यवसायों में से एक व्यवसाय व्यापार है।

नौकरी ऐसा व्यवसाय है, जो व्यापार नहीं है; दुकानदारी ऐसा व्यवसाय है, जो व्यापार भी है।

'व्यापार' में क्रय-विक्रय और आदान-प्रदान करना अर्थात् दो पक्षों का होना आवश्यक है (यदि वह 'कार्य-व्यापार'-जैसे प्रयोग में नहीं है); 'व्यवसाय' एक पक्ष का भी हो सकता है, जैसे अपने खाने के लिए मछली मारना या आखेट। लेकिन जीविका-निर्वाह का लक्ष्य प्रायः दोनों में होता है, भले ही अर्थार्जन हो या न हो।

तीन-चार ऐसे व्यवसाय और देखिए, जो व्यापार नहीं हैं--खेती, टीचिंग, और मॉडॅलिंग केवल व्यवसाय हैं। इसी प्रकार, 'दूसरों की मुँडाई करना' नाई का व्यवसाय है, व्यापार नहीं।

'शाबाश' और 'दुत'

'तुम शाद रहो, आबाद रहो।' फ़ारसी में 'शाद' माने 'प्रसन्न'। इस 'शाद' में 'हाज़िरबाश' (हाज़िर रहने वाला) में व्यवहृत 'बाश' (याद कीजिए 'बाशिंदा' माने 'निवासी') जोड़ने से बना 'शादबाश'। इसी का लघु रूप है 'शाबाश'।

फ़ारसी और उर्दू में 'शाबाश (देना)' स्त्रीलिंग है, जो उर्दू (पुनः) और हिंदी में 'शाबाशी (देना)' है।

'शाबाश' हिंदी में मूलतः 'प्रसन्न रहो' अर्थ में अव्यय है। इस के प्रयोगार्थ को यदि किसी बच्चे या अहिंदीभाषी को विस्तार से समझाना हो, तो इस प्रकार समझाएँगे :—

यह बड़ों के द्वारा छोटों से कहा जानेवाला ऐसा शब्द है, जो छोटों के द्वारा कोई अच्छा काम करने पर उन की प्रशंसा और सराहना में उन्हें प्रोत्साहन देने और उन की हिम्मत बढ़ाने के लिए उन से कहा जाता है—ठीक उस प्रकार, जिस प्रकार उन से 'वाह, क्या कहना' कहा जाए।

'शाबाश' पंजाबी में भी 'शाबाश' ही है, पर सिंधी और मराठी में 'शाबास' है, उड़िया और छत्तीसगढ़ी में 'साबास' है, अवधी में 'स्याबास' है, भोजपुरी में 'साबस' है, और तमिल में 'सबासु' है।

'शाबाश' की तुलना में 'दुत' एकदम स्वदेशी माल है। यह ऐसा अस्वीकृतिसूचक अव्यय है, जिस का प्रयोग किसी को घृणा या तिरस्कार के साथ अपने सामने से हटाने के विचार से किया जाता है। 'दूर हो' न कहा, 'दुत' कह दिया। (कुछ लोग 'दुत' को 'धुत' बना देते हैं—'ध्' के उच्चारण में 'द' से अधिक साँस फेंक कर शायद अधिक तिरस्कार दिखाने के लिए ! लेकिन कोई नशाख़ोर नशे में 'दुत' कभी नहीं होता, वह सदा 'धुत' ही होता है, चाहे आप उसे कितना भी 'दुत-दुत' करें।)

'दुतकार' संज्ञा है, जो 'दुत-दुत' कह कर व्यक्त की गई घृणा या अवमानना की वाचक है।

यों तो 'धिक्कारना' और 'फटकारना' शब्द भी कहीं न कहीं 'दुतकारना' के साथ 'प्रावीण्य-सूची' में खड़े होंगे, पर उन में 'हट' या 'भाग'-जैसा भाव निहित नहीं है।

किसी-किसी शब्दकोश में यह लिखा मिलता है कि 'दुत' कभी-कभी छोटे बच्चों से लाड़-प्यार करते समय बोला जाता है। ठीक है। लेकिन उसे ऐसा ही मानिए, जैसे हम लोग कभी-कभी अपने बच्चों को 'पगला' कह देते हैं।

'श्रद्धा' और 'आस्था'

निवेदन है कि आप इन शब्दों के दरजन-दरजन भर कोशगर्भित अप्रचलित अर्थों को अनदेखा करते हुए एक ओर इन के परस्पर एक-जैसे अर्थों की और दूसरी ओर इन के एक के स्थान पर दूसरे के प्रयुक्त हो सकने की चर्चा में दिलचस्पी न ले कर केवल इन के सूक्ष्मांतर पर दृष्टि जमाइए।

स्वयं से किसी भी दृष्टि से बड़े व्यक्ति के प्रति सम्मानपूर्ण धारणा 'श्रद्धा' है। ऐसे व्यक्ति के सामने श्रद्धालु श्रद्धा से नत होता है। श्रद्धेय या श्रद्धास्पद व्यक्ति श्रद्धावान् के लिए प्रायः प्रेरणा और लाभ का स्रोत होता है (श्रद्धावान् लभते)। श्रद्धा का संबंध निष्ठा से—विशेषकर धार्मिक निष्ठा से—अधिक रहता है। (—"पुरोहित जी, चढ़ावे में क्या चढ़ाऊँ ?"—"यजमान, जैसी तुम्हारी श्रद्धा।") 'श्रद्धा' से 'श्राद्ध' का संबंध आज तक चला आ रहा है।

'स्था' का एक अर्थ 'प्रतिबद्ध होना' है। जिस किसी में हमारी आस्था होती है, उस के प्रति हमारी प्रतिबद्धता होती है। आस्थावान को आस्थेय की अच्छाई में पूरा विश्वास रहता है।

'श्रद्धा' का संबंध 'आदर' से अधिक है, वह किसी के प्रति 'विश्वाससहित आदर' है; 'आस्था' का संबंध 'विश्वास' से अधिक है, वह किसी के प्रति 'आदरसहित विश्वास' है। 'श्रद्धा' अँगरेजी के 'रॅवरॅंस' के निकट है, 'आस्था' अँगरेजी के 'फ़ेथ' के निकट है।

श्रद्धा प्रायः किसी 'पर' होती है, आस्था किसी 'में' होती है। श्रद्धा 'व्यक्तियों' पर अधिक होती है, आस्था 'अमूर्त तथ्यों' में अधिक होती है, जैसे जीवन-मूल्यों में, मान्यताओं में, सिद्धांतों में। नैतिकता दोनों की तह में रहती है, पर भावनात्मकता की मात्रा 'श्रद्धा' में तथा वैचारिकता की मात्रा 'आस्था' में कुछ अधिक रहती है।

"मैं अमुक संपादक पर 'श्रद्धा' रखता हूँ, क्योंकि वे आदर्श पत्रकारिता में 'आस्था' रखते हैं।"

'श्रीमती' और 'श्रीमति'

'श्री' माने 'समृद्धि, महिमा, कांति, राजकीय संपत्ति, धन की देवी लक्ष्मी' आदि। मजे की बात है कि यह शब्द उपर्युक्त अर्थों में स्त्रीलिंग होते हुए भी सम्मानसूचक शब्द के रूप में केवल पुरुषों के नाम के पहले लगाया जाता है।

यद्यपि 'श्रीयुक्त, श्रीयुत, श्रीमंत, श्रीमत्, श्रीमान्' सब का अर्थ 'लक्ष्मीवान्' है, पर जिन (जीवित) पुरुषों के नाम के पूर्व इन शब्दों को औपचारिकतावश आदरार्थ लगाया जाता है, उन सब का 'लक्ष्मीवान्' होना आवश्यक नहीं है (बल्कि कुछ तो 'श्रीहीन' हो

सकते हैं)। 'श्रीमान्' को संबोधित करते समय संस्कृत में 'श्रीमन्' कहते हैं।

'श्रीमती' माने 'राधिका'। 'श्रीमती' माने 'जो कुमारी न हो अर्थात् विवाहित स्त्री'। 'श्रीमती' माने 'पत्नी'। 'श्रीमती' माने 'श्रीमान् का स्त्रीलिंग और स्त्रियों के लिए आदरसूचक शब्द'। आप की श्रीमती जी को 'श्रीमती अमुक' कहा जाएगा, लेकिन वे 'श्रीमति' तभी होंगी, जब आप उन्हें संस्कृत में पुकारेंगे। अंतिम 'ई' का संबोधन में 'इ' हो जाने का यह चक्कर 'देवी' से 'देवि' हो जाने में भी है। संस्कृत के 'संगिन्' और 'संगी' का विशेषणात्मक अर्थ है 'साथ लगने वाला, आसक्त' तथा संज्ञात्मक अर्थ है 'साथी', जिस से बने 'संगिनी' (साथिन, पत्नी) को भी संस्कृत के पंडित जी 'संगिनि' कह कर आवाज़ देंगे।

'ई' से 'इ' हो जाने की एक बिलकुल भिन्न धारा के शब्दों के उदाहरण 'लक्ष्मी, गौरी, शताब्दी, मंत्री' हैं, जो संस्कृत में आगामी शब्द से चिपक कर 'इ'-वाले हो जाते हैं, नामशः 'लक्ष्मिपुत्र, गौरिपति, शताब्दिसमारोह, मंत्रिमंडल' (ये विकल्प से हाइफ़न के साथ 'लक्ष्मी-पुत्र, गौरी-पति, शताब्दी-समारोह, मंत्री-मंडल' भी हैं)।

आशा है कि आप इस लेख में संस्कृत का नाम कई बार पढ़ने के बाद भी हिंदी लिखते समय संस्कृत में नहीं, हिंदी में ही सोचेंगे और 'श्रीमती' और 'देवी' आदि को नहीं बिगड़ने देंगे।

'श्रेष्ठ' और 'उत्तम'

किसी धनी व्यक्ति, महाजन, या साहूकार को हिंदी में 'सेठ', सिंधी में 'सेठि', तेलुगु में 'सेट्ठि', और कन्नड़ में 'शट्टि' कहते हैं, जिन की जड़ संस्कृत के 'श्रेष्ठिन्' में है। 'श्रेष्ठ' इस के बहुत क़रीब है।

'श्रेष्ठ' (सब से समृद्ध) में 'कनिष्ठ, गरिष्ठ, वरिष्ठ' आदि के समान 'सब से' का अर्थ शामिल है, लेकिन चूँकि अब इस अर्थ की प्रखरता घिस चली है, इसलिए 'श्रेष्ठतम' और 'सर्वश्रेष्ठ' भी इस्तेमाल किए जा रहे हैं।

यही हाल 'उत्तम' (सब से ऊपर) का है, जिस में 'अधिकतम, महत्तम, सरलतम' आदि के समान 'सब से' का अर्थ शामिल है, लेकिन 'सर्वोत्तम' भी इस्तेमाल किया जा रहा है—जब सुमित्रानंदन पंत "(मानव तुम) सब से सुंदरतम" लिख सकते हैं, तो अन्य लोग 'सर्वोत्तम' क्यों नहीं लिख सकते!

'उत्कृष्ट' (ऊपर खींचा हुआ, उन्नत) को इस चर्चा से अलग रखा जाना ठीक है, क्योंकि उस में 'सब से' का अर्थ प्रारंभ से ही शामिल नहीं है (यद्यपि उस का प्रयोग 'श्रेष्ठ' और 'उत्तम' दोनों के लिए कर दिया जाता है)।

लेख के शीर्षक के शब्दों पर वापस चलें। दोनों का अर्थ बेहतरीन' है, 'सब से

अच्छा' है, 'सब से बड़ा' है, पर इन के मैदान अलग-अलग भी किए जा सकते हैं। इन में भेद करनेवाले शब्दकारों के लिए 'श्रेष्ठ' का मतलब है 'प्रमुखतम, सर्वप्रधान' और 'उत्तम' का मतलब है 'उच्चतम, सर्वोन्नत'। 'श्रेष्ठ' श्री (संपन्नता)-प्रधान है, जब कि 'उत्तम' उद् (उच्चता)-प्रधान है। 'श्रेष्ठ' का संबंध 'बाह्यता' से अधिक है, 'उत्तम' का 'आंतरिक्ता' से अधिक है।

बेजान चीज़ों में, उदाहरणार्थ, सब से अच्छी कलाकृति या भवन को 'श्रेष्ठ' कहेंगे तथा सब से अच्छे आहार या व्यवस्था को 'उत्तम' कहेंगे। "शो-रूम की सब से अच्छी अलमारी सब से अच्छी लकड़ी से बनी है" को "शो-रूम की श्रेष्ठ अलमारी उत्तम लकड़ी से बनी है" कहा जाएगा। जीवधारियों में 'श्रेष्ठ' गरिमामय और शानदार होता है, उस का संबंध धन, पद, सत्ता, आदि के वैभव से है; दूसरी ओर, 'उत्तम' उपयुक्त और कल्याणकारी होता है, उस का संबंध पुण्यात्मा, सद्‌गुण, सदाचरण, आदि से है। किसी श्रेष्ठ व्यक्ति का उत्तम होना और उत्तम व्यक्ति का श्रेष्ठ होना आवश्यक नहीं है। राष्ट्रपति डॉ. राजेंद्र प्रसाद दोनों थे। उन की बिदाई के समय लालबहादुर शास्त्री ने कहा था, "राष्ट्रपति-भवन की दीवारें सदा याद रखेंगी कि यहाँ कभी एक संत भी निवास करते थे।"

'संगीन' और 'संग'

"आप अपने प्रतिद्वंद्वी के शरीर में संगीन भोंकने के संगीन जुर्म में पकड़े जाने वाले हैं, मामला संगीन है।"

संज्ञा के रूप में 'संगीन' बंदूक के ऊपरी सिरे पर लगाया जानेवाला बरछीनुमा हथियार है और विशेषण के रूप में किसी जुर्म और मामले आदि की विकटता और पेचीदगी बतानेवाला शब्द है।

'संगीन' या 'संगी' का फ़ारसी में शब्दार्थ है 'पत्थर-जैसा कठोर', क्योंकि इस में 'संग' का मतलब है 'पत्थर'। सफ़ेद पत्थर के मशहूर प्रकार 'संगमरमर' में यही 'संग' है। काले पत्थर को 'संगमूसा' कहते हैं।

'संगदिल' का शब्दानुवाद 'पाषाण-हृदय' है, इसी से उस का अर्थ 'बेरहम' है। 'संगीदिल' की भी यही स्थिति है, क्योंकि 'संगी' का मतलब है 'पत्थर का'।

फ़ारसी और उर्दू से ज़रा संस्कृत और हिंदी की ओर मुड़िए। 'संगी' (साथी) में व्यवहृत 'संग' (साथ) संज्ञा भी है (आग और हवा का संग अच्छा नहीं) और अव्यय भी है ("तुम-संग प्रीत लगाई सजना")।

'संग' से 'संगम' का मधुर संबंध है। "संगम होगा कि नहीं" को प्रायः सब जानते हैं। इलाहाबाद वाले 'संगम' को भी।

'संग' से संबंधित 'संगति' संज्ञा है और अर्थों में संसर्ग है, सहयोगिता है, मिलना है। 'संगत' में भी 'संग' है। विशेषण के रूप में 'संगत' वह है, जिस में संगति हो, जो साथ-साथ आया हुआ हो, जो किसी के साथ ठीक से जुड़ा हुआ हो, जो ठीक से मेल खानेवाला हो ("कृपया संगत बात कीजिए, असंगत नहीं")। 'संगति' से विकसित 'संगत' संज्ञा भी है; अर्थ है 'सोहबत' ("आप की संगत अच्छी नहीं है")।

'संगत' संगीत के शौक़ीनों के लिए भी है—सारंगी-तबले आदि का सुर-ताल में गाने के संग रहने का भाव। इस 'संगत' का 'संगीत' में चाहे कितना भी महत्व हो, पर इन शब्द-रूपों का आपस में कोई पुश्तैनी संबंध नहीं है, क्योंकि 'संगत' में 'गम्' (जाना) धातु है और 'संगीत' में 'गै' (गाना) धातु है।

'संपादक' और 'उत्पादक'

संपादकों को 'संपन्न होने की बधाई', क्योंकि 'संपादक' शब्द में वही 'सम्' (उपसर्ग) और 'पद्' (धातु) प्रयुक्त हैं, जो 'संपदा', 'संपत्ति', और 'संपन्न' शब्दों में विद्यमान हैं।

विशिष्ट प्रयोग में 'संपादक' का मतलब है वह व्यक्ति, जो किसी दैनिक या अन्य पत्र-पत्रिका या ग्रंथ को विषय आदि की दृष्टि से ठीक कर के उसे प्रकाशन-योग्य बनाए, उस का संचालन करे। कोशकारों के अनुसार 'संपादक' दूसरों की रचनाओं का संपादन करता है; लेकिन यदि यह अर्थ पूरी तरह से सही मान लिया गया, तो प्रश्न उठेगा कि संपादक अपने द्वारा लिखे गए 'संपादकीय' का संपादन किस से करवाता है !

सामान्य प्रयोग में 'संपादक' का अर्थ-क्षेत्र बहुत विस्तृत है—'काम को अच्छी तरह से पूरा या संपन्न करना, स्वच्छ करना, दुरुस्त करना, क्रम आदि ठीक करना, प्रस्तुत करना, प्राप्त करना, उपार्जन करना, उत्पन्न करना, (भूमि आदि) तैयार करना' आदि।

उपर्युक्त कार्यों से मिलते-जुलते कुछ कार्य 'उत्पादक' के भी हैं, जैसे—उत्पन्न करना, (माल आदि) तैयार करना, इत्यादि।

'संपादक' और 'उत्पादक' में से कोई भी 'रुकनेवाला' नहीं होता, क्योंकि इन में 'पादक' मौजूद है, जिस का अर्थ है 'चलनेवाला' ('पादुका' याद कीजिए)। इस 'पादक' को हम 'उत्पादक' (किसी बात को युक्ति दे कर सिद्ध करनेवाला), 'निष्पादक' (किसी निर्णय को कार्यान्वित करने-करानेवाला), और 'प्रतिपादक' (किसी गूढ़ विषय का सरल विवेचन करनेवाला)-जैसे शब्दों में भी देख सकते हैं, जिन में लगे उपसर्ग इन शब्दों के अर्थों में मानो 'रासायनिक परिवर्तन' करते हुए इन्हें अपने-अपने रास्ते पर ले जाते हैं।

'संपादक' और 'उत्पादक' की ओर वापस चलें। 'उत्पादक' उपजाता है और विविध भोग्य वस्तुओं का निर्माण करता है। 'संपादक' भी निर्माण करता है, पर वह

लिखित सामग्री के माध्यम से समाज का निर्माण करता है। वह उसे दुरुस्त करता है। 'उत्पादक' तन को खुराक देता है, 'संपादक' मन को ख़ुराक देता है।

'संभव' और 'संभाव्य'

यह संभव नहीं है कि आप 'संभव' का वर्तमान अर्थ न जानते हों। लेकिन यह संभव है कि आप को यह पता न हो कि इस के दरजनों पुराने अर्थों से इस का वर्तमान अर्थ कोसों दूर है। 'बृहत् हिंदी कोश' में इसे प्रथमतः संज्ञा लिख कर इस के 'अस्तित्व, कारण, जन्म, नाश, परिचय, मैथुन, योग्यता, संकेत' आदि कुल पच्चीस अर्थ दिए गए हैं, जो 'प्रयुक्त हिंदी' के लिए सब बेकार हैं, क्योंकि आजकल यह केवल विशेषण है, जैसे—'संभव' कार्य ('हो सकनेवाला' कार्य)। कोश में विशेषण के रूप में दिए गए इस के केवल दो अर्थों 'जिस की सत्ता हो' तथा 'जो हो' से भी आप की तबियत ख़ास ख़ुश नहीं हो पाएगी।

संस्कृत के 'भव' के माने 'उत्पत्ति होना' तथा 'संसार' है। "भवसागर से मेरा बेड़ा पार लगा दो साईं।" 'सम्भावना, संभावित, संभाव्य' में भी मूलतः इसी 'भव' की माया व्याप्त है, लेकिन आजकल-इन सब का अर्थ भी 'संभव' के अर्थ के समान केवल 'हो सकना' के आस-पास घूमता है।

'संभव' सदा साध्य होता है, उस के लिए अनुकूल परिस्थिति और हेतु रहता है, आशा और प्रतीक्षा रहती है, लेकिन उस में 'हाँ' और 'नहीं' के विकल्प के कारण अनिश्चितता भी बनी रहती है। उदाहरण—आप की प्रथम श्रेणी 'संभव ' है, क्योंकि आप के प्रश्नपत्र अच्छे हुए हैं (फिर भी संभव है किं वह न आए)।

अरबी का 'मुमकिन' 'संभव' भी है और 'संभाव्य' भी। 'संभाव्य' 'संभव' की तुलना में अधिक सकारात्मक है, अधिक आशा से युक्त है, अधिक पुष्ट आधार पर टिका है, और घटित हो सकने के अधिक योग्य है। उस के होने की अधिक संभावना रहती है। पिछले पैरे में दिए गए उदाहरण में यदि आप के प्रश्नपत्र 'अच्छे' की जगह 'काफ़ी अच्छे' हुए हों, तो आप की प्रथम श्रेणी 'संभव' (पॉसिबिल) की जगह 'संभाव्य' (प्रॉबॅबिल) हो जाएगी।

'शायद' मेरी बात स्पष्ट हो गई होगी ? 'मुमकिन' की तरह 'शायद' भी अरबी का है, पर यह न तो 'संभव' है और न 'संभाव्य'; यह है 'संभवतः' (अव्यय) अर्थात् 'हो सकता है कि'।

'सब इंजीनियर' और 'सब-इंजीनियर'

'सब इंजीनियर (सारे यंत्री) चले गए' और 'सब-इंजीनियर (उप-यंत्री) चले गए' का अंतर मामूली अंतर नहीं है। इसी प्रकार 'शहद से (शहद की अपेक्षा) मीठे आम' और 'शहद-से (शहद-जैसे) मीठे आम' में भी अच्छा ख़ासा-अंतर है। जब यह समास-चिह्न या योजक चिह्न (हाइफ़न) '-' (गणित में घटानेवाला, पर भाषाविज्ञान में जोड़नेवाला) इतना बड़ा काम निभाता है, तो इसे जरा-सा मानकर इसकी उपेक्षा करना कोई गर्व या वीरता की बात नहीं है।

काम 'आहिस्ताआहिस्ता' या 'आहिस्ता आहिस्ता' लिखने से भी चल जाता है, पर 'आहिस्ता-आहिस्ता' लिखनेवालों को सलाम करने को जी चाहता है, क्योंकि वे लेखन--संबंधी अनुशासन बरतते हैं। हम सुविधा और व्यवहार-मात्र से सब-कुछ नहीं हाँक सकते, जीवन के हर क्षेत्र के समान भाषा-लेखन की कला में भी नियम-संयम और स्तर की अपनी महत्ता है।

'आज़ाद चौक' को यदि योजक चिह्न से न जोड़ा जाए, तो 'चौक' आज़ाद रहेगा और मतलब होगा 'कोई भी चौक, जो आज़ाद है', लेकिन यदि 'आज़ाद-चौक' लिखा जाए, तो मतलब '(चंद्रशेखर) आज़ाद का चौक' या 'आज़ाद-चौक नामक चौक' हो जाएगा।

'चाचा-ताऊ' के मध्य यह चिह्न 'और'-अर्थ देने के लिए, यथा 'चाचा और ताऊ' (द्वंद्व-समास) एवं 'राम-नाम' के बीच इसे 'का'-अर्थ देने के लिए, यथा 'राम का नाम' (तत्पुरुष-समास), लगाना होता है।

इस चिह्न को ग़लत जगह लगा देना भी ग़लत है। एक समाचारपत्र में एक शीर्षक छपा था—"इमरान-कपिल का सामना करने को उत्सुक।" किसी ने ख़बर सुन कर सही पूछा, "कौन उत्सुक ?" कारण यह है कि लिखनेवाले ने इमरान और कपिल को योजक चिह्न से जोड़ कर यह भ्रांति साफ़-साफ़ पैदा कर दी थी कि इमरान और कपिल दोनों का सामना करने के लिए कोई तीसरा व्यक्ति उत्सुक है (जो शीर्षक से ग़ायब है)। वहाँ यदि योजक चिह्न न लगाया गया होता, तो इमरान के उत्सुक होने में कोई संदेह नहीं होता।

'जिला-रायपुर' (बराबर 'जिले का रायपुर') कुछ नहीं हुआ करता। सही है 'रायपुर-जिला', अर्थात् 'रायपुर का जिला'। यदि 'जिला रायपुर' लिखना ही हो, तो योजक चिह्न के बदले वियोजक चिह्न (डैश) लगा कर विवरण-पद्धति से यों लिखना सही होगा—'जिला—रायपुर'।

आप भाँप गए होंगे कि इस लेख का शीर्षक बहानेबाजी है (क्योंकि बात मूलतः 'योजक चिह्न' की करनी थी)।

'सभापति' और 'अध्यक्ष'

'सभापति' का अर्थ संस्कृत में 'जुए का अड्डा चलानेवाला' भी है।

'सभा' शब्द वैदिक संस्कृत से ले कर पाली, प्राकृत, हिंदी, पंजाबी, सिंधी, गुजराती, मराठी, उड़िया, आसामी, बंगाली—सभी में उपलब्ध है। इस की बाह्य अर्थ-सीमाओं में 'गोष्ठी, जलसा, परिषद्, शाला, संसद्, समाज, समिति, सम्मिलन' आदि सम्मिलित हैं। कोर्ट (कचहरी) को 'न्यायालय' कहते हैं, पर विश्वविद्यालय की कोर्ट को 'सभा' (या 'कुलसंसद्') कहा जाता है।

सभा का प्रधान या मुखिया उस का पति अर्थात् 'सभापति' होता है। यदि कोई औरत इस पद पर आसीन हो, तो वह भी 'सभापति' ही कहलाएगी।

'सभापति' सभा का 'अध्यक्ष' होता है, पर केवल सभा की कार्रवाई या उत्सव चलने तक। इस के विपरीत, 'अध्यक्ष' किसी संस्था का स्थाई या नियतकालिक आधार पर चुना हुआ या नामज़द किया हुआ प्रधान या मुखिया होता है।

ज़ाहिर है कि जलसे के बिना भी व्यक्ति 'अध्यक्ष' हो सकता है, जैसे किसी विभाग का अध्यक्ष या नगरपालिका का अध्यक्ष।

'अध्यक्ष' के अर्थों में यों तो खींच-खाँच कर अब 'अधीक्षक (सुपरिनटेंडेंट), निरीक्षक (इंस्पेक्टर, इनविजिलेटर), अधिष्ठाता (डीन या संकायाध्यक्ष), मुख्य अधिकारी (चीफ़ ऑफ़िसर)' आदि भी शामिल हैं, पर संस्कृत में यह अर्थतः विशेषण-रूप में 'गोचर' या 'दृश्य' होने के कारण 'देख-भाल करनेवाला, नियामक, संचालक' अधिक रहा है।

सभापति केवल 'चेयरमैन' होता है, जब कि अध्यक्ष 'चेयरमैन' भी होता है, किसी विभाग का 'हॅड' भी होता है, किसी संस्था का 'प्रॅसीडॅंट' भी होता है, और विधानसभा, लोकसभा, राज्यसभा का 'स्पीकर' भी होता है। ये सारे अध्यक्ष अपनी-अपनी जगह मुखिया हैं, पर हर मुखिया अध्यक्ष नहीं होता। घर का मुखिया होने पर आप को कोई 'अध्यक्ष' नहीं कहता।

कुछ श्रीमतियाँ किसी संगठन की 'अध्यक्ष' नहीं, 'अध्यक्षा' बनना पसंद करती हैं। उन की मरज़ी। लेकिन उन से सवाल है कि वे बैठकों की 'अध्यक्षता' करती हैं या 'अध्यक्षाता' !

'समझाइश' और 'सोचनीय'

हिंदी-उर्दू में फ़ारसी-मूल के 'आजमाइश (जाँच, परीक्षण), गुंजाइश (अँटने की या समाने

की जगह, समाई), नुमाइश (प्रदर्शन, प्रदर्शनी), पैदाइश (पैदा होने की अवस्था या भाव), पैमाइश (नापने या मापने की क्रिया या काम), फ़रमाइश (जिस चीज़ के लिए किसी ने अनुरोध किया हो; प्रेमपूर्वक दिया गया आदेश), रिहाइश (फ़ारसी 'रहाइश', रहने का स्थान)', आदि का इस्तेमाल अकसर देखने-सुनने को मिलता है। कुछ लोग इन में से कुछ शब्दों को 'इ' के स्थान पर 'य' से लिखते हैं, जैसे 'गुंजायश, नुमायश, फ़रमायश' इत्यादि, लेकिन अन्य लोग मिलते-जुलते शब्दों में एकरूपता के आधार को प्राथमिकता दे कर वर्तनी में स्थिरता रखता चाहते हैं। उपर्युक्त मिलती-जुलती संज्ञाएँ प्रमुखतः भाववाचक हैं और कभी-कभार जातिवाचक।

नए शब्दों की रचना का एक बानक पहले से उपलब्ध शब्दों का स्वरूप भी होता है। 'समझाइश' ऐसा ही नया भाववाचक संज्ञा-शब्द है, जिस की धातु और प्रत्यय दोनों हिंदी में अलग-अलग शब्दों में पहले से प्रयुक्त होते आ रहे हैं, जिन्हें आपस में मिलाने का काम किसी लेखक ने अन्य उपलब्ध समान शब्दों के सादृश्य का सहारा ले कर कर दिया है। इस शब्द को गोया फ़ारसी का न कह कर सीधे हिंदी का कहा जाएगा, जैसे कि 'गुरुडम' और 'बोरियत' को हिंदी का कहा जाता है, यद्यपि इन में उधर '-डम' और इधर 'बोर' अँगरेजी के हैं।

'अनुकरण करने योग्य' को 'अनुकरणीय' कहा जाता है और 'मानने योग्य' को 'माननीय'। फिर 'सोचने योग्य' को 'सोचनीय' क्यों नहीं कहा जा सकता ? (भले ही इस की स्वीकार्यता को प्रचलन का संबल मिले या न मिले।) यह भ्रम नहीं होना चाहिए कि यह शब्द 'शोचनीय' से संबंधित है। 'शोचनीय' (शोक या चिंता करने योग्य) नया गढ़ा हुआ नहीं, संस्कृत-मूल का शब्द है, जिस की रचना 'शुच्' (शोक करना) तथा 'अनीयर्' से हुई है।

'साधारण' और 'सामान्य'

कोशों में 'साधारण' का अर्थ 'सामान्य' मिलेगा, 'सामान्य' का अर्थ 'साधारण' मिलेगा, और दोनों के अर्थ 'मामूली' और 'समान' मिलेंगे। लेकिन इन की अलग-अलग अर्थ-भूमि भी है।

एक साहब अपने बेटे के लिए दो लड़कियाँ देख कर आए। पहली उन्हें 'साधारण' लगी और दूसरी को उन्होंने 'सामान्य' बताया। उन का मतलब था कि पहली से दूसरी कुछ अच्छी थी।

'सामान्य' औसत दरजे की चीज है, जब कि 'साधारण' उस से कुछ हलके दरजे की चीज़ है।

लड़का पढ़ने में 'साधारण' है यानी 'ऑर्डिनरी' है। रोगी की दशा अब 'सामान्य' है

यानी 'नॉर्मल' है।

'साधारणतः' ऑर्डिनरिली है, 'सामान्यतः' जनरली है।

जनरल नॉलिज 'सामान्य ज्ञान' है, 'साधारण ज्ञान' नहीं।

'साधारण' वह है, जिस में औरों की अपेक्षा कोई भी विशेषता न हो। 'सामान्य' वह है, जो निर्धारित अपेक्षाएँ पूरी करता हो।

'साधारण' का मतलब है जिसे लोग 'सह-धारण' कर सकें, जो सभी के समझने या करने के योग्य हो यानी सरल हो, जो सब जगह पाया जाता हो, जो आम हो।

'सामान्य' का मतलब है जो संगत अवस्था वाला हो, जो अधिक बढ़ा या घटा हुआ न हो।

एक उदाहरण—'साधारण'-सी बात पर दंगा भड़क उठा, पर शीघ्र ही स्थिति 'सामान्य' हो गई।

'साधारण' और 'सामान्य' के साथ 'नहीं' का अर्थ जोड़ कर इन्हें एक-दूसरे से बहुत दूर का सिद्ध किया जा सकता है। उदाहरण के लिए—जो व्यक्ति साधारण नहीं है, वह 'असाधारण' (ऍक्स्ट्रा-ऑर्डिनरी) है अर्थात् साधारण से बहुत ऊँचा है, और जो व्यक्ति सामान्य नहीं है, वह 'असामान्य' (ऐब्नॉर्मल) है अर्थात् उस के साथ कुछ गड़बड़ है।

'सीना' और 'छाती'

कोशों में 'वक्ष' माने हैं 'छाती' और 'सीना'; 'सीना' माने हैं 'वक्ष' और 'छाती'; और 'छाती' माने हैं 'सीना' और 'वक्ष'। फिर अंतर क्या है इन में ?

अंतर देखिए। 'वक्ष' संस्कृत का है और उस भाषा में नपुंसकलिंग है। 'सीना' मूलतः फ़ारसी का है और पुल्लिंग है ('सीना-पिरोना' वाला 'सीना' संस्कृत के 'सीवन' से है)। 'छाती' (संस्कृत 'छद्' (ढकना) से बने 'छादिन्' से) सीधे हिंदी का है और स्त्रीलिंग है।

यों तो अनेक हिंदीभाषी 'सीना' को केवल पुरुष से और 'छाती' को (विशेषकर बहुवचन में) केवल स्त्री से संबद्ध मानते हैं, पर उन की भी मान्यता में ऐसा नहीं है कि पुरुष 'चौड़ी छाती वाला' न हो सके और स्त्री 'अविकसित सीने वाली' न हो सके।

'सीनाज़ोरी' (उद्दंडता) में 'सीना' का 'छाती' से परिवर्तन संभव नहीं है और 'शेर से लड़ने के लिए छाती (दम) चाहिए' में 'छाती' का 'सीना' से परिवर्तन संभव नहीं है।

मुहावराने प्रयोगों में इन दो शब्दों के साथ अलग-अलग शब्दों का साहचर्य आगे दिए गए वाक्यों में दर्शनीय है ('सीना' की तुलना में 'छाती' बहुत अधिक उत्पादक है):—

आप 'सीना' तान कर बात करते हैं। मैं 'छाती' पीट कर रह जाता हूँ। आप 'छाती' ठोक कर कुछ कहते हैं। मेरी 'छाती' फट जाती है। आप अपनी 'छाती' पत्थर की

कर लेते हैं। मैं अपनी 'छाती' पर पत्थर रख लेता हूँ। आप का 'सीना' छत्तीस इंच का हो जाता है। मेरी 'छाती' पर साँप लोट जाते हैं। आप की 'छाती' ठंडी हो जाती है और आप मेरी 'छाती' पर मूँग दलने लगते हैं।

'सौभाग्यवती' और 'भाग्य'

आशीर्वादों में 'सौभाग्यवती रहो' ख़ूब चलता है, 'सौभाग्यवान् रहो' बिलकुल नहीं चलता। इसी प्रकार, नाम के पूर्व शोभार्थक शब्द के रूप में भी 'सौभाग्यवती' का प्रयोग ख़ूब होता है (जैसे 'सौभाग्यवती सुहागनबाई' में), 'सौभाग्यवान्' का प्रयोग बिलकुल नहीं होता। कारण क्या है ?

कारण यह है कि 'सौभाग्यवान्' का अर्थ सूखा-सूखा 'भाग्यशाली' है (पत्नी के संदर्भ से विहीन), जब कि 'सौभाग्यवती' का अर्थ ऐसी भाग्यशाली विवाहित स्त्री है, जिस का पति जीवित है, अर्थात् जो सधवा या सुहागन (या सुहागिन) है। इस का मतलब है कि कोई 'भाग्यवती' स्त्री बिना पति के प्रधानमंत्री तक हो सकती है, पर 'सौभाग्यवती' नहीं हो सकती। शादी के निमंत्रणपत्र पर कन्या के नाम के पहले 'कुमारी' की जगह 'सौभाग्यकांक्षिणी' बिना सोचे-समझे नहीं लिख दिया जाता है।

'सुहागन' बना 'सुहाग' से, और 'सुहाग' बना 'सौभाग्य' से। 'सौभाग्य' के यों तो अनेक अर्थ हैं—लावण्य, मांगलिकता, ऐश्वर्य, कल्याण, सुख, आदि (मेरा 'सौभाग्य' है कि मुझे आप -जैसे पाठक मिले), पर इस का ख़ास अर्थ है ऐसी भाग्यशालिता अर्थात् सुखद स्थिति, जिस में पति-पत्नी का पारस्परिक प्रेम, निष्ठा, और विश्वास विद्यमान हो। 'सौभाग्य' का संबंध 'सुभगा' से है, जो शाब्दी तौर पर 'सुंदर रूप वाली' है, पर आर्थी तौर पर 'पति की प्रियतमा' है। ('सौभाग्य' के 'सौ' के माने 'दस गुणा दस' नहीं हैं।)

'भाग्य' संस्कृत में विशेषण है (भाग होने योग्य) और हिंदी में संज्ञा (प्रारब्ध, समृद्धि)। संस्कृत और हिंदी दोनों में 'भाग' संज्ञा है (हिस्सा)। 'भाग्य' और 'भाग' दोनों संस्कृत की 'भज्' धातु से बने हैं, जिस का अर्थ है 'हिस्से करना, भाग करना ('गुणा-भाग करना' में भी यही है)'। प्रयोग—आप के 'हिस्से' में सुख है; आपके 'भाग' में सुख है; आप के 'भाग्य' में सुख है।

यहाँ से अरब बहुत दूर है, पर 'भाग्य' के लिए अरबी के 'क़िस्मत' शब्द का अर्थ भी 'विभाजन' और 'तक़्सीम' है, जो 'हिस्सा बाँटना' और 'भाग' आदि ही है।

इसी प्रकार फ़ारसी के भी 'बख़्त' के माने 'हिस्सा' और 'भाग्य' दोनों हैं (कमबख़्त 'भाग्यहीन')।

‘स्थायी’ और ‘भाषाई’

समस्या वर्तनी की है।

‘मलाई’ और ‘मिठाई’ में सदा ‘ई’ है (इन्हें ‘मलायी’ और ‘मिठायी’ कोई नहीं लिखता), पर ‘पढ़ाई-लिखाई’ में ‘ई’ भी है (इन के संज्ञा होने पर, जैसे ‘आप की पढ़ाई-लिखाई सब बेकार है’ में) और ‘यी/ई’ भी है (इन के क्रिया होने पर, जैसे ‘मैं ने आप को किताब पढ़ायी/पढ़ाई’ और ‘आप ने मुझे चिट्ठी लिखायी/लिखाई’ में)। इसी प्रकार, ‘(गहरी) खाई’ में सदा ‘ई’ है, पर ‘(रोटी) खायी/खाई’ में ‘यी’ और ‘ई’ का विकल्प है।

जहाँ भी ‘य्’ को लुप्त कर के काम चलाया जा सकता है, वहाँ कुछ लेखक उस की बचत का फ़ायदा ले लेते हैं।

संस्कृत में ‘स्थायी, आततायी, अनुयायी, उत्तरदायी, मितव्ययी, विनयी’ सब के अंत में ‘यी’ (यिन्) है, लेकिन अब लेखकों की क़लम में और शब्दकोशों में ‘स्थाई, आतताई’ आदि स्पेलिंग भी घुस चुके हैं। यही नहीं, आप को ‘स्थायित्व, उत्तरदायित्व’ आदि के लिए भी ‘स्थाइत्व, उत्तरदाइत्व’ आदि लिखा हुआ देखने को मिल जाएगा। ‘य्’ की इस बचत का दौर कहाँ तक जाएगा, इसे आगे की पीढ़ियाँ देखेंगी कि, उदाहरणार्थ, ‘आनंदमयी, राजनयिक, नायिका’ आदि शब्द भी ‘आनंदमई, राजनइक, नाइका’ आदि हो जाएँगे (‘नायक’ कहीं-कहीं ‘नाइक’ हो ही चुका है)।

अब ‘य्’ की बरबादी के एक-दो नमूने देखिए (‘बरबादी’ हम तब कहेंगे, जब शब्द के मूल में ‘य्’ दूर-दूर तक नहीं होने पर भी लिखनेवाले उसे लिख मारते हैं):—

‘हुई’ के बदले लिखे गए ‘हुयी’ को यथावत् पढ़िए। ‘य्’ गले में अटक गया या नहीं ?

‘य्’ की बरबादी का एक अन्य उदाहरण ‘भाषायी’ है, जिस में ‘य्’ बड़े-बड़े विद्वनों द्वारा भी भ्रमवश लिखा जा रहा है। यह शब्द संस्कृत में नहीं है और इस में ‘भाषा’ के बाद अरबी का प्रत्यय ‘ई’ जुड़ा है (वही प्रत्यय, जो ‘किताब’ में जुड़ कर शब्द को ‘किताबी’ बनाता है), अर्थात् शुद्ध शब्द ‘भाषाई’ है।

‘स्पष्ट कर के’ और ‘चल कर’

‘वह हिसाब स्पष्ट कर चला गया’ में ‘कर’ के बाद ‘के’ का प्रयोग न करना कंजूसी है और ‘चल कर के’ में ‘कर’ और ‘के’ दोनों का प्रयोग एक साथ करना फ़िज़ूलखर्ची है। कैसे ?

‘स्पष्ट कर’ और ‘बात कर’ में ‘कर’ एक-जैसा है और ‘तू स्पष्ट कर’ और ‘तू बात कर’ उदाहरणों से प्रमाणित है कि यह ‘कर’ क्रिया है।

अब परखिए 'चल कर' और 'चलवा कर' में प्रयुक्त 'कर'। इन उदाहरणों में 'कर' क्रिया नहीं है। यह 'कर' सिर्फ़ एक अपवाद को छोड़ कर हिंदी की सभी क्रियाओं के बाद 'के' से विकल्प में है, अर्थात् 'चल के' और 'चलवा के' भी शुद्ध हैं। कथित अपवाद है स्वयं 'कर' क्रिया; यानी 'कर कर' ग़लत है, जो सदा 'कर के' होगा। केवल क्रिया के बाद लगने वाला यह 'कर' या 'के' क्रिया को क्रियाविशेषण के एक रूप (पूर्वकालिक कृदंत) में बदल देता है। अन्य क्रियाविशेषणों के साथ इस के प्रयोग की समतुल्यता देखिए—वह 'शीघ्र' गया; वह 'वहाँ' गया; वह 'चल कर' गया।

'वह हिसाब स्पष्ट कर चला गया' या 'वह प्रणाम कर चला गया'–जैसे प्रयोगों में 'कर' क्रिया के बाद 'के' का प्रयोग न करना एक कमी है। यदि किसी महाशय ने इन वाक्यों में 'स्पष्ट' और 'प्रणाम' के बाद के 'कर' को क्रिया न मान कर 'के' से विकल्प वाला 'कर' (अर्थात् क्रिया को क्रियाविशेषण बना देनेवाला अंश) बताया, तो दो गड़बड़ें होंगी—पहली तो यही कि 'स्पष्ट कर' और 'प्रणाम कर' के 'कर' को 'के' से कदापि नहीं बदला जा सकता, अर्थात् 'वह हिसाब स्पष्ट के चला गया' और 'वह प्रणाम के चला गया' वाक्य बकवास होंगे, तथा दूसरी यह कि 'स्पष्ट' और 'प्रणाम' क्रियाएँ नहीं हैं। क्रियाविशेषण बनानेवाला 'कर' या 'के' तभी जुड़ेगा, जब उस के पहले क्रिया होगी। 'स्पष्ट' और 'प्रणाम' (क्रमशः 'विशेषण और संज्ञा') में वह सीधे कैसे जुड़ सकता है ! फलतः 'स्पष्ट कर के', 'प्रणाम कर के', 'बात कर के', 'चौपट कर के', 'उपयोग कर के' सही हैं ('चल के' और 'चलवा के' के समानांतर)। हाँ, यदि 'स्पष्टना, प्रणामना, बातना, चौपटना, उपयोगना' क्रियाएँ होतीं, तब पत्रकारों, लेखकों, और पाणिनिपुत्रों को कोई शिकायत नहीं होती।

'चल' और 'चलवा' स्वयं सिद्ध क्रियाएँ हैं, इन्हें क्रिया बनने के लिए 'कर' की मदद नहीं लेनी पड़ती (जैसे कि 'स्पष्ट, प्रणाम, बात, चौपट, उपयोग' आदि को लेनी पड़ती है), इसलिए इन के बाद या तो 'कर' लगेगा या 'के', 'कर के' नहीं लगेगा; अर्थात् 'चल कर के' और 'चलवा कर के' या 'बेच कर के' और 'बिकवा कर के' अशुद्ध हैं; अन्यथा ये 'चल के के' और 'चलवा के के' की टक्कर के हो जाएँगे !

'स्मरण' और 'स्मारक'

अगर 'मॅमोरियल' हिंदी में 'स्मारक' है और 'सूवनिर' 'स्मारिका' है, तो 'मॅमोरॅंडम' क्या है ?

'स्मारक' का अर्थ है 'स्मरण करानेवाला कृत्य या पदार्थ' अर्थात् 'यादगार', तथा 'स्मारिका' का मतलब है 'किसी महत्वपूर्ण घटना या उत्सव आदि की याद बनाए रखने के उद्देश्य से तैयार की गई पत्रिका'।

'मॅमोरॅंडम' ऐसी टिप्पणी (नोट) या अभिलेख (रॅकॉर्ड) है, जिसे भविष्य के इस्तेमाल के लिए लिख लिया जाता है। बिना हस्ताक्षरों वाले अनौपचारिक पत्र को भी 'मॅमोरॅंडम' कहते हैं। इस शब्द का बोलचाल में चलनेवाला सक्षिप्त रूप 'मीमो' या 'मेमो' है। कभी-कभी 'मीमो' अपने विभाग के ऊँचे अधिकारी के द्वारा दिए गए स्मरणपत्र या हलके-फुलके चेतावनी-पत्र को भी कह दिया जाता है।

सवाल अपनी जगह वापस है कि 'मीमो' के लिए हिंदी में क्या है !

'स्मरण' से जुड़े हुए कई शब्द-रूप हिंदी-क्षेत्र में चलते हैं, जैसे 'सुमिरण, सुमिरन, सुमरन'। 'सुमरना' का मतलब 'स्मरण करना', 'ध्यान करना', और 'जपना' है, जिस में विशेषीकृत अर्थ वाला शब्द 'सुमरनी' या 'सुमिरनी' बना है, जिस का मतलब है 'नाम जपने की सत्ताईस दानों की माला'।

'स्मरण करना' के अर्थ में 'सुमरना' का एक रूप 'स्मरना' भी चलता है, जो संस्कृत के 'स्मर' के निकटतम है, जिस के अर्थ हैं 'स्मरण, स्मृति, प्रेम; प्रेम का देवता, कामदेव; संगीत में शुद्ध राग का एक भेद'।

अब हम अपनी मंजिल पर पहुँच रहे हैं। 'स्मर' से बना हुआ 'स्मार' एक ओर 'कामदेव-संबंधी' है, पर दूसरी ओर 'प्रत्यास्मरण' अर्थ के साथ 'मीमो' के लिए प्रयुक्त होता है। इस के अलावा हिंदी के भंडार में 'मीमो' के लिए अल्पाधिक उपयुक्त अन्य शब्द भी विद्यमान हैं, जो इस प्रकार हैं—ज्ञाप, ज्ञापक, ज्ञापत्र, लेख्य, संकेतक, सूचक, स्मृतिपत्र, अनुबोधक, उपपत्र, स्मरण-लेख, ज्ञापन, ज्ञापनपत्र, घोषणापत्र।

'हर' और 'हरेक'

निम्नलिखित वाक्य समाचारपत्रों से इकट्ठे किए गए हैं, जिन की अशुद्धि बहुत-से लोग तपाक से बता देंगे—"चुनाव जीतने के लिए वे अच्छे-बुरे हर रास्ते अपनाएँगे। प्रदेश के हर बच्चों को शिक्षा दी जानी है। गत वर्ष के हरेक मामले निबट गए। आजकल हरेक स्थानों पर भीषण गरमी पड़ रही है।"

उपर्युक्त वाक्य तभी शुद्ध होंगे, जब या तो इन की वाक्य-रचना इन में प्रयुक्त 'हर' और 'हरेक' की एकवचनात्मकता की रक्षा करते हुए की जाएगी, और या इन में अन्य संबंधित शब्दों की बहुवचनात्मकता का पोषण करने के लिए 'हर' और 'हरेक' के स्थान पर 'सब' और 'सभी' लिखा जाएगा। संशोधित नमूने देखिए—"चुनाव जीतने के लिए वे अच्छा-बुरा हर रास्ता अपनाएँगे" या "चुनाव जीतने के लिए वे अच्छे-बुरे सब रास्ते अपनाएँगे"; इसी प्रकार, "गत वर्ष का हरेक मामला निबट गया" या "गत वर्ष के सभी मामले निबट गए"।

स्पष्ट है कि 'हर' की तुलना में 'हरेक' निश्चिततावाची है।

"हर आदमी चला गया" और "हरेक आदमी चला गया" दोनों संभव हैं, पर "हर चला गया" संभव नहीं है, जब कि "हरेक चला गया" संभव है। इस का मतलब है कि 'हर' पक्का विशेषण है, उस के बाद कोई संज्ञा सामान्यतया आनी ही चाहिए, पर 'हरेक' बिना अनुवर्ती संज्ञा के भी प्रयुक्त हो सकता है, वह 'हर एक (आदमी या चीज़)' का अर्थ देने के कारण संज्ञावत् भी है (पुनः उदाहरण—हरेक को देख लूँगा)। 'हरेक' के बाद केवल गिनी जा सकनेवाली संज्ञा आ सकती है, जैसे 'हरेक घंटा'। 'हर' के बाद बिना गिनी जा सकनेवाली संज्ञा भी आ सकती है, जैसे 'हर समय' ('हरेक समय' संभव नहीं है)।

'हर' फ़ारसी का है और अर्थ में संस्कृत के 'प्रति'-जैसा है (तुलनार्थ 'हर दिन, प्रति दिन'; 'हर घड़ी, प्रति क्षण'), पर यह एकाकी या सामूहिक 'इकाई' होने पर भी सर्वदा 'एक' नहीं है (जैसे—हर सौ लड़कों पर दो प्रतिनिधि), जब कि 'हरेक' सर्वदा एकवाची है। वह दो या अधिक में से अलग-अलग हर एक है, वह समूह में से एकोएक है, वह प्रत्येक है (जैसे—उन सौ लड़कों में से हरेक)।

'हर' की तुलना में 'हरेक' का शब्द-साहचर्य सीमित है। उदाहरण—'हर दम' का अर्थ है 'हमेशा, निरंतर', पर 'हरेक दम' संभव नहीं; 'हर कोई' का अर्थ है 'सर्वसाधारण', पर 'हरेक कोई' संभव नहीं; 'हरजाई' का अर्थ है 'हर जगह जानेवाला यानी आवारागर्द' अथवा 'हर किसी के पास रह लेनेवाली स्त्री यानी व्यभिचारिणी', पर 'हरेकजाई' संभव नहीं।

'हस्ताक्षर' और 'सामग्री'

'हस्ताक्षर' अर्थात् 'हाथ से बनाए हुए अक्षर, अपने निजी अक्षर, स्वाक्षर' (एक अक्षर नहीं, एकाधिक अक्षर)। हिंदी में यह शब्द सदा बहुवचन में प्रयुक्त होता आया है, भले ही किसी के हस्ताक्षर या दस्तख़त एक वर्ण के या वर्णविहीन (जैसे, एक आड़ी रेखा या एक घसीट) ही क्यों न हों। यह संयुक्त शब्द दस्तख़तों के अर्थ में रूढ़ हो गया समझिए, क्योंकि हाथ से लिखे हुए सामान्य अक्षरों के लिए 'हस्ताक्षर' शब्द प्रयोग में नहीं देखा जाता। आशय यह है कि, उदाहरणार्थ "उस छात्र की उत्तर-पुस्तिका में उस के हस्ताक्षर बहुत अच्छे हैं"-जैसे वाक्यों तक से छात्र के अक्षरों या लिखावट का नहीं, उस के दस्तख़तों का ही बोध होता है। फ़ारसी का 'दस्तख़त' शब्द भी (जिस का मतलब है 'दस्त का ख़त' अर्थात् 'हाथ की लिखन') केवल बहुवचन में प्रयुक्त होता है। "ये मेरे हस्ताक्षर हैं" और "ये मेरे दस्तख़त हैं" सही प्रयोग हैं तथा "यह मेरा हस्ताक्षर हैं" और "यह मेरा दस्तख़त है" ग़लत प्रयोग हैं। अँगरेज़ी भाषा में 'सिगनेचर' एकवचन है ('सिगनेचर्स' बहुवचन), लेकिन हम इसे भी हिंदी में बहुवचन कर के इस प्रकार बोलते हैं—"ये मेरे सिग़नेचर हैं" (न कि

"यह मेरा सिगनेचर है")।

'हस्ताक्षर' शब्द का एक नूतन प्रयोग हिंदी में एकवचन में भी चल निकला है। उदाहरण देखिए—"अमुक व्यक्ति हिंदी-साहित्य की अमुक विधा का एक सशक्त हस्ताक्षर है।" यहाँ अर्थ 'दस्तख़तों' से बढ़ कर 'दस्तख़त करनेवाले; हाथ से लिखनेवाले; लेखन-कार्य करनेवाले' 'व्यक्ति' तक जा पहुँचा है।

'सामग्री' शब्द सदा एकवचन रहता है। 'समग्र' से संबंधित इस शब्द के अर्थ में पहले से ही 'चीजों की सामूहिकता' शामिल है। इस का शब्दकोशीय अर्थ है 'वे चीजें, जिन का सामूहिक रूप से किसी काम में उपयोग होता है', जैसे 'हवन-सामग्री' में। "शादी-ब्याह में बहुत-सी खाद्य-सामग्रियाँ बनती हैं" वाक्य में 'सामग्रियाँ' की जगह 'सामग्री' ही होगा। 'सामग्री' के अर्थ की हम 'सामान' के अर्थ से तुलना कर सकते हैं। 'सामान' का अर्थ है 'किसी काम के लिए उस की आवश्यक वस्तुएँ'। 'सामान' में चाहे कितने भी अदद हों, यह कहना ग़लत होगा कि वे सामान मेरे हैं। सही है—वह सामान मेरा है। शोधकार्य करनेवाला फ़ील्ड पर अपना सामान ले कर जाता है और वहाँ से 'सामग्री' (डैटा) संकलित कर के लाता है। 'सामग्री' का एकवचनत्व इतना तगड़ा है कि इस ने अँगरेजी के बहुवचन शब्द 'डैटा' को भी हिंदी में एकवचन कर दिया है।

'हुए' और 'लिए'

डर लग रहा है कि 'हुये' लिखनेवाले लोग आगे चल कर 'हुआ' को 'हुया' और 'हुई' को 'हुयी' भी न लिखने लगें ! 'गये' और 'लिये' लिखनेवाले इन में 'य्' इसलिए लिखते हैं कि इन के साथी-रूपों 'गया' और 'लिया' में 'य्' मौजूद है। 'जाया' और 'लाया' से भी काफ़ी लोग 'ये'-युक्त 'जाये' और 'लाये' बनाते हैं। 'ये' के इस सादृश्य पर ही 'हुआ' में 'य्' न होने पर भी 'हुये' लिख डाला जाता है, जब कि इस में 'य्' का उच्चारण नहीं किया जाता।

'जाये' को आचार्य किशोरीदास वाजपेयी ने इसलिए ग़लत बताया है कि यह संबद्ध 'जाइ' से विकास-क्रम में या तो 'जाय' बन सकता है या 'जाए' बन सकता है, जब कि 'जाये' में 'य्' और 'ए' दोनों ठँसे पड़े हैं।

मध्यप्रदेश-हिंदी-ग्रंथ-अकादमी का वर्तनी-संबंधी एक नियम यह रहा है कि क्रिया होने पर शब्द को 'लिये' लिखा जाए और अव्यय होने पर 'लिए'। लेकिन अन्य बातें समान रहने पर विशेषकर बच्चों और अन्य भाषाभाषियों को वर्तनी सिखाने के पहले व्याकरण की बात न सिखा कर ऐसे दो शब्दों को एक-सा ही लिखा जाना चाहिए, क्योंकि इन में 'य्' अनिवार्य श्रुति होने के कारण इन दोनों का उच्चारण एक ही है।

सर्वत्र एकरूपता और मितव्ययिता का अश्रय ले कर यदि वैकल्पिक 'य्' को कभी न लिखा जाए, तो बिना अपवाद के सरलतम वर्तनी पर स्थिर रहा जा सकता है।

अनुक्रमणिका